한잔
술에 담긴
조선

술 권하는 왕, 술 마시는 신하

한잔 술에 담긴 조선

초판 1쇄 인쇄 · 2025. 1. 20.
초판 1쇄 발행 · 2025. 1. 31.

—

지은이   이한
발행인   이상용 · 이성훈
발행처   청아출판사
출판등록   1979. 11. 13. 제9-84호
주소   경기도 파주시 회동길 363-15
대표전화   031-955-6031 팩스 031-955-6036
전자우편   chungabook@naver.com

—

ISBN 978-89-368-1249-2   03900

—

한잔
술에 담긴
조선

술 권하는 왕, 술 마시는 신하

이한 지음

청아출판사

목
차

몇 년 전, 우리나라 전통술 이야기를 책으로 쓰려고 했다.

이제는 사라졌지만 이름만 남은, 혹은 지금까지도 사람들이 부활시키려고 애쓰는 여러 술의 이야기. 그리고 그걸 마신 사람들, 그들이 빚은 아름다운 시와 사건들. 그렇게 멋들어진 책을 만들어 보려고 했다. 기획안까지 잘 통과됐고, 음식 이야기를 책으로 만들기도 했던 터라 자신만만했다. 그러나 집필에 들어가고 나니 나는 정말로 많은 것을 착각하고 있었다.

음식과 달리 술은 기록을 남기지 않았다. 생각해 보니 당연했다. 음식은 접시 위에 어여쁘게 담아 올라오고 오래오래 모양을 보고 맛을 음미할 수 있지만, 술은 그 어떤 공정을 거친다 해도 그냥 병과 잔에 담으면 그뿐, 겉보기에 별로 티가 안 난다. 물론 술의 맛을 잘 아는 애주가도 있으며, 보이지 않는 곳에까지 정성을 들이는 사람들을 폄하하려는 것은 아니다. 하지만 여기서 이야기하려는 것은 그냥 술을 마시고 즐겼던 평범한 사람들이다. 그런 사람들은 대체로 술을 마시고 사람들과 노는 것에 중점을 뒀지, 술 자체에 집중하는 일이 드물었다. 게다가 말술을 들이켜다 보면 미각이 둔해질 수도 있고, 내가 마신 게 이 술인지 저 술인지 분간이 어려워지기도 한다. 그래서 잔뜩 마시고 즐거웠다는 글은 많지만, 무슨 술을 마셨는지는 자세한 기록이 드물었다. 당연하다, 술이니까. 마시다 보면 취하니까.

그때가 되어서야 나는 좋은 술을 먼저 내주고 나쁜 술을 나중에 준다는 가나안 혼인 잔치의 비밀을 깨닫게 되었다. 취하면 내가 마시는 게 뭔지 잘 모르게 되는 게 보통 술판의 광경이니까.

그럭저럭 사료를 긁어모아 반쯤 원고를 완성했지만 깨달았다. 이걸로는 재미있는 책이 안 되겠구나. 무엇보다도 쓰는 내가 재미없어서 견딜 수 없었다. 그래서 반쯤 완성된 원고를 한동안 내버려뒀다.

그러나 약속을 했으면 완성해야 하는 것이 작가의 본분 아니던가. 슬슬 작가로서의 양심이 따끔거리는 것이 느껴지던 차, 나는 다시 원고를 꺼내 보았다.

시간이 지난 만큼 글은 훨씬 더 맘에 안 들었다. 게다가 그렇게 버려둔 사이에 전통술을 다룬 책이 꽤 여러 권 나왔다. 그중에는 내가 쓴 것보다 더 훌륭한 것도 있고, 더 멋진 자료를 실은 것들도 있었다. 그런데 이런 부끄러운 원고를 내밀 수는 없지 않은가. 그러다가 문득 잊고 있던 진실을 깨달았다.

나는 술을 즐기지 못했다. 워낙 술을 마시지 못하는 체질이라 반 잔만 마시면 얼굴이 불덩이처럼 달아오르고, 게다가 위장병 때문에 알코올이 맞지 않았다. 성인이 되어 호기롭게 한 잔 마셨다가 토하고 쓰러진 이래 아무도 나에게 술을 주지 않았다. 그래서 공공의 적 '안주킬러'가 되긴 했지만, 대신 술 취하고 쓰러진 이들의 뒤처리를 맡았으며, 술 대신 보리차를 마셨다.

그리고 생각해 보니, 술은 마시면 좋고 인간 역사와 문화의 한 부분이지만, 동시에 피해를 끼치는 것도 꽤 크지 않은가. 술 마시고 행패 부리기, 술 마시고 사고 치기, 너무 자주 있어서 그리 놀랍지도 않은 사건 사고들. 굳이 말하자면 흑역사라고나 할까. 그걸 한번 보자. 술 마시기를 좋아하고 전통을 이어 나가는 것과는 별개로 술이 얼마나 많은 해악을 끼쳐 왔는지도 인정하고 받아들이기 위해, 이제까지 얼마나 많은 사람이 술을 마시며 사고를 쳤는지 보자. 술을 좋아하는 사람도, 술을 싫어하는 사람도 편히 볼 수 있기를 바란다.

술의 역사와 누룩 빚기

과연 인간이 언제부터 술을 마셨을까.

알게 뭐냐.

인간은 역사를 기록하기 이전부터 순간에서부터 술동이에 머리를 처박고 마셨을 것이다. 아마 원숭이, 아니 원시인 시절 오스트랄로피테쿠스 즈음부터 마시고 있었을지도 모른다.

모든 것은 자연의 섭리.

이 세상에는 인간 눈에 보이지 않는 작은 동물(little animals)이 있으니, 바로 세균이다. 그중에서도 효모(酵母)균은 'Saccharomyces cerevisiae' 라고 발음하다가 혀를 깨물 정도로 굉장히 긴 외국어 이름을 가지고 있으며, 현미경으로 보면 동글동글하게 귀엽게 생겼다. 최초로 현미경을 발견한 레이우엔훅이나 파스퇴르가 모습과 효능을 증명하기 이전부터 인류의 절친한 친구였고, 빵을 만들고 술과 맥주를 빚었다. 효모균은 애써서 배양해 첨가할 필요 없이 이미 과일 및 곡식의 껍질에 붙어 있을 때도 있다. 그래서 포도 같은 과일은 별다른 처치 없이 터뜨려 놓는 것만으로도 발효되어 원시적인 술을 만들어 냈다. 인류는 우리의 생각보다 빠르게 음주 라이프를 즐기며 살아왔을 것이다. 그리고 지금까지도 이어지고 있다.

술이 부르는 알딸딸한 기분은 마치 신과 하나가 된 듯한 느낌이 들게 해서 가장 원시적인 종교의 시작을 가져왔다는 이야기도 있다. 아무튼 알코올이 가져다주는 심박과 체온의 상승 그리고 핑 도는 기분은 현실에서 잠시 붕 떠서 즐기기에 좋은 것이 사실이다.

아니지, 술이 그렇게 좋지 않다면야 어째서 수천 년 동안 인간이 술을 마시고, 사고를 치고, 그런데도 또다시 술을 마셨겠는가.

술의 즐거움을 어찌 글 한두 마디로 설명할 수 있을까, 만 가지 말로 다 풀어낼 수 있을까. 그저 마시고 즐겨라. 우리 조상이 그리했던 것처럼, 앞으로의 후손이 그리할 것처럼.

술의 전설은 다양하다. 우선 가장 유명한 술주정의 전설을 들자면 노아(Noa)다. 인류 최고의 베스트셀러인 성경에 등장하는, 방주를 만들어 대홍수에서 살아남았던 그 노아 말이다. 그는 대홍수가 끝나고 뭍에 올라오자 포도를 심었고, 그걸로 술을 만들어 마셨다. 그러다가 취한 것까진 좋은데, 그만 옷을 홀랑 벗고 잠들었다. 둘째 아들 함은 그걸 보고 형제들에게 아버지 험담을 했고, 첫째 아들과 셋째 아들은 아버지에게 찾아가 옷을 덮어 줬다고 했다. 그로 인해 셈족이 축복을 받았다는 사연은 둘째치고, 인류와 신화 최초의 술주정 및 주접의 기록이라고 해야겠다.

하지만 술이 부정적인 것만은 아니었다. 예수 그리스도는 잔에 담긴 포도주를 자신의 피라고 일컬었으니 (농담 삼아 하는 말이 아니라 진실로) 술이 그냥 말썽의 사달이라면 이런 말도 나오지 않았을 것이다.

동양 술의 신화는 그보다는 좀 빡빡하다. 가장 먼저 술을 만든 사람은 고대 중국 신화의 의적(儀狄)이었다. 그는 어쩌다 만들어진 술을 맛보고 우임금에게 가져갔다. 홍수를 다스리느라 처자식도 내팽개치고 13년 동안 일에만 매달렸던 '워커홀릭' 우임금은 술맛을 보고 난 뒤 매우 좋아했다. 하지만 그 강철과 같은 정신력으로 금주를 선언했다. 여기에서 신세 망칠 사람들이 나올 것을 알아차렸던 것이다! 그래서 의적을 내쫓았다고 했다. 대체 만든 사람이 무슨 잘못인데 쫓아낸단 말인가. 하지만 우임금의 조치가 술의 발명을 늦출 수는 없었다.

또 다른 전설도 있다. 두강(杜康)이란 사람이 우연히 뭉친 밥을 나무 구멍 속에 넣어 뒀더니 발효돼 맛있는 술이 만들어졌고, 술은 사람들에게 널리 퍼졌다. 그의 이름을 딴 두강주가 만들어졌고, 덕분에 첫 발명자(?)인 의적 신세는 더 기구하다 하겠다.

전설은 그렇고, 역사적으로 따진다면 아마 신석기 시대부터 사람들은 술을 마신 것으로 추정된다. 그 수많은 토기에 물만 담진 않았을 것이기 때문이다.

나라로 보자면, 우임금의 하나라보다는 상(은)나라였다. 고기를 나무에 걸어 두고 술로 연못을 채운다는 주지육림이 지어낸 이야기라 할지언정, 연못을 채우진 않았어도 술이 있으니 술연못(주지)의 이야기가 나왔을 테다. 또 은허에서 발견된 갑골에서는 잔을 들어 자신의 목구멍에 퍼붓거나 술단지에서 알 수 없는 액체를 떠내는 형상의 갑골문이 발견됐다. 뭐, 술잔도 발견되었고.

결국 별별 신화가 있든 없든 술은 인간과 함께였다. 인간은 곡식을 발효시켜 빚은 술을 마시며, 신과 하나가 되는 길을 찾았다. 이때의 신은 조상이기도 했고, 신령이기도 했다. 그렇기에 술은 동서양을 막론하고 신에게 바치는 제사에 있어서 빠져서는 안 될 중요한 공물이었고 그래서 밥을 굶을지언정 술을 만들지 않는 나날은 없었다. 신석기 혁명을 통해 인간은 '농업'을 발명했고, 곡물 생산량은 많이 늘어났으며, 인간은 배를 채우는 것 이상의 무언가를 찾기 시작했다. 술의 재료도 풍부해졌다.

제사를 지내는 것 외에도 사이좋게 부어라 마셔라, 음주의 즐거움을 누리는 사람들도 자꾸자꾸 늘어났다. 왜냐? 맛있고 즐거웠기 때문이다.

술을 만들 때 가장 중요한 것이 바로 누룩이다. 이제 현대를 사는 사람이라면 웬만해서 '직접' 만날 일이 없는 것. 하지만 인류 역사에서 가장 중요한 문명이자 문화, 식생활에서의 알파이자 오메가이며, 이것으로 수많은 사람의 혀를 구해 준 재료일지니. 누룩을 잘 만드는 게 술을 담그는 첫걸음이다.

그래서 맛없는 술을 맛있게 만드는 법은 있어도 맛없는 누룩을 어쩔 방법이 없었으니, 사람들은 맛있는 누룩을 만들기 위해 심혈을 기울였다. 사실상 발효의 원천인 효모 덩어리를 만드는 것으로 생각하면 된다. 그래서 조선의 생활백과사전인 《산림경제(山林經濟)》*조선 숙종 때 홍만선이 쓴 농사, 의약, 농촌 생활을 다룬 책는 아예 누룩을 만드는 법('디딘다'라고 표현한다)을 따로 독립시켜 두었을 만큼 중요하게 여겼다. 《산림경제》에서 인용한 무수한 옛 책에서는 누룩을 만들기 좋은 특별한 날짜를 골라 두기까지 했다. 길일이라는 말인데, 누룩을 만들기 좋은 날은 술을 만들기도, 식초를 만들기도 좋은 날이었다. 반대로 나쁜 날도 있었다. 바로 목(木)일! 목요일이 아니라, 나무의 기운을 가진 날을 일컫는 것이다. 이날 만들어진 누룩을 쓰면 술맛이 시어진다고 했다.

물론 누룩을 쓰지 않고 만드는 술도 있지만, 누룩을 넣고 만드는 술이 참 별미였는지 조선 사람들은 누룩을 정성껏 만들어 냈다. 누룩을 만들기 좋은 날은 1년 중에서도 가장 더운 한여름. 그것도 삼복날이었다. 그날 누룩을 만들면 벌레가 안 생긴다고 믿었지만, 제조 과정을 보면 과연 안 생길지는 의문이다.

누룩은 어떻게 만드는가? 밀가루를 갈아서 밀 10에 밀가루 2의 비율로 섞고, 여기에 녹두즙이나 여뀌(蓼)를 섞어서 아침 해가 뜨기 전부터 반죽했다. 설명은 쉽지만 무척 고된 일이었는데 많은 사람들이 모여 꽉 꽉 눌러 밟아야 했다. 그래서 누룩을 디딘다는 표현을 쓰게 된 것이다. 이때 반죽이 잘 안 되면 뭉그러지거나 누룩 기운이 잘 들지 않는다고 한다.

여뀌로 누룩을 만드는 법도 소개하고 있는데, 이러니저러니 해도 밀가루로 만든 누룩이 가장 일반적이었던 것 같다. 그나마 재료를 구하기도 쉬웠을 테고 말이다.

아무튼 술 만드는 책 대부분은 누룩을 중요하게 여기고, 때로는 만드는 법을 적어 두고 있다. 책 내용을 보면 내가 직접 만들 수 있을 것도 같고 어려울 것 같기도 하다. 전기믹서나 압착기가 있고, 효모균을 과학적으로 배양할 수 있는 현대에서는 무엇이 어렵겠는가. 하지만 옛 사람에게는 아니었을 것이니, 여러 책의 누룩 디디는 법 중에서 가장 피가 되고 살이 되는 내용은 바로 장계향의 《음식디미방》*안동 장씨 정부인 장계향이 후손을 위해 남긴 요리책에 실려 있다.

> 누룩을 6월에 반죽해 밟으면 좋고 7월 초순에도 좋다. 더울 때는 마루방에 두 장씩 포개 자주 서로 뒤집어 놓는데, 썩을 것 같으면 한 장씩 벽에 세운다.
> 기울 닷 되에 물을 한 되씩 섞어 아주 많이 밟는데, 비가 오면 물을 데워 놓고 밟는다. 날이 서늘하면 짚방석을 깔아 서너 장씩 포개고 그 위에도 짚방석을 덮어 두고 자주 뒤집어 썩지 않도록 고루 띄운다. 띄운 후 하루 정도 볕을 쬔 후 집안에 들여 포개 두면 다시 잘 뜬다. 이때 밤낮으로 이슬 맞히기를 여러 날 하는데, 비가 올 것 같으면 집안에 들인다.

책 원문을 읽어 보면, 《음식디미방》은 그냥 누룩을 만드는 게 아니라 무수한 실패를 겪어 가며 쌓아 올린 경험의 산물이라는 티가 여실하다.

장계향은 요즘 표현으로 하면 종갓집 며느리였다. 그것도 맏며느리와 둘째 며느리가 일찍 세상을 떠난 탓에 모든 집안일을 떠맡게 된 어린(후처) 막내며느리로, 이 경지에 이르기까지 얼마나 많은 시행착오를 겪었던 것일까. 제대로 전수를 한 것도 아니고, 누룩이 골고루 뜨지 않은 게 몇 번, 비 맞아 상한 게 몇 번, 썩어 버린 게 또 몇 번이었을까. 그렇게 무수한 경험을 통해 쌓인 노하우를 이렇게 적은 것이다. 그래서 자신 뒤의 사람이 누룩 뜨다가 실패하지 않도록 자상하게 돌발 상황을 모두 적었으니, 이 세상의 모든 효모균을 모아다가 쑥쑥 잘 키우겠다는 패기마저 느껴진다.

이런 과정을 거쳐 잘 만들어진 누룩은 하얀 밀가루로 만들어진 조각과 같고, 살짝 쪼개 먹어도 과자처럼 바삭하다는 느낌이 든다. 특히나 잘 만들어졌을 때는. 먼 옛날, 이런 노하우 없이 수없이 밀가루를 반죽하고 말리면서 상하고 썩히고 실패했던 조상님들의 고생을 생각하면, 지금 잔 안에 담긴 술 한 방울, 한 방울이 무척 귀하고 소중해서 허투루 마시면 안 될 것 같은 느낌이 든다.

아무튼 누룩을 만들었으면 다음 단계로 가야 한다. 바로 본격적인 술 빚기이니, 이어서 소개하겠다.

술 만드는 법

　동양, 특히 유교에서 술이란 노인을 봉양하는 것이자 제사를 치를 때 필수품이었다. 그렇기에 술 없이는 세상이 유지되지 않았다. 세종 15년에 내려진 교지에서는 술의 의의를 다음과 같이 설명하고 있다.

> 술[酒]을 마련하는 것은 술 마시는 것을 숭상하기 위한 것은 아니고, 신명(神明)을 받들고 빈객(賓客)을 대접하며, 나이 많은 이를 부양(扶養)하기 위한 것이다.

　그래서 제사를 지내거나 손님을 맞이할 때 술은 꼭 필요했다. 그런데 이렇게 용도에 맞게 술을 쓸 리가 있겠는가. 마시고 즐기고 노는 것도 술이었다. 즐겁게 마시는 거야 좋은 일이지만, 이로써 곡식을 허비하고 체면을 깎아 내며, 부모를 봉양하지 않고, 남녀의 분별을 문란하게 하고, 나라를 잃고 집을 망하게 하는 것뿐만 아니라 생명을 상실하게 된다. 죽는다는 말이다. 이제까지 인간의 역사에서 술 때문에 인생을 조진 사람이 그 얼마나 많던가.

　그러면 최초의 술은 과연 어떤 것일까. 아마도 과일주였을 것이다.

과일만 터트려 놓아도 발효가 되어 술맛이 나는 것은 잘 알려진 바로, 원숭이도 그렇게 술을 만들어 먹는 것으로 알려져 있다.

메소포타미아나 이집트 문명에서는 보리나 밀가루로 빵을 만들었고, 마찬가지로 곡식을 발효시킨 맥주가 생활 음료로 발달했다. 좁쌀이나 쌀이 주식이 된 동아시아에서는 상황이 조금 달랐다. 분명한 것은 동아시아에서 술의 주재료로 처음 사용한 것은 좁쌀[粟]이었다는 것이다.

조선 후기 실학자 이익은 저서《성호사설(星湖僿說)》*조선 영조 때 이익이 평소 지은 글을 모아 엮은 책에서 술의 재료[酒材]로 가장 중요한 것 여섯 가지를 골랐으니, 이것을 육재(六材)라고 했다.

1. 수수와 벼는 꼭 잘 익어야 한다.
2. 누룩은 반드시 시기를 맞춰 만들어야 한다.
3. 술밥을 만들 때 반드시 깨끗하게 해야 한다.
4. 물은 반드시 향기로워야 한다.
5. 질그릇은 꼭 좋은 것을 써야 한다.
6. 술밥을 익힐 때는 불을 알맞게 때야 한다.

이는 조선 시대가 아니라 지금까지도 맛있는 술을 잘 만들기 위해 꼭 필요한 것이라 하겠다.

술의 가장 중요한 재료인 수수와 쌀이 차지고 깨끗하게 익어야만 맛있는 술을 만들 수 있는 것 아닌가. 마찬가지로 필수 재료인 누룩은 가을에 일찍 만들어 둬야지 맛있고 단 술을 만들 수 있다고 했다. 그리고 옛사람들이 위생에 느슨했을 것 같지만, 절대로 아니었다. 특히나 술 같은 발효식품은 잘못되면 썩어서 아까운 곡식들을 모조리 버리게 되니, 술의 재료인 쌀은 반드시 여러 번 깨끗하게 씻었다. 또 맑은 물에 담가 사흘이 지난 뒤 술밥을 만들되 뜸을 잘 들였으며, 밥이 다 지어지면 다른 균이 들어가지 않게 술을 빚었다.

술을 담그는 항아리도 중요했다. 잘못 만들어진 질그릇은 술맛을 망친다고 봤고, 이 역시 깨끗하게 씻어서 써야 했다. 《음식디미방》을 보면 항아리를 엎어 놓고 불을 지펴 안을 소독했으니, 세균이란 존재를 알지 못하던 옛사람조차 술을 만들 때 위생이 중요하다는 사실을 체득하고 있었단 말이다.

한편 술밥을 찔 때는 불 조절 역시 중요했다. 가스가 없던 옛날에는 땔나무로 모든 종류의 나무를 다 사용했다. 그중에서 술을 만드는 데 가장 선호한 것은 뽕나무였다. 불이 매우 강하게 나오기 때문이었다. 그래서 오목거울을 통해 처음 얻은 불을 쓰되, 처음엔 약하게 하다가 나중에는 센 불로 조절을 아주 잘해야 했다. 이렇듯 정성을 들여서 만들어야 하는 것이 옛날의 술이었으니, 돈만 있으면 얼마든지 마트로 달려가 술을 살 수 있는 지금으로서는 상상도 못 할 일이다.

이렇게 정성을 들여 곡식을 익혀 지에밥(찹쌀, 멥쌀을 물에 불려 찐 밥으로, 술밑으로 쓴다)을 지어서, 여기에 누룩을 섞어 발효를 시키면 술이 완성된다. 하지만 마시기 전에 맑은 술과 곡식 찌꺼기인 지게미를 분리하는 작업이 꼭 필요했다. 보통은 대오리를 얼기설기 엮어 고깔 모양으로 만든 용수를 사용했다. 잘 익은 술 한가운데에 용수를 콱 박아 넣으면 덩어리가 큰 지게미는 통과하지 못하고 맑은 술만이 용수 안에 괴이게 된다. 그럼 그 술을 떠내는데 가장 먼저 맑고 순수한 부분이 모이게 되니 이것을 청주(맑은 술)라고 했고, 뒤로 가면 갈수록 찌꺼기가 섞이며 술이 탁하게 되니 이것을 탁주(막걸리)라고 했다.

이것이 우리가 보통 상식으로 알고 있는 술 만드는 방법인데…….이게 맞기도 하고 틀리기도 한다. 이런 식으로 술이 만들어지기는 하지만, 단순화하기에는 너무나도 다양하고 많은 종류의 술이 있다. 각종 요리서에 다양한 이름의 술이 120여 가지에 이르고, 그중 일부는 전통주로 부활하여 상품화되기도 했다.

그러면 옛사람들은 어떤 술을 가장 최고로 쳤을까? 그야 사람 입맛에 따라 다른 법이지만, 최남선은 《조선상식문답(朝鮮常識問答)》에서 우리나라의 3대 명주로 감홍로, 죽력고, 이강고를 골랐다고 한다. 모두 소주를 기본으로 이것저것 가미한 독한 술이었다. 이 세 가지 술이 당시의 유명한 술인 것은 맞는데, 강한 술을 좋아하는 최남선의 취향이 가미됐을 것이다.

그럼 가장 무난하면서 맛있는 술은 무엇일까? 조선 시대의 인물 가운데에서 손꼽히는 괴짜이자, 흔히 《홍길동전》의 저자라고도 하는 허균은 그의 책 《성소부부고(惺所覆瓿藁)》에서 술의 등급을 정해 이렇게 말했다.

대저 맑은 빛깔에 맛이 시원한 술은 성인(聖人)이고, 황금 같은 빛깔에 맛이 진한 술은 현인(賢人)이고, 검은빛에 맛이 시큼한 술은 우인(愚人)이며, 유양(糯釀, 찹쌀술)으로서 사람을 취하게 하는 술은 군자(君子)이고, 납양(臘釀, 동지이후 셋째 술일(戌日)에 빚은 술)으로서 사람을 취하게 하는 술은 중인(中人)이고, 주점(酒店)에서 구입한 것으로서 사람을 취하게 하는 소주(燒酒)는 소인(小人)이다.

당연히 허균 본인의 취향이 깊이 반영된 등급이겠지만, 최남선과 달리 허균은 당시 조선 곳곳의 맛을 탐방하고 기록했던 미식가였다. 그래서 마냥 취할 뿐인 판매용 소주는 가장 낮은 자리에 매겨 두고, 정성을 들여 빚은 품질 좋은 술을 가장 좋은 것으로 쳤다. 당시 조선에 있었던 술을 죄다 먹어 보고 어느 게 좋고 나쁜지를 품평했다는 데서 허균의 맛에의 집념이 느껴진다. 아쉽게도 여기에서는 술의 대략적인 종류만 일컬었을 뿐이지 술의 이름이나 만드는 법을 정확하게 적어 두지 않아 파악하기 쉽지 않지만, 최소한 잡맛이 섞이지 않고 맑고 산뜻한 술이 가장 좋은 술로 여겨진 듯 하다.

술의 종류가 어떠하든, 술을 만드는 것은 결국 인간의 손이었다. 술을 만드는 데도 많은 주의 사항이 있었으니, 술을 만들기 좋은 날짜가 정해져 있었다. 정묘(丁卯), 경오(庚午), 계미(癸未), 갑오(甲午), 기미(己未), 이 다섯 일이 술 빚기에 좋다고 했다. 반대로 술을 만들기 나쁜 날도 있어서 특히 무자(戊子), 갑진(甲辰), 정유(丁酉), 이 세 날은 꺼려졌다. 그런데 그 이유가 재미있다.

먼 옛날 중국의 전설에서 술을 발명한 사람으로 거론되는 두강(杜康)이라는 사람이 있다. 앞에서 거론된 '술 만들기 나쁜 날' 중 정유일에 그가 죽었다고 알려졌고 그래서 그날에는 술을 마시거나 술을 만들거나 연회를 하는 것도 금기였다. 하지만 전설을 곧이곧대로 믿을 필요는 없다. 술주정뱅이들은 날짜를 무시하고 언제나 술을 만들고 마셔댔을 테고, 그들이 두강이 죽었던 날을 따지는 것은 오로지 술 담그던 게 망쳐졌을 때의 핑계일 테니까.

재미있는 것은 술 만들기 좋은 날과 누룩이나 식초를 만드는 날은 모두 같다고 여겨진 것이다. 발효라는 작업의 공통점이 날짜와도 연관된 것일까.

술에는 또 하나 중요한 재료가 있었으니, 바로 물이었다. 사실 맛 좋은 물이야말로 좋은 술에 가장 필요한 조건이었다. 조선 시대 옛사람이 꼽은 술 만들기에 가장 좋은 물은 바로 청명수(淸明水), 곡우수(穀雨水), 추로백(秋露白)이었다. 마치 요즘 생수 브랜드 같은 이름이다. 청명수와 곡우수는 바로 청명 때와 곡우 날 길어 둔 장강의 물을 일컬었다. 여기에서 말하는 장강이란 곧 지금의 양쯔강이니 조선에서는 구하려야 구할 수 없는 물이긴 했다.

어쨌든《사시찬요》와《동의보감》에서 소개하는 바에 따르면, 이 물들을 사용해서 술을 만들면 술 색깔이 야청색이 되고, 맛이 톡 쏘면서 오래 변하지 않는다고 했다. 왜냐고? 물 안에 그 계절의 기운이 담겨 있어서 그렇다고 했다. 청명은 지금의 식목일 즈음이라 밭을 갈며 농사일을 시작하는 때이고, 곡우는 싹이 돋아나고 비가 내리며 물고기가 많이 잡히는 때였다. 그렇게 만물이 생동하는 시기이니 물도 특별하고, 그런 특별한 물로 만든 술은 더 맛있겠다는 논리였을 것이다. 마지막으로 추로백은 가을의 이슬을 받아서 모아 둔 물이다. 매년 가을이 되어 일교차가 심해지는 시기에 맛있는 술을 마시고 싶은 사람들은 그릇을 들고 분주하게 다니며 이슬을 모아 두었을 것이다.

삼국 시대에서 고려 말까지, 한반도 술의 간략한 역사

  술의 역사는 결국 술을 만들어 마신 인간의 역사이기도 하다. 그래서 이 책은 조선 사람의 술과 술버릇을 다루지만, 그 이전의 나라, 즉 조선이 멸망하기 전 고려의 이야기부터 시작해야겠다. 왜냐하면 고려와 조선이 딱 나누어지는 게 아니라 고려 말에 술 마시던 사람들이 조선 시대에도 여전히 술을 마셨으니까 말이다. 고려 이전에는 삼국 시대였고, 과연 이 땅의 사람들이 언제부터 술을 마셨는지 알 수 없지만, 동명성왕의 어머니이자 하백의 딸 유화가 술을 마시고 해모수와 사고를 쳤다는 이야기를 생각하면 그 이전부터 술을 마셔 왔을 것이다. 그리고 고구려는 이웃 위나라가 인증한 대로 '음주가무'의 나라였다. 그런 의미에서 《위지(魏志)》〈동이전(東夷傳)〉 원문은 이렇다.

주야음주가무
晝夜飲酒歌舞

  밤낮으로 마신다는 말인데, 이건 맨날 그런 게 아니라 10월에 벌어지는 제천행사 무천(舞天) 때 그랬다는 것이다. 그런데 왠지 무천이 아닐 때도 마셨을 것 같다.

한편 이웃 신라에서도 술 많이 마신 김유신의 이야기가 전한다. 다른 설명이 필요하지 않을 정도로 유명한 이야기이다. 젊은 시절 김유신이 천관녀와 사랑에 빠지자, 어머니 만명부인은 "출세 안 할 거니?" 하고 아들을 야단쳤다. 이후 김유신은 바르게 살겠다고 약속을 했는데……. 하루는 술을 진탕 마시고 잠들었는데, 그를 태운 말이 제 발로 천관녀 집을 찾아가자 화를 내며 말 목을 베어 버렸다.

과연 바르게 사는 것과 '또' 술을 마구 마신 것과 불쌍한 말을 죽인 것과는 대체 무슨 상관이 있을까. 어쨌든 김유신은 삼국통일의 초석을 닦은 위인이 되었으니 인사불성이 될 정도로 술 많이 마시는 것쯤은 훗날의 업적에 덮여 아무래도 상관없어진 것 같다.

어차피 김유신을 제외하고도 신라 사람들이 코가 비뚤어지게 마신 것은 월지에서 발견된 주사위, 곧 주령구(酒令具)만 봐도 알 수 있다. 유물을 처리하다가 기계 오작동으로 타버렸지만, 자세한 기록이 남겨진 이 나무 주사위는 14면체. 아무리 봐도 술 마시며 놀기 위한 도구였기에 주령구라고 이름 붙여졌다. 주사위를 굴리고 적힌 대로 하는 놀이였는데, 그중 술 마시기 벌칙도 있었다. 술 마시고 크게 웃기, 한 번에 석 잔 마시기 등등. 어쩌면 김유신도 주령구로 놀다가 너무 취했을 수도 있겠다.

신라의 거의 끝자락을 장식한 경애왕의 비극에도 술이 있었다. 천년의 나라 신라를 짊어진 경애왕은 후백제를 견제하기 위해 고려와 손을 잡았으나, 바로 그랬기 때문에 견훤의 기습을 받아 포로로 잡혔고,

자살로 생을 마감했다. 이후 신라 최후의 왕 경순왕이 즉위했지만, 실질적인 신라는 이 사건으로 멸망했다고 해도 좋을 만큼 처참한 사건이었다.

그런데 경애왕이 붙잡힌 곳이 포석정이다. 원래 있었던 정자는 사라지고 이제 남아 있는 것은 구불구불 구부러진 돌판 하나인데, 수많은 돌을 이어 만든 이 돌판은 유상곡수연(流觴曲水宴)을 위한 것으로, 술 마시는 놀이터다. 지금은 바싹 마른 이곳 수로에 물을 흐르게 한 뒤 술잔을 띄우면 둥실둥실 떠내려가는데, 그 술잔이 자기 앞으로 떠내려오기 전까지 시를 짓지 못하면 술을 마시는 벌칙을 받아야 했다.

그래서 포석정은 어리석고 방탕한 왕의 상징처럼 여겨졌는데, 반론도 있지만 애초에 물의 유속과 술잔의 이동 속도 등을 감안해 '하이테크놀로지'의 술잔 로테이션을 만들어 낼 정도였다면, 그게 놀이든 뭐든 술 마시는 데 목숨을 건 사람들이 이 땅에 그득했다는 말이다.

이렇게 술의 나라 신라를 이어받은 고려 역시 술을 끊임없이 마셨다. 이 사정을 살피기 위해서는 송나라 사람 서긍이 적은 《고려도경(高麗圖經)》을 참고해야 한다. 고구려를 알기 위해 《위지》를 인용해야 하는 것과 마찬가지로, 사료가 그리 많지 않은 탓이다. 당시 강대국인 송나라 사람 서긍이 보기에 고려는 참으로 원시적인 나라였는데, 술 하나는 열심히 마셨다. 그가 본 고려의 술은 맛이 달고 색도 진하지만 취하지 않는 술이었다고 한다.

그리고 이런 고려의 술에 커다란 영향을 준 나라는 바로 몽골, 즉 원나라였다. 칭기즈 칸의 후손들은 전 세계를 부수고 불태웠지만 그러면서도 새로운 술을 이 땅에 전파했으니, 바로 소주였다. 물론 아라비아의 연금술사들이 갈고닦은 증류 기술에서 탄생한 것이었지만, 그 머나먼 아라비아에서부터 한반도까지 통하는 고속도로를 뚫고 아이락(말젖을 발효해서 만든 몽골의 전통주)을 전해 준 것은 몽골이 맞다. 원래의 소주는 이미 만든 술을 소줏고리(소주를 내리는 데 쓰는 재래식 증류기)에 넣고 증류했기에 손도 많이 가고, 양도 줄어들어 아주 비싼 술이었다. 하지만 맛있고도 독한 술을 마시기 위해서 사람들은 기꺼이 곡물을 낭비해 소주를 만들었고, 널리 널리 퍼졌다.

이것 외에 다른 술도 전해졌다. 원나라 황제는 사위인 고려 왕에게 포도주를 선물해 주었고, 이 역시 사람들이 만들어 마셨으니, 목은 이색은 포도주를 마시고 시를 짓기도 했다. 지금 우리가 생각하는 우아한 붉은빛 투명한 액체가 아니라 포도에 곡식을 함께 넣고 발효시킨 초록색의 술이었지만, 어쨌든 포도로 만든 술이었다.

하지만 가장 좋은 술은 역시나 사람들과 함께 마시는 술. 이제는 거의 사라졌지만, 9월 9일 중양절은 고려의 아주 중요한 명절이었다. 술꾼들에게는 더욱 그러했다. 고려의 중양절 풍습은 친구들과 함께 높은 곳에 올라 국화로 만든 술을 마시는 것이었으니, 술 좋아하고 친구 만나길 좋아한다면 9월은 그야말로 잔치가 가득한 달이었다. 그래서 고려 500년 역사 동안 정말 많은 사람이 코가 비뚤어지도록 국화주를 마셨고, 이로써 역사가 만들어졌다.

고려가 저물어 가던 시절, 여러 사람이 한데 모여 국화와 더불어 술을 마시며 놀았다. 후대 사람들은 이들을 신진사대부(新進士大夫)라고 불렀다. 그중에 너무나도 유명한 인물인 정도전과 정몽주는 참으로 좋은 술친구였다. 정도전은 친구들과 마시는 것을 무척 좋아했다. 한 왕조를 끝장내고 새로운 왕조를 만들어 낸 과감한 혁명가로 기록됐지만, 술자리에서의 정도전은 자기 비하가 심하고, 출세한 친구들에게 나 잊지 말고 불러서 놀아 달라고 애걸하기도 했으며, 툭하면 넘어지고 말에서 떨어져 한바탕 사람들의 웃음거리가 되곤 했다. 그랬던 점 때문에 친구들과 자주 만나 술을 마셨다.

그의 음주 생활을 여실하게 보여 주는 것은 다름이 아니라 본인이 남긴 시였다. 어느 날, 정도전은 이 판서라는 사람 집에 놀러 갔다가 술을 진탕 마시고 잠들었다. 다음 날 숙취에 절어 일어났는데, 집주인이 "해장엔 역시 술이지?" 하면서 또 술을 가져오자 두려움에 떨며 지은 시가 남아 있다.

> 자고 나도 가물가물 눈 아니 열려
> 睡起昏昏眼不開
> 그 술 다시 입에 대기 겁이 난다오.
> 扶頭正怕更臨杯
> 주인은 취한 뒤를 풀어 주자고
> 主人爲解餘酲在
> 밑술을 걸러 놨다 말을 하는 걸.
> 復道槽牀已上醅

그렇게 이틀간 술로 고생했지만, 정도전은 또 이 집에 놀러 왔다. 이번에는 그의 친구인 정몽주와 함께였다. 그날은 사람이 좋아서인가, 술에 취한 정도전은 오늘은 집에 돌아가지 않겠노라고 선언하며 그걸 역시 시로 지었다.

> 정원은 깊고 깊어 나무 빛깔 은은하고
> 庭院深沈樹色微
> 구름 속 해 보여라 비는 상기 부슬부슬
> 駁雲漏日雨霏霏
> 비파소리 둥둥둥 미인은 노래하니
> 一聲瑤瑟美人唱
> 동이 술 넘실넘실 손님은 아니 돌아가네.
> 酒滿金尊客未歸

누군지 분명하지 않지만, 이 판서는 진심으로 술을 좋아하고 그걸 남에게 먹이는 것도 좋아한 사람이었을 것이다(과연 누굴까 찾아보고 싶었지만, 흔한 성씨인 이씨에 판서가 한두 사람이 아니라 추측하기가 어렵다). 그게 아니더라도 술은 함께 마시는 사람이 있어야 더 즐거운 법이다. 그렇기에 고려 최후의 술고래 타이틀은 역시나 정몽주에게 돌아가야 할 것 같다. 그는 정말 술을 많이 마셨는데, 무너지는 나라를 되살리기 위해 애쓰고 노력한 것이 힘들기도 했겠지만, 그런 이유 말고도 그냥 술을 좋아했다.

보통 정몽주 하면 〈단심가(丹心歌)〉와 비극적인 죽음 때문에 유명하지만, 겨우 이 두 가지만으로 정몽주의 일생을 대표한다면 본인에게 너무나도 억울한 일이다. 왜냐하면 그는 '프로페셔널'한 정치인이었고 뛰어난 능력자였으니까! 과거에서 장원급제했으며, 중국과 일본도 다녀오고, 무엇보다도 아름다운 시문으로 수백 년간 이름을 날렸다. 그리고 술의 세계에서도 또 하나의 능력자였다.《필원잡기(筆苑雜記)》*조선 전기에 서거정이 지은 수필집에 따르면, 그는 자타가 공인하는 '술을 마실 때 남보다 먼저 들어가서 맨 뒤에 일어나는' 사람이었다. 다만 정몽주 자신은 '친구, 친척과 마시느라' 서두르지 않는 것이라고 주장했다. 그 친구중에서는 서로를 지음이라 불렀던 절친이었으나, 나중에는 서로 죽이려 들였던 정도전도 포함되어 있었을 것이다.

> 좋은 곳에서 만날 때마다 곧장 술잔 기울이네.
> 每逢佳處卽傾觴
> 귀가할 때에 돈이 바닥남을 부끄러워 말라.
> 還家莫愧黃金盡
> _ 정몽주, 〈술을 마시다[飲酒]〉,《포은집 1권》

정몽주는 이렇게 말할 정도로 한번 마시면 말술을 들이켜는 음주벽이 있었던 것 같다. 게다가 술에 취하면 고성방가를 하는 술버릇마저 있었고, 혼자 마시며 혼자 춤추고 혼자 취하는 '혼술'의 달인이기도 했다. 그러나 술보다 더 좋아한 것은 고려, 곧 자신의 나라였다. 생의 마지막 날 이성계 집으로 찾아간 정몽주는 생의 마지막 술을 마시고, 취한 채로 조영규의 철퇴를 맞아 세상을 하직했다.

승리자인 이성계는 정몽주의 목을 잘라 저잣거리에 걸었고, 고려는 결국 망했다. 그렇지만 그의 죽음을 직접 이끌었던 태종 이방원은 오히려 정몽주를 영의정으로 추숭하고, 그 자손을 등용했다. 후에는 성균관 대성전에 위패가 모셔졌다. 정몽주에게는 조선에서 내려 준 벼슬이 그리 달갑지 않았을 것 같다. 하지만 술은 받았을 것 같다.

정몽주와 정도전이 나누던 우정, 국화주

9월 9일,
술고래들이 국화주를 마시다

때는 바야흐로 음력 9월 9일. 상서로운 양(陽)의 수 아홉에 아홉이 거듭되었으니 중구(重九)라고도 하는 날, 이날은 중양절이라는 명절이었다. 가장 처음의 유래는 중국이었다. 전설에 따르면, 한나라 때 도인이 나타나 "앞으로 나쁜 일이 벌어질 테니 어서 높은 곳에 올라가 수유(산수유꽃)를 허리에 차고 국화주를 마셔라!"라고 했다고 한다. 그래서 그 말대로 했더니 산에 올라간 사람들은 무사했는데, 뒤에 남겨진 가축은 모두 죽어 있었다고 했다. 후대 사람들이 이 전설을 빌미로 신나게 국화꽃을 보면서 국화주를 마시며 노는 것, 그게 바로 중양절이다. 물론 전통을 지키기 위해서 전설에서 그랬던 것처럼 높은 산으로 올라가니, 이걸 등고(登高)라고 한다. 이때 저마다 수유를 허리에 차거나 주머니에 넣고, 국화로 담근 술을 담뿍 마시며 하루를 즐겁게 노는 것이다. 그렇기에 추사 김정희는 중양절을 일러 '유국(黃菊)의 계절'이라고 했다.

중양절은 추석 바로 직전이라 풍요로운 추수를 앞둔 시기였다. 날씨는 너무 춥지도 덥지도 않으며 먹을 것은 풍족하고 사람들도 마음이 넉넉할 때. 그러니 즐겁게 놀 수 있는 것이다. 하여 중양절에는 관리들도 휴가를 받곤 했다. 친구들끼리 놀러 가서 술을 마실 수 있는 절호의 기회였으니까!

그래서 국화주는 참으로 많은 사람의 사랑을 받았고, 유명한 역사 위인들도 국화주를 마시곤 했다. 이 장에서 소개할 인물 외에도 목은 이색의 아버지인 이곡, 김창협, 정약용, 정조도 국화주를 마시고 시를 지어 남겼다.

이렇게 널리 즐기는 명절이다 보니 옛사람들은 중양절이 되면 친구들 만나는 것을 손꼽아 기다렸고, 어쩌다 그 전날 비가 오면 산에 오르지 못할까 걱정하며 시를 짓기도 했다. 물론 눈치 없이 중양절에 휴가가 아닌 단체 회식 그러니까 연회를 벌이는 임금들도 있긴 했지만, 이건 나중에 이야기하자.

그렇다면 아직 이 땅의 나라 이름이 고려였을 때 이야기를 해 보자. 어느 해 개성 근처의 산 위에서 한 무리의 사람들이 술판을 벌이고 있었다. 저마다 부어라 마셔라 국화주에 얼큰하게 취해 즐거워하고 있었고, 춤을 추며 시를 지었으며, 그것도 모자라 주정을 부렸다. 그걸 보고 그저 '술에 취한 아저씨들'이라고 생각하면 맞지만, 그와 동시에 역사적인 모임이었으니, 그들이 진실로 '한가락 하는' 인물들이었기 때문이었다. 정몽주, 정도전, 이숭인 등등. 혹시 역사책에 나오는 바로 그 사람들이냐 하고 묻는다면 맞다.

그즈음 고려는 멸망의 단계에 접어들고 있었다. 한때 후삼국의 혼란을 끝내고 탄생한 나라였건만, 이제는 노쇠함을 이기지 못하고 있었다. 나라는 안팎으로 엉망진창이었다. 원나라 세력에 빌붙었던 친원파, 나라의 모든 부를 빨아먹는 권문세족이 있었고, 고려 왕은 허수아

비 신세였으면 차라리 나았을 정도로 자격 미달에 미친 왕이 연달아 즉위했다. 거기에 홍건적이나 왜구를 비롯한 외적까지 나라를 활보하고 다녔으니, 힘없는 사람들은 고통받고 죽임당하는 암울한 시기였다.

그렇다 해서 희망이 없었던 것은 아니다. 성리학(性理學). 원래는 남송의 학자 주희가 정리한 것으로 주자학(朱子學)이라 했는데, 고려에 와서는 성리학이라는 이름을 가지게 되었다. 고려의 종교이자 철학은 본디 불교였지만, 삼국 시대와 통일신라를 지나 여기까지 온 불교는 본래의 좋았던 힘을 잃고 힘과 권력에 찌들어 부패의 온상이 되었다. 이때 혜성처럼 나타난 성리학에서 새로운 길을 발견한 이들이 하나둘 생겼고, 역사는 신진사대부라는 이름을 붙였다. 성리학을 제외하고는 모두 제각각이었지만, 지금의 어지러운 세상을 어떻게든 좋게 바꿔 보자는 데서는 뜻이 통해 모이기 시작했고, 친구가 되었다. 그리고 중양절을 맞이하여 같이 술을 마셨다.

그래서 정몽주, 김구용, 염정수, 정도전, 아직도 정확한 이름을 알 수 없는 자경(子庚) 그리고 이날의 모임을 글로 적어 기록한 이숭인까지 인원은 여섯이었다. 가져간 국화주의 양은 그보다 더 많았을 것이다. 때마침 날씨는 좋았고 중양절 모임의 분위기는 더욱 즐거웠으니, 사람들은 저마다 흥에 겨워 놀았다.

저물어 가는 고려의 마지막을 장식하며 새로운 조선을 열어 간 신진사대부들. 그들이 가지는 모임은 굉장히 엄숙하고 진중하며 놀라운 의견이 오갈 것 같지만, 실상은 전혀 아니었다. 이 사람들은 저마다 부어라 마셔라 놀고 마시며 모조리 고주망태가 되어 온갖 주접을 떨었다. 일행 중에서 가장 심하게 취한, 아니 주정이 가장 심각한 것은 포은 정몽주였다. 혹시나 첨언을 하자면, 바로 그 〈단심가〉를 지어 고려에의 충심을 보였고, 결국 태종 이방원에게 철퇴를 맞아 선죽교에서 숨을 거두었던 그 사람이 맞다. 정몽주는 술에 취해 고래고래 소리를 지르며 노래를 불렀고, 그 소리가 울려 퍼져서 하늘에 닿을 정도였다고 하니, 정말로 시끄러웠을 것이다. 하지만 모인 사람끼리는 몹시 즐거웠으니, 이숭인은 흐뭇한 기분으로 그 장면을 꼼꼼히 묘사했다.

달가(정몽주)의 고성방가는 하늘에 울려 퍼지는구나.
達可放歌徹寥廓

시끄러운 사람은 정몽주 말고도 또 있었다. 술김에 말이 끊이지 않는 사람, 바로 정도전이었다. 그런 데다 온갖 헛소리를 하고 있었다. 여기에서 다시 한번 친절하게 설명을 해 주자면, 바로 그 이성계와 만나 조선을 설계하고 유교 국가로서의 기틀을 닦았다가 마찬가지로 태종 이방원에게 죽임당한 삼봉 정도전, 바로 그 사람이다. 술에 취한 정도전이 얼마나 시끄럽게 떠들었는지 성가실 법도 한데, 이숭인은 너그러웠다.

증오(정도전)가 술 취해 주절대는 거 들어도 싫지 않아.
曾吾醉談聽不厭

이것은 진실한 '파워 오브 프렌드십'이라 하겠다. 웬만해서 술에 취한 헛소리는 듣기 힘든데 말이다.

사실 정몽주는 술자리가 벌어지면 일찍 와서 늦게 가는 유명한 술꾼이었고, 정도전도 그런 정몽주와 함께 술을 마시며, 숙취로 괴로워하면서도 다음 날 눈 뜨자마자 해장술을 마시는 인물이었다. 이런 와중에도 김구용은 먹을 갈아 붓을 놀렸고, 자경은 멋진 시구를 지었으며, 키가 큰 염정수는 학처럼 일어서서 빙글빙글 춤을 추었다고 했다. 이숭인은 "나도 호탕한 사람이니까, 고래처럼 술을 마셨다[顧余亦是淡蕩者 痛飮不讓鯨吸川]."라고 자랑스럽게 말했고, 이 모임의 전체적인 분위기를 두고 "우리 모두 신선과 같았다."라고 했다. 그런데 그것은 본인들 생각이겠고, 남들이 보기엔 그저 술에 취해 고래고래 소란 피우는 아저씨들이 아니었을까. 그렇게 그들은 해가 지고 달이 한창 떠오를 때까지 왕창 퍼마시며 즐겁게 놀았다.

그렇게 세월이 지났다. 이날 모임에 참석한 사람들의 길은 서로 달라졌고, 운명 역시도 그러했다. 가장 먼저 1384년, 김구용은 외교 문제로 명나라에서 체포당해 귀양을 가다가 병에 걸려 죽고 말았다. 염정수는 변절했다. 권문세족 및 친원파 편이 되어 그 첨병에서 활약하다가, 형인 염흥방과 함께 1388년 처형당했다. 정도전과 정몽주, 이숭인의 결말은 잘 알려진 대로이다.

정몽주는 고려의 충신이었다. 자신이 태어난 나라, 내 부모와 조부모, 조상 대대로 이어 왔던 나라. 그랬던 조국 고려를 지키려고 했다. 하지만 정도전은 아니었다. 더는 돌이킬 수 없어진 고려를 끝장내고 새로운 나라를 세우려고 했고, 함흥 출신 장수 이성계와 손을 잡았다. 그렇게 한때의 친구들은 갈라서고 원수가 되었다.

고려의 국운은 나날이 기울어졌고, 고려의 기둥이었던 최영도 제거당했다. 공양왕이 즉위한 뒤 시중으로 나라를 손아귀에 쥐고 있던 이성계가 갑자기 말에서 떨어져 다쳐 움직일 수 없게 되는 사건이 벌어지자 이때를 놓치지 않고 정몽주는 정도전, 남은 등을 귀양 보내고 이성계 일파를 한 번에 제거하려고 했다. 이 사실을 눈치챈 이방원(훗날의 태종)이 가족들을 대피시키고, 반격에 성공했지만 말이다.

이성계 제거 계획이 실패로 돌아간 뒤, 정몽주는 예전 동료이자 지금의 정적인 이성계의 아들 이방원과 함께 만나 시를 지었다. 잘 알려진 대로 이방원은 '이런들 어떠하리 저런들 어떠하리?' 하며 정몽주를 회유하는 〈하여가(何如歌)〉를 지었지만, 돌아온 정몽주의 대답은 〈단심가(丹心歌)〉였다.

이 몸이 죽고 죽어

此身死了死了

일백 번 고쳐 죽어

一百番更死了

백골이 진토되어

白骨爲塵土

넋이라도 있고 없고

魂魄有也無

임 향한 일편단심이야

向主一片丹心

가실 리 있겠는가

寧有改理與之

변하지 않는 충절을 시로 표현한 정몽주는 1392년 4월 4일, 선죽교에서 철퇴에 맞아 숨을 거두었다. 그 핏자국은 수백 년의 시간이 지난 지금까지 지워지지 않았다고 하던가.

그리고 1392년 8월 5일, 마침내 조선이 건국되었다. 그렇게 고려의 마지막을 지켜보아야 했던 이숭인은 죄인의 몸이 되었고, 1392년 8월 23일 형장에서 100대의 매를 맞고 숨을 거두었다. 소문에 따르면 정도전은 한때의 친구였던 이숭인을 죽이려고 일부러 등을 때리라고 관리들을 사주했다고 한다. 그것이 사실인지는 알 수 없지만, 정몽주도 친구를 죽이려고 했는데 정도전이라고 못할 리 없었을 것 같다.

그래서 그날 중양절의 국화술 모임에서 마지막으로 살아남은 정도전은 새로운 나라 조선의 개국공신이 되었다. 하지만 그게 끝이 아니었으니, 몽상가이자 혁명가였던 정도전은 새로운 나라를 만들어 냈으며, 그 나라의 궁궐과 수도도 설계했다.

그는 유령이나 풍수지리 따위는 믿지 않는 뼛속까지 합리적인 사람이었지만, 단 하나 동업자의 아들을 너무 과소평가했다. 조선이 건국한 그해, 세자가 된 것은 정안군 이방원을 비롯해 이미 성인이 된 형들이 아닌 신덕왕후 강씨의 아들 막내아들 이방석이었다. 야심 많은 이방원이 '아 그렇습니까?' 하고 이를 받아들일 리가 없었다. 1398년 8월 26일, 1차 왕자의 난이 벌어졌고, 정도전은 이방원에게 목숨을 잃었다.

그렇게 역사의 한 장이 끝났다. 이제 와서 먼 옛날 중양절의 철없는 술 모임을 돌아보니 한층 더 슬퍼진다. 인생이란 얼마나 허무한가. 그리고 얼마나 쉽게 변하는가. 국화꽃처럼 눈부시게 빛나던 청춘은 스러지고, 우정은 색이 바래 한때 친했던 사람들은 사방팔방 흩어진다.

앞서 중양절의 술 모임을 적어 남긴 이숭인의 시 제목은 〈중구감회(重九感懷)〉이다. 예전 중양절 모임을 추억한다는 말이다. 사연인즉슨, 그 한 해 전에 여섯이 모여 함께 놀았는데, 바로 다음 해에는 다들 모이지 못했다. 서로 다른 마을로 흩어지기도 했고, 저마다 일이 있는지 편지조차 보내지 않았다. 혼자 중양절을 맞이하게 된 이숭인은 쓸쓸한 나머지 혼자 언덕을 올라갔다. 그러자 산골의 할아버지와 할머니가 이숭인을 보고 측은했는지 돈도 안 받고 막걸리를 건넸다. 이숭인은 국화주 대신 그걸 마시면서 외로움과 쓸쓸함을 달래며 시를 적었다.

부귀와 빈천이 결국엔 어디에 있는가
富貴貧賤終何有
꽃을 주워 술에 띄우면 곧 취해 쓰러지는 것을
掇花泛酒卽頹然

그래도 남은 것은 한잔의 술이었으니. 예전의 친구이자 훗날의 원수들이 함께 모여 즐겁게 마셨던 국화주는 과연 어떤 맛이었을까?

국화주를 만드는 다섯 가지 방법

국화주에서 가장 중요한 재료는 역시나 국화이다. 꽃 이름이 들어가는 다른 술인 이화주와는 다르게 정말로 술에 국화가 들어간다. 국화에도 여러 색깔이 있지만 가장 흔한 것이 노란색이었기에, 노란 국화가 들어간 술은 황화주(黃花酒)라고도 한다.

그런데 국화주도 만드는 방법이 여러 가지였고, 여러 요리책에 대단히 다양하게 실려 있다. 특징이 있다면, 이 책에 실린 다른 술들처럼 비슷하되 디테일이 조금씩 다른 정도가 아니라 아예 근본부터 다른 제작법이 다양하게 있다는 것이다. 개중에서 가장 간단한 국화주 제작 방법은 다음과 같다.

국화주 만드는 법 1
국화를 따서 술에 넣는다.

보다시피 매우 쉽고 간단하다. 제철을 맞아 잔뜩 피어난 국화꽃을 따다가 술잔에 담그기만 하면 된다. 그래도 분위기는 충분히 날 것이며, 술 종류를 가리지 않고, 아마 국화꽃 종류 역시 가리지 않아도 될 것 같다. 입안에 맴도는 국화의 향을 즐기기는 충분하니 말이다. 이규보는 "좋은 술 나쁜 술 따지지 않고 노란 국화를 따서 띄우니 좋은 향내가 나더라."라고 말했을 정도다.

역시 간단하고 그리 어렵지 않은 국화주를 만드는 다른 방법은 《고사십이집(攷事十二集)》*조선 후기 서명응이 집필하고, 손자 서유구가 편찬한 농업 기술서에 실려 있다.

국화주 만드는 법 2
감국(甘菊)이 활짝 폈을 때 따서 햇볕에 말린다.
항아리에 술 1말을 붓고 말린 국화 2냥을 명주 주머니에 담는다.
술 위로 손가락 한 개 높이 위에 주머니를 매달고 항아리를 단단히 막는다.
하룻밤 지나면 주머니를 뺀다.

이렇게 하면 술에 국화 향이 난다고 한다. 결국 보통의 술에 간접적으로 향을 입히는 것이다.

이보다 한층 더 나아가 말린 국화를 술에 넣고 며칠 뒤 걸러 마시는 법도 있는데, 《임원십육지(林園經濟志)》*조선 헌종 때 서유구가 펴낸 농업 백과전서에 실려 있다.

국화주 만드는 법 3
10월에 국화를 따서 꼭지를 제거하고 꽃만 2근을 취하여 깨끗이 골라 술에 넣어 고루 섞는다. 다음 날 아침에 거르면 맛이 향기롭고 맑고 시원하다.

이것은 첫 번째나 두 번째 방법보다는 훨씬 강한 국화 향을 자아낼 수 있으며, 술에 색깔도 배고, 국화의 맛도 볼 수 있다.

《윤씨음식법》*조선 후기 한 가정에서 필사하여 혼인하는 딸에게 물려주던 조리서에 실린 국화주 만드는 법은 좀 더 본격적으로 국화를 재료로 써서 '술'을 만든다.

국화주 만드는 법 4

노란색 국화를 햇볕에 쟁쟁하게 말린 뒤 가루를 낸다. 여기에 찹쌀 1말을 고두밥으로 만든다. 식으면 국화가루를 5냥, 누룩가루를 섞고 넣고 빚는다.

과연 어떤 술이 가장 맛이 있을까? 가장 향이 강할까? 아무래도 먹어 봐야 알 것 같다. 이렇게 국화주가 다양한 것은 여기저기에서 많이 만든 탓도 있겠지만, 한편으로는 어떻게 만들어도 국화주이기 때문이다. 중양절에 술로 코가 비뚤어진 사람들에겐 무엇이든 좋았다는 말도 되겠고, 다른 한편으론 참으로 만들기 쉬운 술이란 뜻도 된다.

국화주의 가장 큰 특징은 약주로 마실 수 있다는 것이다. 앞서 중양절의 전설에서 재액을 물리치고 양기 가득한 날에 마시는 술이다 보니, 이걸 마시면 오래 살게 된다는 이야기가 전해졌다. 그러니 아예 약재를 넣고 만드는 방법까지 있었다.《동의보감(東醫寶鑑)》*조선 선조의 명으로 의관 허준이 편찬한 의서,《의림촬요(醫林撮要)》*조선 선조 때 양예수가 지은 의학자 전기에서는 국화주는 근골을 강하게 하고, 골수를 튼튼하게 해 주며, 무엇보다도 노화 방지 효과가 있다고 말했다. 그래서 아예 약재들을 듬뿍 넣고 만드는 국화주도 있었다.

국화주 만드는 법 5

국화, 생지황, 구기자의 뿌리와 껍질 5되씩을 준비한다.
약재들을 잘게 빻은 뒤, 물에 넣고 달여서 다섯 말로 졸인다.
여기에 찹쌀 다섯 말을 넣어 섞어서 밥을 짓고 누룩가루와 고루 섞는다.
항아리에 넣어 꼭 닫은 뒤 익으면 맑은 술을 떠낸다.

이렇게 만들어진 국화주는 따뜻하게 해서 마시며, 하루 석 잔을 마신다. 술이라기보다는 장기 복용하는 약이라는 느낌이다. 술꾼이라면 전혀 마다하지 않겠지만 말이다.

과연 개성 신진사대부들이 마신 국화주는 이 중 어떤 것이었을까. 분명하지 않지만, 사림파 대부였던 김종직이 중양절을 맞이하여 지은 시에는 "손으로 푸른 꽃술을 비벼 텅 빈 술잔을 덮어 둔다[手挼靑蕊覆空觴]."《점필재집》11권)라는 대목이 있다. 그렇다면 김종직은 산에 들에 난 꽃을 꺾어다 술에 띄워 만든 국화주를 마셨다는 소리다.

그렇지만 국화주는 제조법이나 맛이 아주 중요하진 않았다. 왜냐하면 그 술은 친구들과 모여 마시는 것에 큰 의의가 있기 때문이었다.

혼자 마시면 외로운 술

이렇듯 사람들의 많은 사랑을 받아온 국화주였지만, 그러다 보니 또 하나 작은 부작용이 생겼다. 친구들이 우르르 몰려 즐겁게 놀며 마시는 즐거움의 상징이어서, 어쩌다 외로운 시절에 국화주를 보면 과거 즐거웠던 추억이 떠올라 외로워지는 것이다. 그뿐만이랴, 중양절의 '혼술(혼자 마시는 술)'은 외로움의 극치요, 궁상의 상징이었다. 그래서 도은 이숭인은 홀로 막걸리를 얻어 마시며 옛 추억을 곱씹었으며, 서거정도 "국화주 잔이 쓸쓸하구나(寂寞菊花杯)."라며 이틀 연속 비가 줄줄 내려서 망해 버린 그해에도 중양절의 외로움을 달랬다.

그렇지만 혼자 마시는 국화주가 아주 나쁘지 않은 때도 있었다. 앞서 말했듯이 보통 중양절에는 술을 마시며 꽃놀이를 하기 위해 휴가가 주어졌는데, 그렇지 못했던 시기가 있었다. 언제냐. 성종의 어머니이자 연산군의 할머니인 인수대비(소혜왕후)는 1437년 9월 8일생이었다. 즉 중양절 바로 전날 태어났다. 예나 지금이나 사람의 생일은 큰 경사였고, 그 사람이 다름 아닌 왕의 어머니 혹은 할머니라면 더욱 그러했다. 그래서 이 시기에는 중양절 휴가 대신 탄신 축하 연회가 벌어지곤 했다. 휴가를 즐기려는데 눈치 없이 단체 회식인가! 생각도 들겠지만, 아무렴 궁궐에서 맛 좋은 음식과 질 좋은 술을 차려 놓았으니 아주 싫지는 않지 않았을까.

그런데 어느 해 소혜왕후의 생일 연회에 참석하지 못한 사람이 있었으니, 바로 점필재 김종직이다. 어디선가 들어본 듯한 이름일 것이다. 김종직은 고려 말 성리학자인 야은 길재의 계보를 잇는 성리학자이자, 김일손을 비롯한 수많은 제자를 양성한 사림파의 스승이었다. 그리고 꿈이라는 핑계를 대어 단종을 쫓아낸 세조를 '돌려서 비꼰' 〈조의제문(弔義帝文)〉을 쓴 탓에 죽은 뒤 폭군 연산군에게 무덤이 파헤쳐지고 목이 잘리는 갖은 고생을 한, 바로 그 김종직이다. 물론 그런 다양한 역사적 업적보다는 간신 유자광의 현판을 떼어 태운 탓에 원한을 사게 되었다는 야사가 훨씬 더 유명하지만 말이다.

어쨌든 그는 성리학에 바친 열정만큼이나 국화주, 정확히는 술을 사랑하는 인물이었다. 얼마나 술을 좋아했는지, 김종직은 직접 술을 담가 먹기까지 했다. 그의 문집인 《점필재집(佔畢齋集)》을 보면, 1468년 김종직이 38살이었을 때 한성의 누룩이 귀해진 탓에 도성 내에서 파는 술의 질이 낮아지고 맛이 없어진 일이 있었다고 한다. 그러자 이조좌랑(통덕랑)이었던 김종직은 봉급으로 받았던 보리(소맥)를 털어다가 누룩을 만들고, 또 이걸로 술까지 만들었다. 본인이 직접 쌀을 씻어서 손수 담갔는지는 잘 알 수 없지만, 그 사연을 구구절절하게 이야기하는 걸 보면 김종직이 직접, 그게 아니더라도 깊숙하게 참여한 듯하다. 결과는 대성공. 항아리 한가득 향기가 솔솔 올라오는 술을 만들어 낸 김종직은 신이 나서 혼자서 술을 떠 마셨고, 시까지 지었다.

> 마른 창자는 술 동이의 거품을 참지 못하네
> 枯腸不耐瓮頭蛆
> 혼자 따라 혼자 마시며 외로운 웃음 짓노니
> 自斟自酌成孤笑

이제 갓 발효된 술을 보자마자 신이 나서 혼자 마셨다니, 그야말로 조선 시대의 술꾼이었다. 하지만 정작 중양절에 김종직은 연회에 가서 맛있는 술을 먹기는커녕 집에서 콕 박혀 있어야 했다. 때마침 병이 났기 때문이었다. 사람들은 모두 잔치에 가고, 그 많던 제자도 놀러 갔는지 아무도 찾아오지 않았다.

쓸쓸하게 집에 앉아 집 울타리나 멀거니 보고 있노라니, 부인이 안쓰러웠는지 집에서 직접 담근 국화주를 석 잔 가져왔다. 원래대로라면 친구들과 함께 마셔야 좋은 것이지만, 친구는 없어도 술이 있으니까 기분이 좀 나아졌다. 김종직은 기분 좋게 술을 마시며 긴 시를 적었다.

> 병에 걸려 대비의 생일 잔치에 가지 못하고
> 病阻坤寧慶
> 홀로 쓸쓸히 꿈나라에 들었네
> 伶俜入睡鄉
> 먹을 것 없는 해에 중양절에 이르르니

歲饑陽九値

술이 귀해져서 무척 비싸졌구나

酒貴斗千翔

아내는 참으로 훌륭한 선비로구나

內子眞佳士

국화 또한 향기가 일품이로다

黃花亦國香

빙그레 한 번 웃고는

莞然成一笑

울타리 밑에서 석 잔을 기울이네

籬下罄三觴

'우리부인님이 정말 최고'라는, 옛날 선비답지 않은 일까지 했다.

김종직은 죽은 다음에 겪은 풍파가 역사적으로 지독했지만, 그가 살아서 겪은 고생도 만만하지 않았다. 첫 번째 부인 조 씨와의 사이에서 자식을 여럿 두었지만, 대부분을 젊어서 잃었다. 그러다 손주가 태어나 '기쁨의 아이'라는 뜻의 희손(喜孫)이란 이름을 붙여 줬지만, 한 번 안아 보지 못한 채 땅에 묻어야 했으며, 그런 일을 겪은 뒤 얼마 지나지 않아 아들마저 세상을 떠났다. 손주와 아들을 한꺼번에 잃은 김종직은 죽은 아들을 그리워하면서 "너는 자식을 잃었고 나는 너를 잃었구나." 하며 슬퍼했다. 그러다 부인 조 씨마저 세상을 떠났고, 김종직은 더욱 깊은 슬픔에 잠겨야 했다.

김종직은 1485년에 남평 문씨와 재혼했는데, 중양절에 혼자 있는 그에게 국화주를 만들어 준 것은 문 씨였다. 그래서 김종직은 외로움을 털어버리고 기분 전환을 할 수 있었으니, 술의 힘은 이렇게나 강한 것이다. 만약 김종직이 그 국화주 한 잔을 남겨다가 유자광을 불러 함께 마셨다면, 이후의 무오사화나 부관참시는 일어나지 않았을지도 모르겠다는 생각이 불현듯 든다.

이렇게 혼자 마시면 외롭긴 하지만, 또한 언젠가 좋아하는 사람들과 모여 마실 수 있을 거라고 기대한다는 점에서 국화주는 마냥 슬프지만은 않았다.

사육신 중 한 명인 근보 성삼문. 앞서 이야기한 정몽주만큼이나 충의의 상징이며 죽음으로 그 이름이 역사에 기록된 인물이다. 조선의 명문가 출신이면서 과거에 장원 급제한 당대의 천재였고, 요동을 열세 번이나 넘나들며 음운학의 발전,《훈민정음》창제에 깊이 공헌했고, 그 이상으로 정의롭고 꿈을 사랑했던 인물이다. 그는 수양대군의 찬탈을 용납할 수 없었으며, 그 결과로 목숨을 잃었다. 그랬던 그도 살아생전에는 중양절을 맞이하여 국화주를 마셨고, 그러면서 친구를 기다렸다.

세상 근심 걱정 사라지고 도(道)의 맛은 깊구나

世慮消殘道味深

하늘은 가을의 기운으로 나를 가르쳐 또 마음을 맑게 해 주네

天敎秋氣又淸心

술통에는 중추절의 하얀 달빛이 맑게 잠기고

樽開冷蘸中秋白

술잔에는 중양절의 황금빛 국화 향기가 가득하네

杯滿香吹九日金

단풍나무 가지는 서리에 물들어 산과 들을 빛내고

楓染霜枝明野錦

바람으로 우는 솔잎은 산의 풍류를 보내네

松鳴風葉送山琴

문에다 걸쇠를 걸어 두지 않았으니

洞門曾是無關鎖

베 버선에 짚신 신은 사람 한 번쯤은 찾아오겠지

布襪靑鞋又一尋

과연 성삼문이 같이 술을 마시려고 기다린 친구는 누구일까. 같은 집현전 출신의 친구였던 그리고 죽음까지 같이한 박팽년이나 하위지, 이개일까. 그와 깊은 우정을 주고받았지만, 마침내 길이 갈라졌던 신숙주, 서거정일까. 그 사연은 시를 지은 성삼문만 알고 있겠지만, 적어도 그가 따라 마신 국화주만큼은 지금 우리가 마실 수 있다. 그 술을 마시며 옛사람의 마음을 짐작할 수밖에.

미식가 이색의 즐거움, 포도주

이색이 마신 포도주

목은 이색. 그는 참으로 힘들고 고달픈 인생을 산 사람이었다. 고려 말에 태어난 이색은 드라마나 소설에서는 언제나 나이 든 모습으로 그려지곤 하지만, 사실 어릴 적부터 사람들을 깜짝 놀라게 한 희대의 천재였다. 열네 살이라는 어린 나이에 과거에 급제했고, 원나라 국자감에서 3년간 유학한 뒤 중국 과거시험에서까지 장원급제했던 대단한 인물이다. 그렇게 한 시대를 대표한 천재였기에, 태조 이성계는 얄미운 젊은 유학자에게 "이색이 이렇게 했는데, 네가 이색보다 잘났냐?" 라는 (비열한) 인신공격을 한 적도 있었다. 그뿐만이랴, 성리학이라는 새로운 학문을 고려에 본격적으로 퍼뜨린 사람이기까지 했다. 새로운 학문, 새로운 고려! 이색은 공민왕의 개혁에 적극 참여하기도 했다. 이색의 주변에는 가르침을 받으려는 후학들이 구름처럼 몰려들었다.

그런데 망했다. 이색 본인이 아닌, 그의 나라 고려가 망해 버렸다. 이색에게서 가르침을 받은 정도전이나 권근, 하륜 등등은 조선이라는 새로운 나라를 만들었다. 정작 이색은 끝내 조선을 자신의 나라로 인정하지 않아 아들과 제자들이 처형당하기까지 했다.

조선의 건국을 지켜보는 것은 너무나도 고통스러웠을 것이다. 제자들은 여러 패로 갈려 싸우고, 그러다가 일찍 죽고, 나라는 망했으니 말이다. 하지만 거듭되는 고통 속에도 그는 삶의 즐거움을 버리진 않았다. 온갖 고통 속에 너덜너덜해진 그의 영혼에 안식을 가져다준 것은 맛있는 것 그리고 맛난 술이었다. 이색은 참 많은 술을 마셨는데, 이 자리에서는 바로 포도주의 이야기를 하도록 하자. '그 시절 우리나라에 포도주가 있었어?'라는 의문이 들겠지만 말이다.

포도라는 식물의 원산지는 지금의 서남아시아나 지중해 근방이라고 했다. 그렇지만 맛있는 과육과 잘 자라는 넝쿨 그리고 무엇보다도 맛있는 술을 만들어 내는 이 식물은 대륙의 동쪽과 서쪽으로 널리 퍼져서 이제는 지구 전역에서 키우며, 또한 술로도 만들어지고 있다.

아마도 포도는 이 세상에서 가장 첫 번째로 술을 만들어 낸 과일이 아니었을까. 워낙 술로 만들기가 쉬워서 그렇다. 실온에 오래 두었던 포도를 입에 넣었을 때 톡 쏘는 술 비슷한 맛을 느껴 본 적이 있을 것이다. 포도주는 인간 역사와 참으로 오랫동안 함께 해 왔다.

이처럼 역사와 사연이 깊다 보니 문제가 하나 있는데, 그건 포도로 만든 술이 참으로 제멋대로라는 것이다. 여기에서 소개하는 포도주는 우리가 잘 알고 있는 와인(wine)과는 완전히 다르다.

와인은 이제 슈퍼마켓에서도 찾아볼 수 있는 흔한 술이다. 대체로 레드 혹은 화이트로 나뉘고, 보석처럼 빛나는 붉은색 혹은 노란색의 술이 유리병에 담겨 있다. 그렇지만 옛날 목은 이색이 들이마시던 포도주는 와인과는 아주 달랐다. 물론 그 옛날 술들의 실물이 지금 남아 있는 것은 아니지만, 만드는 법을 본다면 절대로 와인과는 다르다는 확신이 든다. 포도가 들어간 술이지만, 와인은 아닌 것이다. 이유를 알아볼까?

우선 조선 후기의 실학자 서유구가 저술한 《임원십육지》에 포도주를 만드는 법이 실렸는데, 이게 가장 널리 알려지고 많이 쓰인 방법으로 생각된다.

찹쌀을 물에 불린 뒤 물렁하게 찐다(지에밥).
포도즙을 가져다가 누룩을 넣고 찹쌀밥과 섞어서 항아리에 넣는다.

레시피를 보면 정말 이렇게 포도주를 만드는 건가? 포도주 비슷한 게 만들어질 수는 있는 건가? 여러 생각이 들지만, 이것이 바로 옛사람들의 포도주 만드는 법이다. 덧붙여서 만약 신선한 포도가 없으면 포도를 말려서 만든 가루를 넣어도 포도주가 된다고 한다. 과연 포도가 들어가는 술이니 포도주이긴 할 테지만, 어떤 술일지, 어떤 맛일지 도저히 상상이 가질 않는다.

한편 앞에서 소개한 것보다 훨씬 이전인 15세기에 만들어진 책 《수운잡방(需雲雜方)》*조선 초 안동의 유학자 김유와 손자 김령이 저술한 한문 필사본 조리서에 실린 포도주 만드는 법은 비슷하면서도 조금 다르다.

하얀 쌀을 씻어 가루로 만든 뒤, 죽을 쑤어 식혔다가 누룩을 섞어 항아리에 담아 밑술을 만든다.
다시 백미를 씻어 고두밥을 지어 식혀서 누룩과 포도가루를 밑술과 섞어 숙성한다.

또 포도를 으깨서 찹쌀과 함께 죽을 쑤어 식힌 뒤, 누룩을 섞어 항아리에 담는 방법도 있다. 포도를 섞고 누룩을 섞으면 어떻게든 발효가 되긴 하겠다. 덧붙여 신포도, 머루로도 만들 수 있다고 한다.

조금 더 시간이 지난 다음인 구한말에 만들어진 요리책 《조선무쌍신식요리제법(朝鮮無雙新式料理製法)》*위관 이용기가 쓴 요리책으로 전통 요리부터 중국, 일본, 서양 요리까지 790여 가지 조리법을 담고 있다.에는 포도주를 만드는 세 가지 방법이 실려 있다.

1. 포도가 익으면 즙을 내어 찹쌀죽과 누룩가루를 섞어서 만든다. 이때 찹쌀밥은 즙이 없게 해야 하고, 포도가루를 넣어도 좋다.
2. 포도즙 1말에 누룩 4냥을 넣어 버무린다.
3. 꿀 3근과 물 1말을 달여 병에 붓고 누룩가루와 술밑(白酵)을 각각 2냥씩 넣고 종이로 봉해 두면 3~7일 만에 좋은 술이 된다.

세 번째 방법에서는 포도를 언제 어떻게 넣는 것인지 언급하지 않고 있지만, 아무튼 이런 식으로 만들어진다.

정리해 보면 우리가 알고 있는 와인과 너무도 달라 신기하기도 하고, 어떤 맛일지 상상이 되질 않는다. 그런데 그건 술을 만드는 사람도 같은 생각이었던지, 《조선무쌍신식요리제법》에서는 재미있게도 "서양에서는 어떻게 하는지 모르지만……"이라고 솔직하게 잘 모른다는 사실을 선언하고 있다. 물론 포도를 오래 두면 술이 된다는 걸 알고는 있었지만, 곡식 및 누룩으로 술을 만드는 전통이 강하다 보니 포도만으로 술을 만든다는 데까지는 생각하지 못한 듯 하다.

이렇게 판이한 제조 방식 때문인지, 포도주를 마신 옛사람의 시를 보면 포도주를 일컫는 색깔이 초록색(綠)이다. 당나라 시인 이태백이 지은 시 〈양양가(襄陽歌)〉에는 "강물이 오리 머리처럼 푸른데 포도주가 처음 익은 색깔 같다[遙看漢水鴨頭綠 恰似葡萄初醱醅]."라는 글귀가 있다. 여기서 말하는 오리는 우리가 흔히 보는 청둥오리일 것이다. 그 수컷 오리의 머리는 명백히 초록색이니, 이 사람들이 마신 포도주색은 초록색이란 말이다.《어우야담(於于野談)》을 지은 유몽인도 호수를 보고 "포도주 색깔 같다."라고 말한 적이 있었다. 그러니 최소한 붉은색은 아니었다.

지금 현대를 사는 우리의 상식으로 적포도주는 짙은 보라색이요, 백포도주는 투명에 가까운 노란색이거늘. 중간쯤의 로제 와인도 있지만, 그래도 난데없는 초록색 포도주라니 대체 무엇이란 말인가. 어떤 술이고 맛은 또 어떨 것인가. 궁금하지만 타임머신을 타고 옛사람의 술자리를 찾아가 볼 수도 없으니 더더욱 궁금해진다.

원나라에서 수입한 술

이렇듯 정체가 오리무중인 포도주와는 별개로, 포도는 옛날부터 참 많은 사람이 좋아하는 과일이었다. 잘 익은 포도를 일러 수정포도(水精葡萄, 청포도)라고 불렀으며, 왕들도 즐겨 먹었을 정도였다. 그러니 이런 포도로 담근 술이 얼마나 맛있겠는가. 그러다 보니 몹시 귀한 술이었고, 귀한 손님에게 선물하는 술이었다. 벼슬을 얻기 위해 바치는 뇌물이기도 했고, 장인어른이 사위에게 주는 선물이기도 했다. 그리고 신기하게도 다른 술과 달리 포도주는 금 술잔(金樽)에 담아 마시곤 했다.

포도주는 황금 술잔을 든 그리스 신이나 마실 술일 것만 같다. 그런데 동쪽 사람들도 참으로 포도주를 많이 좋아했고, 또 많이 마셨다. 서역(중앙아시아)에서 건너온 외국 술 포도주가 크게 유행했던 것은 바로 고려 시대다. 다름 아닌 원나라에서 들어온 것이었다.

12세기, 몽골 초원 한복판에서 일어난 칭기즈 칸은 동서남북을 누비며 만나는 나라마다 모두 정벌했고, 그의 자식들은 칭기즈 칸이 하던 일을 계속 이어받아서 아시아는 물론, 마침내 유럽 곳곳까지 뻗어나간 대제국을 건설했다. 원이라는 이름을 갖게 된 나라의 대군은 고려에까지 도달했다. 고려는 온 힘을 다해 맞서 싸웠고, 전 국토가 불탔다. 불국사와 황룡사를 비롯한 이름난 유적 다수가 바로 이때 잿더미가 되었다. 막심한 피해를 당하면서도 고려는 강화도로 수도를 옮기면서까지 싸웠지만, 결국 1257년 고려 원종은 원나라에 무릎을 꿇었다.

그래서 이때부터 원나라를 따른다는 복속의 뜻으로 이전까지의 '종', '조'라는 왕의 이름 대신 원나라에 충성을 맹세한다는 뜻의 '충(忠)', 공손하게 따른다는 뜻의 '공(恭)' 자를 넣게 된다. 고려의 첫 번째 왕은 태조였으나, 말기 왕들이 충렬왕, 충선왕, 공민왕, 공양왕이라는 이름이 된 까닭이 여기에 있다.

그뿐만이 아니다. 원나라는 고려의 세자를 인질로 보내게 하는 한편, 원나라 공주 혹은 귀족과 결혼하도록 했다. 이 일은 고려의 독립국으로서의 위신이나 혈통을 어지럽히는 일로 받아들여지곤 하는데, 정말 그런 점도 있었으나 첫 번째 결혼만은 예외였다.

고려 충렬왕과 결혼한 제국대장공주(齊國大長公主), 보르지긴 쿠틀룩 켈미쉬는 쿠빌라이 칸의 딸이자 칭기즈 칸의 증손녀였다. 물론 쿠빌라이 칸은 여러 후궁을 두고 있었고 제국대장공주 역시 많은 자식 중 하나였다. 그렇다 해도 그녀는 몽골 제국의 가장 존귀한 집안인 황금 씨족의 혈통이었다. 바로 그 칭기즈 칸의 직계인 것이다. 그래서 황금 씨족과 결혼한 고려의 국제적 위상이 크게 올라갔다는 조금은 허탈한 사정이 있었다. 당시 원나라 성종은 제국대장공주의 조카였다. 그래서 고모를 위해 여러 칭호를 내린 한편, '제국의 사위'인 충렬왕에게 선물을 보냈으니 그게 바로 포도주였다. 심지어 《고려사》를 보면 원나라 황제는 서너 차례 고려 왕에게 포도주를 하사했다.

과연 칭기즈 칸의 후손이 내려 준 포도주는 어떤 맛이었을까. 아마도 금나라와 송나라, 러시아와 유럽의 귀족 연합들을 박살 내고 그들의 피와 눈물을 짜낸 대제국의 맛일지도 모르겠다.

어떻든 포도주는 다른 여러 술만큼이나 마성의 술이었다. 뇌물의 대표 격으로 일컬어졌고, 역사상 유명한 술꾼이었던 위나라 문제는 포도주가 덜 취하고 숙취도 덜하다며 좋아했다. 또 맥이 통하게 해서 도를 닦는 데 좋다고도 하지만, 이렇게 가져다 붙이는 이유와는 별개로 포도주는 맛있는 술이었으니, 사람들이 몹시도 좋아했다.

목은 이색 역시 포도주를 매우 좋아했고, 많은 글을 지어 남겼다.

〈기사(紀事)〉라는 평범한 제목의 시에서 술잔에 즐겁게 포도주를 가득 담아 마시며 지금이 바로 태평성대라고 노래했다. 그가 살던 시기는 절대로 태평성대가 아니었고 그럴 리도 없었겠지만, 술에 취한 김에 너무도 행복한 나머지 그렇게 말한 것이리라. 그래서 더욱 아이러니하다.

> 다행히도 나는 젊고 장성한 날에
> 幸予少壯日
> 이런 태평성대의 조정을 만나니
> 値此太平朝
> 술잔엔 포도주를 수북이 따르고
> 樽酒蒲萄凸
> 차린 음식은 오미로 조리하였네
> 盤飱芍藥調

이색의 술잔치

한평생 힘들고 고통스러운 인생을 살았던 목은 이색에게도 친구가 있었으니, 바로 문경공 한수(韓脩)였다. 한수는 이색보다 다섯 살 아래였는데 15세에 과거급제했던 천재였고, 훗날 조선의 바탕을 이룬 권근에게 "너 공부 부족하다?"라고 퉁을 줬을 만큼 당대 알아주는 인물이었다. 이색과 한수는 나이가 들자 술친구가 되어 자주 만나 놀고 또 시를 짓곤 했다. 어쩌다 한수가 개성에 왔는데, 마침 목은 이색이 병으로 드러누워 있던 차라 한수는 선물로 포도주를 들고 찾아왔다. 그리하여 여말선초 신진사대부의 스승이자 대선배인 이들은 신나게 술판을 벌였다.

한수가 가져온 포도주는 분명 포도와 쌀을 넣고 빚었을 것이다. 초록색 거품[綠蟻]을 띄우고 있었으니 말이다. 주안상은 꽤 호화찬란했다. 이색은 청어를 굽고 기름을 둘러가며 면과(麪餜)를 부쳤다. 이 면과는 추정하건대 역시나 부침개였으리라. 부침개가 옛날에도 있었냐 하면 바로 그랬다. 1670년경에 만들어진 장계향의 《음식디미방》을 보면 '빈쟈법'이라는 빈대떡 요리법이 실려 있었다. 녹두를 불려서 갈고 기름에다 부치는 것까지 우리가 알고 있는 그 요리와 똑같지만, 안에 팥과 꿀을 반죽해서 만든 소를 집어넣는 게 다르다. 이보다 조금 전 시대의 인물인 백사 이항복이 '부추를 넣은 부침개' 이야기를 했으니, 부추전은 틀림없이 옛날에도 있었다. 과연 이색과 한수가 포도주와 곁들여 먹은 안주용 부침개가 어떤 것인지는 분명하지 않지만. 어쨌거나 두 노인은 쟁반 위에 먹을 걸 잔뜩 쌓아 놓고 부어라 마셔라 하며 코가 비뚤어지게 마셨다.

흥이 있으니 숨어 사는 삶이 흡족하구나
有興愜幽居

그러나 이색의 술 잔치는 이것으로 끝난 게 아니었다.

《목은집(牧隱集)》에 실려 있는 시의 순서를 보면, 이색은 병을 앓고 난 지 얼마 안 되었던 것 같다. 목은은 그날의 잔치 결성의 내력을 구구절절하게 적어 놓았다. 처음에 단짝 한수와 길에서 우연히 만났고, 함께 화단에서 꽃을 감상하고 있었다. 그러다가 덥석 걸려든 것은 지나가던 권중화(權仲和). 말을 타고 지나가다가 문 너머로 슬쩍 이색과 한수가 있는 것을 보고 훌쩍 뛰어내려 합류했다. 이렇게 세 사람이 모이자 이 판사(李判事)가 잔치를 열었다. 여기에서 말하는 이 판사가 이색과 친했던 이집인지, 아니면 이원필인지 분명하지 않다. 이색이 "나와 반만 아는 사이다."라고 했으니, 그리 친한 사이는 아니었을 수도 있겠다. 하지만 중요한 것은 술이고, 더 신나는 것은 주연(酒宴)이었다.

네 사람은 모여 앉아 포도주를 꺼내 신나게 마셨다. 술판은 장미정(薔薇停). '장미의 정자'라는 지금 들어도 대단한 이름의 장소였다. 그리고 정자를 떠나 풀밭에 주저앉아 꽃을 벗 삼아 마셨다고 했으니, 이색과 술꾼들은 그냥 술에 절어 여기저기 나돌아다니며 마셨다는 말이다.

좋은 때는 의당 놓치기 쉽고
良辰易蹉跎
좋은 이는 우연히 만나기 어렵거늘
可人難邂逅
조물주가 직접 안배를 잘하여
造物自安排

친구들이 다행히 앞뒤로 만났네

同盟幸先後

장미정에서 큰 소리로 시를 읊고

高吟薔薇亭

포도주 가져다 잔뜩 마시니

痛飲葡萄酒

누각에는 맑은 바람이 하 불어오고

樓中多淸風

하늘 끝에 저 멀리 나무가 숲이 떠오른다

天末浮遠樹

이날은 안주가 변변하지 않았던 것 같다. 만약 좋은 안주가 있었더라면 이색이 언급하지 않을 리 없다. 하지만 그래도 더 좋은 것은 사람들이니, 이색은 술에 취해 시를 지었다. 이 시를 지을 당시 이색도, 한 수도 나이가 꽤 들어서 노인을 자처하고 있었고, 그즈음 정도전은 초야에서 학생들을 가르치고 있었다. 그래서 이색을 포함한 네 노인은 잔뜩 취해 쓰러져서 넋이라도 있고 없고 할 정도로[忘形骸] 마구 마셨다. 술기운이 폐부를 파고들 때까지!

"매년 이렇게 놀 수만 있다면 어찌 몸이 늙고 쇠하는 것을 한탄하겠는가[年年作此游 豈恨身衰朽]!"

물론 신하의 본분을 잊지 않고, 왕과 백성을 걱정하는 말도 한 줄 정도 적어 넣긴 했다.

그렇다 해도 이색이 가장 좋아했던 것은 술이었고, 친구였으며, 이는 삶의 즐거움이었다. 누가 그걸 탓할 수 있겠는가. 오히려 고려 말 사람이라고 해서 매일매일 망해 가는 나라 걱정만 하고 슬픈 얼굴로 보내는 게 아니라, 나라 걱정을 하다가도 술을 마시고 주접도 떨고 젊은이들의 재롱을 보고 웃음을 터뜨리는, 그렇게 희로애락이 끊이지 않는 게 인생이었다.

사실 목은 이색은 고려 말 가장 손꼽히는 미식가였다. 그러면서 술도 참 좋아했다. 이색의 아내 안동 권씨는 남편의 성품을 잘 알았기 때문에 언제나 말술(斗酒)을 빚어 놓았고, 손님이 왔을 때는 물론이거니와 자주 술을 내오곤 했다.

언젠가는 이런 일도 있었다. 이색은 일상을 자세하게 시로 적어 남겼는데, 어떤 시에 아침밥을 먹으면서 '모닝 술'을 마시는 경위를 적었다. 사연은 대충 이랬다. 아침 식사는 간단한 게 좋으니 거친 잡곡밥에 국이면 된다! 그런데 부인이 새로 만든 술이 있다고 '굳이' 먹으라고 했다. 이색은 '자기가' 술을 먹으려 한 게 아니라는 뉘앙스를 풍기면서도, 오늘따라 날씨가 무척 추운데 나쁜 기운도 물리치고 정기를 보하려면 그야말로 사리에 맞는 거라고 말했다. 그렇게 굉장한 논리를 주장한 이색은 아침부터 술을 마셔 댔다. 그것도 흰 쌀밥과 함께 말이다. 이색 본인은 배도 부르고 취하는 일석이조라며 무척 기뻐했다.

술에 취해 정신이 이내 흐르고 통하니

精神旋流通

천지가 같은 무리처럼 느껴지고

天地爲雕尻

술 마시는 게 오묘한 도에 합치하니

斟酌合妙道

마음이 요순시대로 돌아가누나

方寸回唐虞

　수백 년 전에 지어진 시이지만, 아침 밥상을 놓고 알딸딸하게 취한 이색의 모습이 그대로 그려지는 듯하다. 아침부터 이렇게 하늘과 땅이 분간이 가지 않을 만큼 취한 것을 본다면, 이색이 마신 술이 어지간히 강한 것이었던 것 같다. 시간여행을 해서 아득히 먼 옛날 요순시대로 돌아갈 정도로! 어쩌면 부인 안동 권씨는 집에다 다종다양한 술, 그중에 포도주를 담갔던 것 같다. 왜냐하면 이색은 이날의 술을 두고 '초록색 파도[綠波]'라고 불렀기 때문이다. 그 포도주의 맛은 너무나도 훌륭해서 망해 가는 나라의 충신의 시름마저 삭일 정도였던 것 같다.

포도주 애호가 서거정

 이색의 뒤를 이어 나타난 포도주 애호가는 바로 서거정이었다. 세종 때 태어나 성종까지 여섯 왕을 섬겨 기나긴 관직 생활을 자랑한 그는 무수한 시와 이야깃거리를 적어 남겼는데, 그중 하나가 바로 끝없이 불타는 포도주에의 사랑이었다. 그는 모든 종류의 물을 볼 때마다 포도주를 떠올렸다. 한강물, 호숫물, 냇물에 이르기까지 물을 보면 "아, 저거 포도주 색깔이다."라고 시를 적곤 했다. 이야 그냥 서거정의 글 버릇일 수도 있지만 그는 몹시도 포도를 좋아했다. 얼마나 좋아했는지 《포도가(葡萄歌)》라는 시까지 지을 정도였다. 여기에 따르면, 서거정은 포도나무를 두세 그루를 키우고 있었다. 집에서 키우는 것일까, 아니면 텃밭에서 키우는 것이려나. 여하튼 그 포도나무에는 '수박보다도 맛있고 우유보다도 매끄러운' 맛있는 포도가 열려, 한 알만 먹어도 온갖 걱정거리가 싹 사라진다고 했다.

 '이 맛있는 포도로 술을 만들겠다! 그것도 잔뜩! 어떻게 하면 이걸로 만 곡(斛)의 술을 빚어 하루에 300말씩 마실 수 있을까?'

 과연 서거정이 만들고 싶어 한 만 곡의 술은 양이 얼마나 될까. 곡(斛)은 시대에 따라 조금씩 달라지지만, 지금 계량 단위로 대략 100리터쯤 된다. 그러니까 서거정은 자그마치 100만 리터의 포도주를 만들겠다는 것이고, 그걸 또 하루에 300리터쯤 마시겠다는 말이다. 아무리 서거정의 포도나무에 포도가 많이 열린다 한들 그렇게 많은 술을 만들 수 있겠는가? 그리고 그 많은 양을 서거정은 혼자서 다 마실 수 있을 리가 없다!

여하튼 서거정은 포도주를 마시면 10년의 묵은 때를 씻고 마음속 깊은 곳의 근심을 씻어 낼 수 있다고 말했다. 주정뱅이들의 흔한 핑계 같이 들리겠지만, 서거정의 포도주 사랑은 정말 진실한 것이었다.

조선 전기의 훌륭한 화가였던 안견의 그림 〈만학쟁류도(萬壑爭流圖)〉를 보고 감상을 적은 시를 봐도 그렇다. 그림에는 수없이 많고 웅장한 봉우리와 폭포의 풍경이 그려져 있었지만, 서거정의 마음을 끈 것은 바로 산을 지나고 폭포를 지나 한데 모여 웅덩이를 만든 물. 그래, 파란 물이다. 바로 포도주 색깔 물이다. 둘레는 끝이 없고 바닥도 깊고 깊은 데다, 거울처럼 눈부시고 마시면 시원할 듯한 맑디맑은 물. 이제 그림 감상은 접은 서거정이 이렇게 말한다.

"저걸 어떻게 포도주로 바꿀 수 있을까?"

앞서 말한 대로 옛날의 포도주는 초록색이었다. 아마도 그림의 물 색깔을 보고 서거정은 포도주를 떠올린 모양이었다. 그렇게 저 많은 물을 죄다 포도주로 바꿔서 몽땅 마시고 속세의 더러움일랑 씻어 내고 신선이 되겠다고 말한다. 글쎄?

어떻게 하면 포도주로 바꾸어 만들어서
安得變作葡萄醅
단번에 삼백 잔 술을 유쾌히 들이켜

一飮健倒三百杯

내 십 년간 뿌연 먼지에 찌든 자취를 씻고

滌我十載紅塵蹤

맑디맑은 약수를 건너 봉래산을 찾아볼고

弱水淸涉尋蓬萊

　비록 이색보다는 늦게, 무려(?) 23세의 나이에 과거에 급제하긴 했지만, 장원급제도 해 봤던 서거정이었다. 그뿐만일까, 명나라에 사신으로 갔다가 시 쓰기 대결에서 각국 학자들을 깨끗하게 이겨 조선의 위상을 크게 휘날리기도 했다. 여기에 세종 때부터 성종까지 여섯 임금을 모시면서 높은 벼슬자리는 다 거치고, 조선의 법전인《경국대전》은 물론《동국여지승람》제작에도 참여했으니, 조선 시대에 신하의 몸으로 태어나 누릴 수 있는 복은 모조리 누렸던 인물이었다. 그랬던 서거정이건만, 여전히 속세는 더러워서 떠나고 싶었던 곳이려나.

　이렇듯 포도주를 지극히 좋아했던 서거정이었으니 백 년 전 이색과 만났다면 정말로 즐거운 포도주 콤비가 되어 한반도의 포도주를 죄다 마시지 않았을까. 이토록 지극한 사랑을 받은 초록색 포도주의 맛이 한층 더 궁금해진다. 과연 어떤 맛일까.

조선 초를 장식한 술꾼, 권희달

시호의 의미

시호(諡號)는 무엇인가. 죽은 사람의 삶을 칭찬하고 기리기 위해 후대 사람들이 그의 생애를 한두 글자로 평가해 붙이는 이름이다. 우리나라 역사상 길이 남을 충무공 이순신이나, 마찬가지로 충무공인 김시민, 또 충무공인 정충신 등등. 왜 이리 충무공이 많냐고 생각하겠지만, '충성 충(忠)' 자에 '굳셀 무(武)' 자를 붙여 모든 한자 문화권에서는 바로 알아들을 수 있는 가장 좋은 시호다.

반대로 '충성 충' 자에 '글월 문(文)' 자를 쓴 충문공 또한 좋은 시호가 아닌가? 맞다, 그런 시호를 가진 사람도 한둘이 아니니, 가장 유명한 사람을 들자면 사육신 중 가장 잘 알려진 성삼문이다. 정조의 사돈이자 세도정치의 포문을 열었던 김조순도 그랬다. 그의 다른 후손도 충문공 시호를 받았다.

그러나 모두가 이런 좋은 시호를 받은 것은 아니었다. 《춘추》를 보면 각 글자마다 시호의 뜻이 있는데, 나쁜 뜻을 가진 글자도 있었다. 개중 고구려 정벌에 실패하고 신하에게 살해당한 수나라 양제는 정말 나쁜 치세를 지낸 것을 상징하는 시호였다. 비슷한 이유로 원나라의 마지막 황제인 순제는 순순히 나라를 넘겨줬다는 뜻에서 순(順)이란 글자가 들어갔다.

수양제나 순제나 자신의 시호를 그다지 좋아하지 않았겠지만, 어차피 죽은 사람에게 붙이는 것이다. 관뚜껑이 닫힌 다음이니 항의할 것도, 기분 나빠할 수도 없다. 뭐, 후손의 기분이 그리 좋지는 않겠지만 말이다.

술주정뱅이에게 내려진 시호

조선 초기에 권희달이라는 인물이 있었다. 그의 시호는 위려(威庚)였다. 웬만하면 시호로 쓰지 않는 특이한 한자를 쓴다.

권희달은 조선 태조의 원종공신이자 태종의 측근이었다. 그러니 처음엔 태조 밑에서 일하다가 아들 태종에게 줄을 잘 선, 권력 냄새 잘 맡는 사람으로 여겨질 법도 하다. 조선 태종은 조선의 왕들 중 유일하게 과거에 급제한 엘리트지만, 그와 동시에 아버지 친구들과 이복동생을 죽이고 다닌 변혁기의 행동파였다. 그래서 그의 주변에는 좋게 말해 사병이고 나쁘게 말하면 주먹깨나 쓰는 사람들이 몰려다녔으니, 대표적으로 정몽주를 저세상으로 보낸 조영무가 있었다. 이들은 이방원의 수족이 되어 1차, 2차 왕자의 난을 평정했고, 권희달도 그런 인물 중 하나였다.

그리고 여기에서 문제가 된 것은 그의 술버릇이다. 권희달은 학식이 있었던 것이 아니고, 덕성이 있었던 것도 아니다. 오로지 주먹 힘과 빠른 다리로 태조와 태종에게 힘이 되었고, 공신까지 되었다. 조선이

건국되고 나서 그리고 태종이 즉위하고 나서 세상이 바뀌었지만, 권희달은 좋게 말해서 초심을 유지했다. 무슨 말이냐 하면 왈패 짓을 그대로 했다는 말이다. 문제가 있다면 권희달은 이제 일개 시정잡배가 아니라 권력자였다는 것이다.

실록은 그의 졸기에 대고, 권희달이 사납기가 승냥이 같다고 했다. 그래서 당시 조선에서는 힘이 세고 못된 사람을 두고 권총제(權摠制)라고 불렀으니, 권희달이 총제 벼슬을 했기 때문이다. 얼마나 여기저기 행패를 부리고 다녔으면 그랬을까. 여기에 힘을 더해 준 것은 바로 술, 술이었다. 혼자서 친 사고도 있었지만, 가끔 술 취한 사람들끼리 만나면 시너지 현상을 일으켜 더 큰 사고를 만들어 내기도 했다.

1414년(태종 14), 왕궁에서는 동짓날 잔치가 벌어졌고, 권희달은 박자청과 술김에 난동을 부렸다. 박자청은 또 누구인가? 그 역시 고려 말 조선 초의 사람으로, 혼란스러운 세상을 살았다. 하지만 그렇기에 자기 실력만으로 인정받을 수 있었던 사람이다. 정도전이나 이성계가 조선의 철학과 정통성을 만들어 냈다면, 그는 물리적인 조선을 만들어 냈다. 무슨 말이냐면 도시 정비 및 건물 건축을 도맡았다.

그랬던 박자청과 권희달이 술김에 싸운 것이다. 시작은 권희달이 '술에 취한 채' 벌인 것이다. 그런데 박자청도 술에 취했고, 무엇보다 악명 높은 권희달에 지지 않을 만큼 깡다구가 있었던 모양이다. 두 사람은 큰소리를 지르다 못해 때리기 직전까지 갔는데, 먼저 주먹을 날리려고 했던 것은 박자청 쪽이었다. 그렇다 보니 오히려 권희달이 무릎을 꿇고 사과해서 사태는 진정 국면에 도달했다. 그리고 주변은 오히려 웃음바다가 되면서 나온 말이 "박자청의 광포(狂暴)함이 도리어 권희달보다 지나치다."라는 것이다.

이것은 박자청이 소란을 벌였다기보다는, 권희달의 악명이 워낙 자자해서 '오히려'라는 느낌이 강하다. 그런 일이 있지 않은가. 평소에 얌전하던 사람이 오히려 크게 폭발해서 다른 사람이 기가 죽어 버리는.

아무튼 두 사람끼리는 잘 끝났지만, 그렇다고 넘어갈 일은 아니었다. 시정잡배도 아니고 관료들이 국가 정식 만찬에서 싸워 댔으니 좋은 말을 들을 리 없었다. 사간원이 이 둘을 처벌하자고 했지만, 태종은 "원래 두 사람 성질이 광포하니까."라며 본인 대신 노비 10명씩을 감옥에 가두었다. 주인 잘못 둔 죄로 감옥에 갇힌 노비들은 무슨 날벼락인가. 더구나 이런 일을 겪는다 해도 당사자가 전혀 반성하지 않을 사람이니 그게 문제였다. 노비들은 사흘 만에 풀려났지만, 정작 권희달은 한 달 뒤에 근무를 빼먹는 바람에 의금부에 갇혔다.

그런데도 태종은 권희달을 버리지 않았다. 사실 권희달은 많은 공을 세웠다. 태종의 곁에서 늘 성실하게 호위했고, 태종에게 무례를 저지른 사람을 나는 범처럼 달려서 잡아냈으며, 2차 왕자의 난을 일으켰던 넷째 형 이방간을 '다치지 않게' 체포한 것도 그였다. 하지만 그 이상으로 흠도 많았으니, '술에 취해' 말에서 내리지 않거나, 남의 아내를 겁탈하거나, 남을 두들겨 패는 일들이 허다하게 벌어졌다. 당연히 처벌하라는 여론이 들끓었다. 그래서 태종은 그를 불러 "네가 아직도 어린애냐?"라고 야단도 치고 (어린애도 이런 일은 안 한다), "저번에 용서 안 하겠다고 했다!" 하며 엄포를 놓고 곤장도 때리고 귀양도 보내고 갖은 벌을 내렸다. 하지만 다시 복직시키곤 했다. 이러니저러니 해도 대하기 편한 사람이었나 보다. 가장 측근이었던 이숙번도 내치고 평생 다시 부르지 않았던 태종이 권희달은 마지막까지 곁에 두었으니 말이다.

태종이 세상을 떠나고, 세종 6년인 1424년 권희달은 중국에 사신으로 간다. 왜!? 의문이 나오는 인선이다. 그리고 안에서 새는 바가지 밖에서도 샌다고, 정말 그렇게 되었다. 권희달은 그의 진상 '파워'를 아낌없이 글로벌하게 발휘했다. "우리나라가 바친 말은 사실 똥 싣고 다니던 말이다!" 하고 외치질 않나(대체 왜?), 명나라 황제의 궁전에 수많은 외국 사신이 모인 와중 주먹질해서 사람을 때리고 쫓아냈으며, 가만히 앉아 있지 못하고 꼼지락거리고 소리를 질러 댔다. 왠지 요즘 지하철에서 가끔 볼 수 있는 풍경 같은데, 아무튼 권희달은 그렇게 국제무대에서 지독한 'J저씨' 노릇을 하고 돌아왔다.

세종은 "내가 사람을 잘못 보냈다." 하고 후회했으니, 그러게나 말이다. 권희달이야 평생 그렇게 살아왔으니 평소 하던 대로 하고 온 것이겠지만, 대체 어째서 그에게 국가의 중책에 맡겼는가? 그렇게 제대로 나라 망신을 시키고 귀국한 권희달은 길거리에서 곤장도 맞고 신분도 평민으로 깎이는 큰 벌을 받았지만, 몇 년이 지난 뒤 다시 복직되었다. 당연히 신하들은 쌍수 들고 반대했지만, 세종은 굳이 그를 옹호했다. 예뻐서였을까? 그럴 리 없었다. 이미 권희달을 끼고 지냈던 태종은 저세상 사람인지 오래였으니까. 그런데 권희달을 변호해 준 세종의 말이 재미있다.

"워낙 이 사람이 화를 낼 때는 오랑캐나 다름없긴 한데 대신 딴생각 안 하는 사람이라……."

그러니까 의심 많고 수많은 척을 졌던 태종이 그를 곁에 둔 게 아니었을까. 이익이니 뭐니 따지지 않고 주인에게만 복종하는, 그야말로 사냥개 같은 사람이었다는 말이다. 그래서 술이 들어가면 개가 되는 것이겠지만.

이후로도 권희달은 소소한 사고를 쳤지만 그래도 국제적인 문제를 다시는 일으키지 않았고, 세종 16년에 세상을 떠났으니 그에게 내려 준 시호는 위려였다. 사납고 강하고 과단함이 위(威)요, 전의 허물을 뉘우치지 않음이 여(戾)이다. 한마디로 여기저기 못된 짓만 하고 다니며 반성은 하지 않았다는 말이니 이렇게 엿 먹이는 시호가 또 있을까. 그러게 술 좀 작작 먹었으면 좋았겠지만, 그렇게 절제할 수 없었던 것이리라.

술 취한 시대의 왕, 세조

술의 정권

어느 시대이나 술을 마셔 대기는 했지만, 특히 세조는 술의 정권이었다. 여타 다른 왕이 일을 한다면, 집무실에서 신하들과 만나거나 의논하거나 상소를 읽는 모습이 떠오른다. 하지만 세조는 신하들과 술판을 벌인 일이 월등하게 많았다. 세조 본인이 술을 좋아해서 그런 것도 있었겠지만, 정치적으로도 당시 사람들은 술에 취하지 않고는 못 배길 상황이 많이 벌어지긴 했다. 수많은 학문과 기술을 연구하고 토론의 장을 펼쳤던 그의 아버지가 보았다면 뒷목을 잡았겠지만 말이다.

아무튼 세조의 정치는 왕이고 신하고 술 퍼마시고 놀고 그러다 술김에 즉흥적으로 사고도 쳐서 감옥에 들어가는 일이 벌어지곤 했다. 좋게 말하면 흥이 넘치는 정권이었고 나쁘게 말하면 술 취해서 얼렁뚱땅 이랄까. 물론 명색이 나라인데 아주 엉망진창은 아니었지만, 세종이 수십 년 들여 키운 수많은 인재들이 세조의 반정 때문에 우르르 처형당하고, 살아남은 것은 세조의 술친구인 신숙주, 한명회, 서거정 등등 권훈대신이었다.

아무리 생각해도 세종대왕이 그의 무덤인 영릉을 박차고 일어날 것 같다. 사정이야 어쨌든! 술과 관련된 사건 사고 그리고 야사까지도 많이 남은 시기가 이때였다. 술기운에 할 말, 못할 말 하는 사람들이 많았던 것이다.

1455년, 세조가 왕이 된 지 얼마 안 된 11월 20일, 작은 술자리를 벌이자 집의 이예(李芮)가 술기운에 취해 세조에게 말했다.

"당 태종을 본받으십시오!"

말이 좋아 당 태종이지 결국 동생을 죽이란 말이었다. 당 태종 이세민은 현무문의 변을 일으켜 자신의 형과 동생을 모두 죽여 버린 사람이었다. 그리고 세조의 바로 아래 동생 안평대군 이용은 죄인의 신분으로 '아직' 살아 있었다. 그러자 세조는 요즘 종친들이 술을 너무 많이 마신다고 화를 내며 몇몇 관리를 파면했다. 그렇지만 나중에 결국 동생을 죽였으니 내숭도 이런 내숭이 또 있나 싶다.

그러나 술자리 파문은 이것으로 끝나지 않았다. 그로부터 3년이 지난 1458년(세조 4), 역사에 길이 남을 술로 인한 사고가 벌어진다. 9월 15일, 나라 안의 나이 든 사람들을 초대해 양로연을 벌였다. 병 많고 약이 적어 오래 살기 힘들었던 그때, 장수는 축하받을 일이었다. 그리하여 경회루로 나아가 왕세자와 종친, 의정부와 육조 판서까지 다 함께 모여 잔치를 벌였다. 여기까진 별일이 없는데, 술이 문제였다. 술이 얼근하게 들어가다 보니 신나게 춤까지 추었다가 마침내 탈이 났다. 취한 정인지가 세조를 붙잡고 행패를 부린 것이다.

"(네가) 그렇게 하는 거, 나는 모두 안 하련다."

아무리 술이 들어가서 눈이 뒤집어졌다고 해도, 왕에게 '너'라고 부른다니 간이 배 밖으로 나온 정도가 아니라 지구권을 탈출할 만큼의 어마어마한 사건이다. 그것도 왕족 및 모든 신하가 모인 가운데서 벌어진 일이다.

당연히 다음 날로 세조의 동생인 임영대군을 비롯해 의정부, 사간원 등 모든 신하가 정인지를 벌주자고 목소리를 높였다. 특히 임영대군은 정인지가 성삼문과 다를 바 없다고 말했는데, 성삼문은 사육신의 처음을 장식하는 바로 그 사람이다. 성삼문이 역적이냐고 분개할 수도 있지만, 세조 시대에는 그랬다. 야사에서는 성삼문이 수양대군을 ‘나으리’라고 부르면서 꼿꼿했다고 했는데, 성삼문이 죽어 가는 모습을 보았던 사람들이 수양대군에게 반말을 날리는 정인지를 보고 그를 떠올렸다니 그게 정말이었나 보다. 뭐, 한쪽은 충성심이었고 다른 한쪽은 취해 있었지만. 그리고 ‘나으리’는 그나마 존대어라고 할 수 있겠고 ‘너’는 그냥 반말이었으니, 아무리 봐도 같은 급에 놓고 비교하자면 성삼문이 몹시 억울해할 상황이다.

　어쨌든 세조는 들어주지 않았다. 정인지 일이라면 아예 올리지도 말라고 말했고, 벼슬을 없애라느니 쫓아 보내라느니 하는 말을 모조리 무시했다. 그렇다고 해서 세조가 기분이 좋은 것은 아니었다. 그래서 신하들 앞에서 대놓고 정인지의 만행을 까발렸다.

　“그날 정인지가 나에게 너라고 칭하며 말하기를 ‘그같이 하는 것을 모두 나는 취(取)하지 않겠다.’라고 하였는데, 이것은 비록 술이 몹시 취하였다 하더라도 옛사람이 이르기를 ‘술에 취하면 그 본정(本情)을 드러내 보인다.’라고 하였으니, 정인지가 한 말은 너무 방자하였다.”

　옛말이라 복잡하지만 한마디로 정인지가 술에 심하게 취해 “야, 너! 자꾸 그러는데 나 싫거든!”이라고 주정을 부렸다는 말이다. 사건이 충격적인 것은 뒤로 하고, 대체 ‘왜’ 그렇게 정인지의 감정이 격해졌는지가 궁금해진다. 하지만 세조도, 신하들도 이 문제에는 입을 꾹 닫고 있다. 숨은 사연이 있었던 것일까? 나이로 따지면 정인지는 세조보다 스무 살 연상이니 한참 연장자였지만, 세조는 왕족이자 왕의 아들로 태어난 몸이었다. 그 계급장을 훌훌 떼고 '너' 소리를 했을 정도면 이만저만 감정이 쌓인 게 아니리라.

정인지는 술에서 깨어난 뒤 사임하겠다고 글을 올리며 말했다.

"술에 취해 기억이 나지 않습니다[臣適被酒, 不能識記]."

그러면서 그냥 자신의 노년을 불쌍히 여기고 한가한 곳에 있게 해 달라는 글을 올렸다. 정인지가 술을 많이 마신 것은 분명했다. 그러나 정말 기억하지 못할까. 어차피 본인이 모른다고 잡아뗐으니 어쩌겠는가.

정인지의 술자리에서의 실수는 이렇게 넘어갔지만, 기실 세조 시대의 정치가 이러했다. 왕과 신하 사이에 술자리가 자주 벌어지고 마시고 취하고 놀다 보니, 실수 또한 자주 있었다. 정인지의 술사고는 이후로도 이어졌다.

세조 6년인 11월 3일, '또' 벽제역에서 술자리를 베풀었다. 왕과 신하들이 술 마시는 게 나쁜 것은 아니지만, 세조 시대의 문제는 이렇게 술을 마시면서 나랏일을 의논했다는 데 있었다. 맨정신으로 해도 힘든 논의를 왜 꼭 술 마시며 해야 하는지 의문이지만, 아무튼 세조가 술을 좋아해서 그런 거 아니겠는가.

그래서 정인지는 여기에서도 실수를 벌였다. 평양 행궁의 위치를 이야기하면서 한양과 개성 곳곳의 풍수지리를 이야기하는데 '술에 취한' 정인지가 "지리의 심오(深奧)한 것을 논한다면 주상께서는 실로 알지 못할 것입니다."라고 말한 것이다. 한마디로 '너 말해도 모를걸?'이라고 대놓고 깔본 것이다. 여기까진 괜찮은데, 그다음으로 승려의 나랏일 참여가 의론으로 떠오르자 '술에 취한' 정인지는 "안 됩니다, 안 됩니다."를 반복했다. 결국 화가 날 대로 난 세조는 신하들에게 정인지의 흉을 보며 투덜거렸다.

"술을 마시며 담론(談論)하는데 정인지가 문득 나를 욕하였으니, 정인지가 무슨 소견(所見)이 남보다 월등하게 나은 것이 있기에 교만하여 남을 깔보고 사람을 업신여기는 것이 여기에 이르는가? 경박하기가 당시에 제일이다. 정인지가 세종조(世宗朝)에 있어서 매우 총애를 받아 문종(文宗)에게 보도(輔導)의 구의(舊義)가 있으니, 나는 다만 구로(舊老)로서 대접할 뿐이다. 그러나 또한 나에게는 훈로(勳勞)도 없다. 스스로 소년 등과(少年登科)하여 일찍이 뜻을 이루어서 그 폐단이 여기에 이른 것이다."

요약하자면 정인지가 '날 우습게 보고 욕한다, 원래 아버지랑 형 때 총애를 받은 거지 나랑 상관은 없거든? 자기 잘났다고 날 업신여기다니!'라는 말이다. 권람을 비롯한 다른 신하들도 정인지가 술만 마시면 실수한다고 험담을 했다.

따지고 보면 정인지는 세조의 신하가 아니었다. 세종과 문종의 신하였지. 세조의 딸 의숙공주가 정인지의 둘째 아들과 결혼해서 사돈 관계이긴 했지만, 그게 충성까지 연결될 정도의 충실한 인연은 아니었다(의숙공주는 자식을 낳지 못하고 세상을 떠났다).

　정인지는 어린 시절부터 글솜씨로 이름난 천재였으며, 동시에 수학에도 뛰어나 중국 사신들을 놀라게 했다. 세종의 신임을 받아《훈민정음》〈서문〉도 썼는데, 이때가 정인지의 전성기였다. 그런 다음 사육신이 죽었고 세조의 숙청이 있었다. 비록 정인지 자신은 끈질기게 살아남았지만, 수많은 친구가 죽었다. 그러니 본인은 사육신이나 생육신이 될 용기는 없었지만, 세상이 못마땅한 게 아니었을까. 세조는 아버지 세종과 달리 툭하면 술자리나 벌이고, 불교 행사를 일삼으며 '감로가 나타났다!' 하고 기적을 외쳤으니 말이다.

　무엇보다 정인지는 자신의 술버릇을 고치지 않았고, 오히려 "주상께서는 나에게 어찌 이러나?"라고 말하며 억울해했다고 한다. 그는 술을 마시면 개가 되고 필름이 끊기는 사람이었을 수도 있다. 하지만 이런 사건 사고가 반복되면 스스로 조절하거나 마시지 않을 수도 있건만, 정인지는 그렇게 하지 않았다.

　세조는 술을 마시는 즐거움을 포기할 생각이 없었고, 정인지도 술을 마시지 않을 생각이 없었다. 세조 시대의 권신들이란 그렇게 쏟아지는 술을 마실 수 있어야만 권력의 중심에 끼어들 수 있었던 게 아닐까. 정인지는 끊임없이 술자리에서 실수를 거듭해도 감옥에 잠깐 갇히고 국문 좀 받는 정도로 끝나고 잘 먹고 잘살았다.

　무엇보다 정인지는 그나마 '술을 마시고' 왕에게 말썽을 부린 것이었으니, 같은 시대에 '술을 안 마시고도' 엄청나게 사고를 친 사람이 있었다. 바로 홍윤성이다.

술 취하지 않고도 사고를 친 술고래

지금은 경기도, 당시에는 충청도에서 태어난 홍윤성은 무과에 급제했지만, 별 볼 일 없는 집안 배경 덕분에 한직 벼슬이나 하고 있던 인물이었다. 그런 사람이 갑자기 권력의 핵심으로 뛰어들 수 있었던 것, 그건 술 때문이었다. 고작 술이냐고 하자면, 그게 그랬다.

홍윤성은 무과에 급제했으니 신체 능력은 우수했는데, 그의 가장 우수한 능력은 주량이었다. 아무리 말술을 마셔도 취하지 않으니 당대 (어쩌면 요즘도) 기준으로 영웅호걸이라 여겨졌다. 그래서 수양대군에게 발탁된 것은 물론이요, 호랑이 장군 김종서에게도 호감을 샀다. 그놈의 술이 뭐길래. 이것이 농담이 아닌 게, 세조 때 써진 《단종실록》을 보면, "수양대군 및 단종을 해치고 안평대군을 왕으로 올릴 사악한 음모를 꾸미고 있었던" 역적 김종서는 홍윤성을 불러서 술을 마시며 접대하는 이야기가 나온다.

홍윤성이 김종서를 만나자, 김종서는 첩에게 술을 가져오게 했다. 그런데 첩이 술을 작은 잔[小酌]으로 가져왔다. 그러자 김종서는 "이 사람은 고래다, 큰 그릇으로 가져와라[此人鯨也, 宜用大鉢]."라고 말했다. 홍윤성은 그렇게 커다란 그릇에 가져온 술을 석 잔이나 연거푸 마셨다. 그래도 취하진 않은 모양이었다. 그런 뒤 김종서는 홍윤성을 칭찬하고 수양대군을 없애자는 이야기를 했다는데, 이것이 김종서가 역모를 꾸

멸다는 증거가 됐다. 하지만 앞서 말했듯 이 기록은 세조 때 쓰인 것이다. 여기서 중요한 것은 술 마시는 이야기니 넘어가자. 아무튼 홍윤성은 술 잘 마시는 능력만으로도 수양대군(세조) 그리고 김종서 모두에게 호감을 샀던 모양이다. 그리고 잘 알려진 대로 홍윤성은 수양대군 쪽으로 줄을 섰고, 계유정난을 통해 공신이 되었다.

그런데 홍윤성의 말술 마시기는 세조 때에도 이어졌으니, 세조는 홍윤성에게 경음당(鯨飮堂)이라는 호까지 지어 줬다. 왕이 직접 호를 내렸으니 대단한 영광이겠지만, 그 뜻을 본다면 고래가 물 마시듯 술 마신다는 소리로, 칭찬이 아니다. 혹여 세조나 홍윤성에게는 칭찬이었을지도 모르지만. 간이나 위장은 전혀 좋아하지 않았을 것이다. 게다가 홍윤성은 정말로 골칫덩이 인간이었다. 술을 마시고 말썽을 부리는 사람들이야 얼마든지 있다. 하지만 홍윤성은 술을 마시지 않고 맨정신으로도 온갖 악행을 벌였다는 게 문제다.

사실 출세하기 전부터 조짐은 있었다. 홍윤성이 젊었을 때, 독살당한 형의 복수를 위해 형수를 죽였다는 것이다. 놀라운 이야기지만, 어쩐지 중국 소설《수호지》에 나오는 무송의 이야기와 판박이라 민담일 가능성이 크다고 여겨진다. 무엇보다 홍윤성은 무송같이 의협심 있는 훌륭한 사람도 아니었다.

오히려 숙부가 자기 아들의 벼슬자리를 요청했을 때, 물론 그게 부정청탁이기는 했지만, 숙부를 죽여서 시체를 유기하는 바람에 숙모가 나무에 올라가 억울함을 고하기도 했다. 노파 한 사람의 재산을 빼앗은 뒤 돌로 쳐 죽여 시체를 내버렸는데 홍윤성을 무서워한 사람들이

수습조차 해 주지 않았다는 말도 있다.

그런데도 세조는 홍윤성과 친해서 이런 악행을 벌여도 그를 봐줬다고 한다. 아무리 그래도 친족을 죽인 무도한 사람을 처벌하지도 않고 내버려두었을까 싶지만, 왕(세조)부터가 조카랑 동생들을 죽인 사람이었다. 가능했을지도 모르겠다! 어떤 일화에서는 아예 홍윤성이 그걸 대놓고 말했다는 이야기도 있다.

홍윤성의 못된 짓거리는 이어졌는데, 이 역시 술과 관련 있었다. 이미 결혼하고 부인이 멀쩡하게 살아 있지만, 다른 양반집 딸과 또 결혼하려 한 것이다. 양인이나 천민이라면 모를까, 양반 여성이 중혼을 한다면 정실부인이 아니라 첩의 신분으로 굴러떨어진다.

야사에 따르면, 그 규수는 혼례식장에서 칼을 들이대고 자신을 정실로 들이라 협박했고, 홍윤성이 이를 허락했다고 한다(결혼을 안 한다는 선택은 없었다. 안타깝게도). 그렇다 해도 나라의 법으로 두 명의 처를 둘 수 없었으니 홍윤성이 죽은 이후에 유산 분배 문제로 싸움이 벌어지자 두 번째 부인은 실록 기록을 뒤져 세조가 술을 마시러 홍윤성을 찾아갔을 때 두 번째 아내를 '처'로 기록했다는 것을 찾아내 정실의 지위를 보장받았다는 말도 있다. 고작 그런 이유로 실록을 뒤졌을까 싶지만, 두 번째 부인으로서는 자신의 신분을 정하는 일이었으니 못 할 일이 없을 듯하다.

결국 홍윤성이 출세한 것도 술을 잘 마신 게 득이 되어서고, 세조가 왕이 된 이후로도 친하게 지낸 게 술을 마시기 위해서였으니 다 술 때문이다. 대체 술을 잘 마시는 게 호걸의 상징으로 일컬어진 것은 언제부터인가. 홍윤성은 술만 잘 마실 뿐인 왈패였고, 정말로 무수한 사고를 치며 수많은 사람에게 육체적, 정신적, 재산적 피해를 끼치는 사람이었다. 주(酒)만 있고 의(義)가 없는데 어째서 김종서고 세조고 홍윤성을 싸고 돌았는지! 그렇게 그와 함께 마시는 술이 좋았던 말인가, 아니면 주는 대로 마시는 걸 구경하는 재미였을까.

술에 취한 본심

이렇게 보면 세조 시대는 술만 마시면 즐겁게 지낼 수 있었던 것 같지만, 그건 또 아니었으니 신숙주의 일화에서 볼 수 있다. 세종이 용포를 덮어 줄 정도로 아끼는 신하였고, 집현전의 기린아였으며, 동료들을 배신하고 수양대군에게 붙어 숙주나물의 어원이 되었다던 신숙주. 그에게도 술 관련된 일화가 있었다. 이건 어디까지나 민담이지만 꽤 있을 법한 일이다.

앞서 말했듯이 세조 때에는 왕과 신하가 술잔치를 자주 벌였고, 그러다 보니 춤추는 일도 자주 있었다. 말이 좋아 춤추는 것이지 취해서 이리저리 흔들다가 여기저기 부딪히고 놀자판이 벌어졌다는 말이다.

나라 꼴 한번 잘 돌아가고, 영릉의 세종대왕이 돌아누울 것 같다. 그야 어쨌든 이 일화에 따르면, 그렇게 술 마시며 놀다가 신숙주가 세조의 팔을 세게 잡아당겼다. 술에 취해서 벌어진 실수였고, 세조도 괜찮다고 해서 그대로 넘어갔다. 그런데 이 일을 눈여겨본 한명회가 신숙주에게 몰래 일렀다.

"오늘은 밤에 책을 읽지 말고 바로 주무십시오."

신숙주는 집현전 시절처럼 밤늦게까지 책을 읽는 버릇이 있었지만, 그날만큼은 한명회의 충고를 따라 일찍 잤다.

한편 세조는 자기 팔을 당긴 신숙주가 개인적인 원한을 품었는지 의심해서 신숙주의 뒤를 밟았고, 신숙주가 '책을 읽지 않고' 일찍 자는 것을 보고 '정말 취했구나' 하며 의심을 풀었다는 것이다. 역사적 근거가 없는 민담이지만, 세조와 신하 사이의 관계를 참으로 잘 보여 주는 내용이기도 하다. 함께 손을 잡고 천하를 차지했음에도, 여전히 의심하고 또 의심하면서 뒷조사를 한다는 게 말이다. 사실 한명회도, 신숙주도 세조와 친하게 지냈지만, 중요하지 않은 오해를 받고 감옥에서 심문받는 수모를 당하기도 했다. 한명회와 신숙주의 딸들이 모두 세조 본인 혹은 그 자손과 결혼했던 사돈 관계임에도 그러했다.

앞서 정인지가 술에 취해 실수했을 때 세조는 신하들에게 이렇게 말을 내렸다.

술에 취하면 그 본정(本情)을 드러내 보인다.

어쩌면 그게 본인 마음속에 있었던 진심이 아니었을까.

세조가 술을 좋아하는 것은 사실이지만, 끊임없이 주변 사람들을 의심했을 수 있다. 술을 먹이고 취하게 만들어 친교를 확인하고, 무엇보다 술 취했을 때 튀어나오는 본심을 알고자 했던 게 아닐까. 어쩜 그렇게 속 좁기가 밴댕이 같은가 생각도 들지만, 계유정난은 할아버지 태종이 벌인 왕자의 난처럼 호쾌한 것도 아니었고, 이러니저러니 해도 조카와 동생을 죽인 죗값은 세조의 어깨 위에 얹혀 있었다. 주변을 둘러싼 신하들도 언제 자신에게 등을 돌릴지 모른다고 의심했던 게 아닐까. 그러니 끊임없이 술을 마시고, 그와 관련된 사고가 끊이지 않았어도 멈추지 못한 것일 수 있다.

이런 술판을 끝장낸 것은 다름이 아닌 증손자 연산군이었으니, 왕이 벌일 수 있는 나쁜 술판의 전례를 완벽하게 만들어 주는 바람에 이후로 왕의 술은 많은 제약을 받게 된다.

성종의 근심을 잊게 한 술, 이화주

성종이 형님에게 보낸 술

이화주라는 전통주가 있다. 오얏 이(李) 자에 꽃 화(花) 자를 쓴 '배꽃의 술'이란 이름을 가진, 이름처럼 하얀빛의 술이다(재료에 따라 노란색이 될 수 있다고도 한다). 이 술이 언제부터 만들어졌는지는 알 수 없지만, 고려 때부터 마셔 왔던 것만은 분명한 아주 유서 깊은 물건이다.

그리고 역사 속에는 월산대군이란 인물이 있다. 달(月)과 산(山)을 군호로 가진 덕분에 머리끝부터 발끝까지 풍류가 줄줄 넘쳐 나는 그는 의경세자(덕종)와 인수대비의 장남이자 세조의 첫 손자로, 원래대로라면 당연히 왕위를 이었어야 했던 인물이었다. 그런데 의경세자가 왕이 되지 못한 채 젊은 나이에 세상을 떠났고, 여기서부터 월산대군의 인생은 꼬였다.

1457년, 아버지가 죽었을 때 월산대군은 고작 세 살. 그래서 왕위에 오를 수도, 세자가 될 수도 없었다. 당시 월산대군의 할아버지는 마흔 살로 아직은 한창의 나이였지만, 그가 바로 어린 왕을 몰아내고 왕위를 빼앗은 세조였다. 스스로 어린 조카를 몰아내고 왕이 되었는데, 이제 자기 손자가 똑같은 꼴을 당하게 되었으니 운명이 얄궂다고 해야 할까, 아니면 쌤통이라고 해야 할까. 아무튼 자기 자식이 조카와 같은 일을 당하게 하고 싶지 않았는지 세조는 손자 월산대군이 아니라, 둘째 아들인 해양대군(海陽大君)을 세자로 삼았다. 왜냐하면 그때의 해양대군은 여덟 살로, 조카보다 다섯 살이나 많았기 때문이다. 이후 1468년 세조는 자신의 숨이 끊어지기 직전 세자에게 왕 자리를 양위했고, 그가 바로 예종이다.

비록 왕위를 물려주지는 않았지만, 세조는 손주들을 끔찍하게 아꼈다. 마찬가지로 삼촌 예종은 세조의 총애를 받았던 구성군 이준과 장군 남이를 실각시키고 또 죽이기까지 했지만, 다섯 살 아래 조카 월산대군에게는 그리 강렬하게 라이벌 의식을 가지지 않은 듯하고, 그럴 짬도 없었다. 요약하자면, 월산대군은 살아남았다.

예종은 왕이 된 지 겨우 10개월 만인 1469년 덜커덕 세상을 떠난다. 이때 예종은 왕비 안순왕후와의 사이에서 원자, 곧 아들이 있었다. 문제는 원자의 나이가 고작 네 살밖에 되지 않았다는 것이다. 그리고 이럴 때 쓰라고 수렴청정이 있는 법이다. 왕실의 여자 어른이 발을 내리고 어린 왕 곁에 서서 대신 나라를 다스리는 통치 체제 말이다. 세조의 아내 정희왕후도, 의경세자의 부인인 인수대비(소혜왕후)도, 예종의 아내인 안순왕후도 모두 살아 있었으니 할 사람은 많았지만, 당시 조선 왕실에는 진실로 남편을 잃은 아내와 고아만이 남아 있었다.

이때쯤 저세상의 세종이나 문종, 단종, 사육신과 이 세상 수많은 사람이 수군거렸을 것이다. 세조가 흘린 죄 없는 이들의 핏값을 후손들의 비극으로 치르고 있는 것이라고. 그건 사실일지도 모르겠지만, 아무튼 조선은 계속되어야 했으며 왕은 반드시 세워져야 했다.

그리하여 왕실의 가장 큰 어른인 정희왕후는 세 명의 손자 가운데 큰 손자인 월산대군이나 예종의 외아들인 제안대군이 아니라 둘째 손자인 열두 살의 자을산군을 다음 왕으로 삼았다. 그가 바로 성종이다.

월산대군이 왕위 계승 대상에서 밀려난 이유는 원래부터 질병이 있기[月山君素有疾病] 때문이었다. 무슨 병인지 설명이 없어서 알 수는 없지만, 또 월산대군이 본부인 박 씨와의 사이에서는 자식이 없지만, 서출 자식을 두긴 했으니 아주 큰 문제는 아니었을 수 있다. 그래서 대부분은 월산대군에게 약점이 있어서가 아니라, 시대의 권신인 한명회의 딸을 아내로 둔 동생의 막강한 장점 때문에 동생 자을산군이 왕이 되었다고 본다.

사정이야 어쨌든 나라의 임금 자리를 눈앞에서 두 번이나 놓친 월산대군이었고, 왕은 아니되 왕위에 가까운 왕족의 운명은 예로부터 비참했다(물론 동생의 속을 긁으며 사고를 친 큰증조할아버지 양녕대군 같은 사람도 있지만). 이에 월산대군은 평생을 조용히 살았다. 할머니 정희왕후는 월산대군에게 왕이 못 된 것에 대한 위로 차원으로 이것저것 관직을 내렸고, 이후로도 월산대군은 왕실의 큰어른으로 각종 국가 행사에 참석했다. 또 시 짓는 솜씨가 훌륭해서 그의 이름은 중국에까지 널리 알려졌다. 하지만 과연 그것으로 얼마나 행복했을지는 모르겠다.

그런 월산대군을 가장 안타깝게 여긴 것은 세 살 아래 동생인 성종이었다. 형이 가지게 된 회한의 가장 큰 원인이 자신이라는 데 죄책감도 있었겠고, 무엇보다도 형을 몹시 사랑했다. 그래서 성종은 곧잘 형에게 시를 지어 보내고, 형이 세운 정자로 구경도 가고, 맛있는 배나 참외가 생기면 보내고, 형의 장인과 부인도 챙기는 등 살뜰하게 교류

하였다. 전주로 가는 월산대군에게 "거기 좋다고 나 잊고 안 돌아오면 안 돼!" 하며 장난치는 시를 지어 보내기도 했다.

월산대군도 동생과 사이좋게 지내며, 정치적인 야욕을 드러내지 않고 관직을 받아도 마다하며 화려한 정자를 짓고 시를 지으면서 풍류에 젖어 살았다. 자의인지, 타의인지 알 수 없지만. 성종은 늘 월산대군이 쓸쓸하게 앉아 있다[寂坐]며 시를 짓곤 했다. 임금의 형님이긴 하나 왕이 아닌 신하이기에 월산대군의 자리는 늘 고독하고 위태로울 수밖에 없었다. 그러니 성종은 형이 쓸쓸하다고 생각한 게 아닐까. 스스로 포기한 것이 아니라 다른 사람의 뜻대로 안배된 결과이기도 하고.

어쨌든 존경하는 형님[尊兄], 나의 형님[吾兄]을 위로하고자 성종은 특별히 이화주 한 동이를 보냈다. 그러면서 시를 한 수 지어 보냈으니, 다음과 같다.

배꽃 같은 색깔에 술맛이 더 좋으니
色比梨花味則加
무덤에서 마셔도 샘물처럼 넘어가리
過喉秋井玉泉斜
송화주도 아침에 함께 마시지 못할 텐데
松醪未可同朝嗅
죽엽주를 어찌하면 한 잔 마실까
竹葉那堪一斝嗟
맑은 향이 먼저 이에 고여서 좋은데

清馥更憐先喫齒

고운 자태가 휘장에 기울 줄 누가 알았으랴

軟姿誰識欲傾紗

사마상여는 일찍 알지 못한 것을 한했는데

相如恨不知爲早

마시면 청량함이 작설차보다 낫다네

多飮還淸勝雀茶

_《열성어제(列聖御製)》

 송화주도, 죽엽주도 그리고 작설차조차도 감히 따라올 수 없는 그
맛. 그것이 바로 이화주라는 말이다. 온 조선 안의 진미란 진미, 좋은
술을 다 마셔 보았을 왕이 극찬하는 이화주의 맛이 그렇게 좋은지 못
내 궁금해진다. 아마 이 시를 읽던 월산대군의 입안에도 침이 절로 고
이지 않았을까.

 성종이 이 시를 지은 게 언제인지는 분명하지 않지만, 앞뒤 내용
을 보건대 성종 24년인 1482년부터 월산대군이 아들 덕풍군을 얻은
1485년 사이의 언제쯤인 것 같다. 시와 함께 보낸 편지에는 사연이 적
혀 있다. 그때 마침 월산대군은 공친(功親)의 상을 당해서 상복을 입고
있었다. 성종은 상복을 입지 않은 듯하니 월산대군의 처가 친척의 상
인지도 모르겠다. 그러면서 성종은 지금 형은 상심해서 외롭게 집에
있을 테니, 또 술이 없으니 마시지도 못하지 않느냐고 안타까운 마음
을 내비쳤다.

슬퍼하는 사람은 오직 나 한 사람일 뿐이다.

그러면서 자전, 곧 어머니 인수대비의 은혜를 받아 이화주 한 항아리를 보내 준다고 적었다. 위로를 하는 건지, 약을 올리는 건지 알 수 없는 내용이다. 하지만 그것만으로는 부족했는지, 성종은 자신이 보낸 이화주의 좋은 점을 꼭꼭 집어서 이야기해 준다.

이화주는 색깔은 눈과 비슷해서 바라보면 마음이 깨끗해지고, 맛은 제호보다 좋아서 마시면 갈증이 해소된다.

제호(醍醐)는 젖의 엉긴 덩어리를 일컫는 것이니, 옛날에는 흔히 먹기 힘든 진미였다. 지금으로선 우유 캐러멜을 상상하면 가장 비슷할 것 같다. 이렇게 성종이 월산대군에게 보낸 이화주는 당연하게도 궁궐 사람들이 만들었거나, 아니면 어딘가에서 진상한 것 중 가장 좋은 것을 보낸 것이리라. 당연히 나라 안에서 가장 좋은 누룩을 써서, 가장 훌륭한 기술자들이 만든 술이리라. 특히 배꽃은 조선 왕조 왕의 성씨이자, 성종과 월산대군 모두의 이름에 있는 오얏(李)이 아니던가. 그러하기에 더욱 특별한 술이었다.

이화주 만드는 법

그렇다면 왕에게 사랑받았던 이화주는 과연 어떻게 만들까. 이화주라는 이름은 배꽃의 술이란 뜻이니, 열매가 열리기 전 흐드러지게 피어 산천을 뒤덮은 하얀 꽃을 보며 '아, 지천에 가득한 꽃으로 술을 담그면 얼마나 맛있을까.' 하고 생각할 것이다. 정갈하게 씻은 손으로 꽃을 하나둘 따서 담가 먹는 술은 참 맛있을 것 같지만 틀렸다. 이화주에 꽃은 단 한 송이도 들어가지 않는다. 그럼 어째서 이름에 꽃이 들어갔을지 궁금하겠지만, 그건 배꽃이 필 '무렵'에 담가 먹는 술이기에 그리 된 것이다. 속은 기분인가? 그런 것도 당연하다. 필자 역시도 술의 레시피를 보기 전까지는 배꽃을 넣어 만드는 술이겠거니 생각했으니 말이다!

이화주에는 꽃도 들어가지 않고 밀기울도 들어가지 않는다. 오로지 쌀만으로 빚는 술이다. 그러다 보니 쌀의 하얀빛을 이어받아 술은 배꽃처럼 하얀 색깔을 지닌다. 그래서 배꽃의 술이라는 이름이 붙여진 게 아닐까. 이화주는 꽃 없이 만들어진 수많은 술 중에 유달리 꽃이란 이름이 들어갈 만큼 많은 이들의 사랑을 받아 왔다.

이화주 만드는 법

쌀가루에 물기를 조금 넣고 동그랗게 빚어 누룩을 만든다.

쌀가루로 구멍떡을 만들어서 익힌다.

구멍떡이 조금 식으면 누룩가루를 넣어 잘 섞는다.

항아리에 넣어 두고 7일이 지나면 먹을 수 있다.

만드는 법이 꽤 쉬워 보인다. 실제로 다른 술에 비하면 만드는 기간도 짧고 편하다(혹은 그렇게 보인다). 그래서 《산가요록》이나 《주방문》, 《산림경제》, 《음식디미방》 등등 이제까지 남아 있는 옛날 요리책 중 무려 32권에서 이화주 만드는 법을 싣고 있다.

이제 이화주를 만드는 방법을 자세히 들여다보자. 재료는 쌀만 있으면 되니 약간의 시간과 손재주가 있다면 누구나 만들 수 있는 술이다(그 기술이 가장 문제겠지만). 가장 먼저 이화주를 만들기 위한 누룩은 특별히 따로 만들어야 했는데, 이걸 이화누룩, 이병, 이화곡(梨花麯)이라고도 했다.

> 백미 서 말을 깨끗이 씻어 물에 하룻밤 재운 후 다시 씻는다. 그것을 곱게 가루를 내어 주먹만큼 뭉쳐 짚으로 싸서 빈 돗자리에 올리고, 더운 방구들에 두고 자주 뒤적여 누렇게 뜨면 좋다. 쓸 때는 껍질을 벗기고 가루를 낸다. 처음 만들 때 물을 많이 넣으면 썩어서 좋지 않다.
>
> _《음식디미방》

《사시찬요》, 《산림경제》에서도 이화주 전용 누룩을 따로 디뎠다. 매

년 정월에 물에 불린 쌀을 빻아 주물러 달걀만 한 덩어리로 만들고, 이 걸 솔잎에 싸서 항아리에 넣어 방 윗목에 둔다. 그렇게 7일이 지난 뒤 베 보자기에 널어서 햇빛에 말린 뒤, 다시 솔잎에 싸두었다가 햇빛에 바싹 말려서 잘 보관해 두었다. 주의할 점은 누룩을 반죽할 때 물기가 많아서는 안 된다는 것이다. 이때 수분은 불린 쌀에 남아 있는 물기운이 전부로, 쌀가루를 꽉 눌러 모양을 만들면, 그 모양이 유지될 정도로 있어야 한다. 그래서 손힘이 많이 필요한 작업이다. 이렇게 만든 쌀 덩어리를 발효시킨 뒤, 햇빛에 말려 세균의 번식을 막는다. 당연히 고된 일이지만, 누룩만 잘 만들어지면 언제든지 손쉽게 이화주를 만들 수 있기에 굉장히 매력적이었다.

누룩이 완성되면 배꽃이 피기를 기다리면 된다. 배꽃이 재료라서가 아니라, 시기를 알기 위해서이다. 이화주는 초여름부터 만들어 먹는 여름의 술이다. 누룩이 잘 준비되면 이제 본격적으로 이화주를 만들 수 있는데, 이때 필요한 것은 구멍떡이다.

구멍떡은 도넛이나 베이글처럼 동그랗게 빚어낸 떡 한가운데에 구멍이 뻥 뚫려 있기에 구멍떡이라고 한 것이다. '백 번을 씻어 냈다' 할 만큼 깨끗하게 씻은 쌀을 가루로 만들어 도넛 모양으로 빚는다. 그런 뒤 뜨거운 물에 넣거나 쪄낸다. 그렇게 익힌 구멍떡은 그냥 먹어도 꽤 맛있을 것 같은, 이화주를 빚는 주요 재료이다. 익은 구멍떡이 아직 따끈따끈할 때, 앞서 준비한 이화누룩가루를 넣고 골고루 뭉개고 섞는다. 구멍떡, 그러니까 쌀과 누룩을 넣는 비율은 어떤 맛의 술을 빚고 싶으냐에 따라 얼마든지 달라질 수 있다. 이를테면 누룩을 많이 넣으면 발효가 많이 되어 술맛이 훨씬 달콤해진다고 한다.

깨끗이 씻은 쌀을 전과 같이 가루를 빻아 구멍떡을 만들어 쪄서 식힌 뒤에, 만들어 둔 누룩가루를 고루 섞어 독에 넣고 며칠에 한 번씩 뒤적인다. 봄에는 이레, 여름에는 세이레면 쓸 수 있다. 뜨거울 때는 독을 물속에 담가 놓는다. 술을 진하고 달게 빚으려면 쌀 1말에 누룩가루 일곱 되를 넣고, 맑고 톡 쏘게 빚으려면 서너 되를 넣고 떡을 삶은 물을 식혀 섞어서 빚는다. 아니면 멥쌀을 쪄서 보통대로 빚거나 찹쌀로 빚어도 된다. 어떻든지 날물기를 들이지 말고, 덩어리를 만들 때 물기가 너무 적으면 굳지가 않고, 너무 질면 속이 썩어 푸른 점이 생긴다.

_《산림경제》

《음식디미방》은 이화주 만드는 법을 네 가지나 기록하고 있다. 제조법 중 일부를 옮겨 보면 다음과 같다.

여름에 백미 두 말을 깨끗하게 씻어 곱게 빻아서는 구멍떡을 만들어 삶는다. 뜨겁기가 손을 댈 만하면 구멍떡을 두드린 후 가루가 된 누룩을 모시에 체 친다. 그렇게 한 되를 고루 다 두들겨 굵은 알갱이가 없게 해서 넣고 중탕을 한다.

다른 방법은 특별하게 다섯 말의 이화주, 즉 많이 만드는 법이다. 똑

같은 요리라 해도 많은 양을 한 번에 만들면 실패하기 쉬운 법.《음식디미방》을 쓴 장계향은 술을 한꺼번에 많이 만들어야 하는 상황도 염두에 두고 술 빚는 법을 적었다.

> 배꽃이 한창 필 때. 백미 닷 말을 깨끗이 씻어 곱게 빻는다. 그 가루를 고운 체에 친 후 구멍떡을 만들어 삶는다. 구멍떡이 따뜻할 때 두 손으로 매우 쳐서 덩어리가 지지 않게 한다. 거기에 누룩가루 한 말을 섞어 넣었다가 익으면 쓴다.

그보다 적은 이화주 한 말을 만드는 법은 좀 더 간단하다.

> 백미 한 말을 깨끗이 씻어 곱게 빻아 구멍떡을 만든 후 익도록 삶는다. 구멍떡이 차게 식으면 잘게 뜯어서 누룩가루 석 되를 골고루 섞는다. 두 손으로 매우 쳐서 넣어 두면 서너 날 후에 쓸 수 있다.

이 외에도 이화주를 소개한 책마다 자잘한 변화가 있었으니 발효시킬 때 솔잎을 사용하거나 쑥을 사용하기도 한다.

가장 중요하고도 눈에 띄는 작업을 고르자면, 술 빚는 쌀은 백 번 씻어야 할 정도로 깨끗해야 한다는 점이다. 쌀 표면에 붙은 녹말을 최대한 제거하는 작업이다. 한편 술의 재료가 되는 구멍떡을 손바닥 크기만 하게 빚어서 항아리 가장자리에 빙 둘러 붙이고 가운데는 텅 비워

두는 방법도 있다.

아무튼 술을 만들고 3, 4일이 지나면 발효가 시작되어 따듯해지고 술이 엉긴다. 그러면 시원한 곳으로 옮겨 발효를 억제한다. 끝으로 이화주 재료에 찹쌀이 많으면 술이 노란색이 되고, 멥쌀이 많으면 하얀색이 된다. 누룩이 너무 적으면 술이 되지 않고, 누룩을 듬뿍 넣으면 술이 달고 맛있어진다고 했다.

완성된 이화주는 달고 향기로운 하얀 죽이 된다. 쌀가루로 만들어 빚은 술, 곧 가루술인 탓이다. 다른 술처럼 거르는 작업도 없이 담은 것 그대로 먹는다. 옛날 사람은 특히 여름이면 이런 죽 같은 이화주에 물에 타서 마셨는데, 《산가요록》에 따르면 물을 넣는 것은 절반 정도가 좋고, 3분의 2를 섞으면 또 좋다고 한다. 요즘 재현된 이화주는 술보다는 요구르트와 비슷한 느낌으로, 아예 숟가락으로 떠먹기도 한다.

이화주 한 동이의 슬픔

왕에게 이화주를 받은 월산대군은 어떠했을까. 잘 마셨을까? 마시며 풍류로 가득한 시를 지어 냈을까. 월산대군이 지은 것으로 가장 유명한 시는 〈가을 강에 밤이 찾아오니〉이다. 시는 아름답지만 쓸쓸함이 가득하고 허무하기 짝이 없다. 월산대군의 인생이 그랬던 것처럼 말이다.

秋江(추강)에 밤이 드니 물결이 차노매라

낚시 드리치니 고기 아니 무노매라

無心(무심)한 달빛만 싣고 빈 배 저어 오노매라

추운 가을날 배를 타고 나가서 낚시를 하려 했지만 아무것도 잡히지 않고, 달빛만 싣고 텅 빈 배를 타고 터덜터덜 돌아오는 것이다. 이렇게 허무함이 가득한 월산대군에 비해, 성종은 훨씬 더 강렬한 감정을 담은 시를 남겼다. 그중에는 형을 부러워하는 내용도 있었다.

형이 근심 없어 매번 기뻤지만

知兄每喜無憂日

나는 덕이 없어 오래도록 부끄러웠네

顧己長慙寡德王

그만두려 해도 할 수 없어 갈망하였고

欲罷不能宣側佇

도리어 끝이 없어 걸음이 비틀거렸네

却將無盡步踉蹡

성종은 형에게 시를 지어 보내며, 자신의 괴로운 신세를 한탄하기도 했다. 정치의 한복판, 오욕이 가득한 권력의 심장부에서 성종은 할아버지가 남긴 찬탈자의 업보를 쓴 채, 형과 사촌 동생을 대신해 왕이 되는 비정상적인 계승을 했다. 그것은 평생의 약점이 되었다.

그렇기에 성종은 어떻게든 완벽한 성군이 되고자 발버둥 쳤다. 그래서 공공연하게 증조할아버지 세종을 존경한다고 말했고, 신하들에게 기탄없이 자신의 단점을 이야기해 달라고 외쳤으며, 신하들의 온갖 잔(헛)소리에도 너그러웠다. 심지어 사육신을 칭찬한, 자신의 할아버지 세조를 은근슬쩍 욕한 김종직 앞에서도 태연함을 가장해야 했다.

그렇지만 인간이었던 성종도 참는 데 한계가 있었다. 쌓이는 스트레스 끝에 병에 걸렸고, 한껏 짜증을 폭발시키곤 했다. 한때 사랑했던 아내를 죽도록 미워한 나머지 사약을 먹여 죽인 것도 그 일환일지 모른다. 그리하여 큰아들(연산군)에게 '난 저런 만만한 왕은 절대로 안 되어야겠다'라는 가르침을 남긴 듯하니, 어떻게 보면 참으로 허무한 일생이었다.

그랬던 성종은 권력에 버림받아 쓸쓸하게 지내는 형이 몹시도 부러웠던 모양이다. 이런 시까지 지어 남긴 걸 본다면 말이다.

월산대군은 동생 성종보다 일찍 세상을 떠났고, 그것도 모자라 그의 부인 박 씨는 조카 연산군 때문에 자살했다는 흉한 소문마저 돌았으니 살아서나 죽어서나 성종과 그 가족 때문에 고생한 월산대군이었다.

성종은 이화주뿐만 아니라 홍소주도 월산대군에게 보냈지만, 이 이야기는 다른 장에서 자세히 하자.

이화주를 사랑한 또 한 사람

성종이나 월산대군 말고도 많은 사람이 이화주를 사랑했다. 조선 전기 조신이 지은 《소문쇄록(謏聞鎖錄)》을 보면 어느 봄날, 고려의 충신인 포은 정몽주가 친구에게 놀러 갔다. 어쩐 일인지 친구는 자리를 비워 만날 수 없었고, 정몽주는 그 자리에서 혼자 시를 짓고 춤추며 혼자 놀았다고 한다. 그 모습이 안쓰러웠는지 누군가가 이화주를 대접에 담아 가져다주자, 정몽주는 꿀꺽 마셔 버렸다. 그런 뒤 한 잔 더 달라고 해서 총 두 그릇을 마셨다. 이렇게 많이 마셨으니 취하기도 할 법한데, 정몽주는 주정하는 대신 이런 말을 남겼다.

"계절의 물건인 술이 이렇게 맛있지만 풍기(風氣)는 너무도 나쁘구나, 너무도 나쁘구나."

'백골이 진토되어 넋이라도 있고 없고' 하다는 시조로 유명한 정몽주는, 그런 일편단심과는 별개로 술자리에 일찍 가서 늦게까지 마시는 습관으로 온 세상이 알아주는 술고래였다. 그러니 맛있는 이화주가 있어도 같이 마실 수 있는 사람이 없음을 아쉬워했을 것이다.

하지만 돌아가는 세상이 너무나도 나쁘다. 그렇게 한탄한 정몽주가 이화주를 마신 것은 그가 죽임당한 1392년의 일이었다. 그때 정몽주는 정말로 외롭고 고통스러웠을 것이다. 수많은 친구와 함께 나라의 미래를 이야기하고 노력했건만, 이제 하나둘 죽거나 떠나갔고, 한때의 동료였던 정도전이나 이성계는 정적이자 원수가 되었다.

그렇게 무너져 가는 고려를 버티는 기둥으로 홀로 남은 정몽주의 마음이 어떠했을까. 너무도 나쁘고 너무도 나빴을 것이다[甚惡甚惡]. 선죽교에서의 죽음을 앞둔 정몽주가 '이렇게 좋건만(節物如是)'이라고 말했던 고려의 이화주 맛이 과연 어떠할지 궁금해진다. 멸망해 가는 나라를 근심하는 충신의 고통과 근심을 한순간 잊어버리게까지 한 최고의 맛이었던 것은 분명하다.

폭군과 농민이 함께 사랑했던 막걸리

농민이 사랑한 막걸리

흔히 알려진 바로, 술이 익으면 가장 맑고 투명한 부분을 걸러내어 이것을 가장 좋은 청주라 했다. 청주를 걸러내고 남은 지게미에는 술 성분도 남아 있지만, 곡물 찌꺼기가 많이 섞여 찐득하고 불투명해지는데, 여기에 물이나 술을 타 다시 한번 술을 짜 먹기도 했다. 이게 막걸리라고 알려져 있다.

그러면 막걸리는 찌꺼기 술이 아닌가 하겠지만, 꼭 그런 것은 아니었다. 조선 시대 요리책을 보면 술지게미로 다시 한번 술로 빚어 만드는 술은 모주(母酒)라는 이름으로 따로 있고, 막걸리는 어디까지나 막걸리이자 탁주였고, 혹은 하얀 술[白酒]이었다. 그래도 청주에 비하면, 막걸리는 질 좋은 술이 아니라 값싸고 마구 먹을 수 있는 술이었다. 구한말에 만들어진 《조선무쌍신식요리제법》에서는 "단지 값이 저렴하고 파는 데가 많아서 많이 마시나 천한 술이다."라고 하대했다. 가난한 집에 손님이 찾아오면 "집에 이것밖에 없는데……"라면서 내미는 술이 바로 막걸리였다.

고려 문인인 이규보는 술고래로도 유명한데, 〈백주시(白酒詩)〉에서 자기가 젊었을 때는 막걸리(백주)를 마시다가 출세하고 난 뒤에는 청주를 마시고 은퇴해서 가난해지자 다시 막걸리를 마시게 되었다고 툴툴거렸다. 그러니 막걸리는 진실로 가난한 사람의 술이긴 했다.

사실 막걸리는 이름에서부터 서민의 기운을 뿜어낸다. 다 익은 술을 정성껏 거르는 대신 '마구 걸렀기에' 막걸리라는 이름을 가지게 되었다니 말이다. 때론 성질 급한 사람들이 제대로 거르지도 않은 술을 퍼마시기도 했다. 이제는 누가 지었는지 알 수 없는 옛시조에도 급하게 마시는 막걸리의 이야기가 실려 있다.

아희야 그물 내어 어선에 시러 노코

덜 괸 술 막 걸러 주준(술통)에 다마 두고

어즈버 배 아직 노치 마라 기다려 가리라

술이 아직 덜 걸러졌지만 막 걸러서 마신다는 것이니, 이 술은 막걸리였다. 과연 이 시를 지은 사람은 어부였을까? 그건 아닐 것이다. 시를 짓고 기록해서 남에게 보여 줄 만큼의 여유와 양식을 갖추고 잔심부름을 시킬 시종이 있던 것을 보면 아마 재미 삼아 물고기를 잡으러 나온 양반이었을 것이다.

그렇지만 역시 막걸리는 양반보다 농민의 술이었다. 막걸리의 별명은 농주(農酒)였고, 일하면서 마신다고 하여 사주(事酒)라고도 했다. 농민이 밭일하며 새참과 함께 먹었던 술이기 때문이다. 온종일 뙤약볕에서 쉬지 않고 모내기를 하거나 잡초를 뽑아야 하는 고된 농사일을 술의 힘으로 이겨 냈던 것이다. 농사일이 워낙 힘드니 중간에 쉬면서 밥을 먹었는데 이게 바로 새참이다. 이제는 농촌에서 거의 사라진 풍경이다. 세상일 중에 쉬운 것은 없지만, 농사일은 특히 몸이 고된 일이었기에 술 먹고 힘을 내야 했다. 사람들이 둘러앉아 새참을 먹을 때 밥과 함께 막걸리가 듬뿍 든 주전자가 항상 있는데 조선 시대에는 주전자가 아니라 술병이었을 뿐이다.

김홍도의《단원풍속화첩》중 〈새참〉에는 농사 일꾼들이 저마다 세숫대야만 한 밥그릇을 들고 잔뜩 쌓은 고봉밥을 먹고 있고, 왼쪽 위 어린 청년은 큰 병을 하나 들고 있다. 그 안에 든 것이 물일 리가 없다. 저건 틀림없이 술이다! 새참의 다른 이름은 술참이라고도 했으니, 술이 함께하는 밥이란 말이다. 농민들은 시를 지을 여유와 지식이 없었겠지만, 그걸 지켜보고 시를 지은 사람이 있었으니 바로 정약용이다. 그는 보리를 타작하는 광경을 보며 〈타맥행(打麥行)〉이라는 시를 지었다.

새로 거른 막걸리는 우유처럼 뿌옇고
新篘濁酒如湩白
큰 밥그릇에 보리밥이 한 자 만큼 담겼네
大碗麥飯高一尺

이 시에서 말하듯 막걸리는 보리 고봉밥과 한 쌍으로, 들일하는 농민의 양식이었다. 그래서 재료마저도 지역별 특색이 있었다. 쌀 곡식이 그럭저럭 풍부한 호남이나 영남에서는 쌀과 누룩으로 막걸리를 빚었지만, 강원도는 막걸리의 주재료가 옥수수였으며, 제주도는 좁쌀인 오메기로 술을 빚었다. 그러니까 막걸리는 조선팔도 그 어느 곳에서도 가장 가난한 사람이 그나마 가장 넉넉한 재료로 만든 술이었다.

그런데 이런 막걸리를 폭군 연산군이 좋아했다? 상당히 뜻밖의 사실이지만, 정말 그러했다.

왕이 사랑한 막걸리

조선 제10대 왕 연산군. 그는 처음으로 쫓겨난 조선의 임금이자 조선을 대표하는 폭군이다. 그나마 광해군은 임진왜란 때의 활약이나 중립외교로 나라에 조금이라도 긍정적인 역할을 했다고 변명할 수 있지만, 연산군은 온 나라의 권력과 부를 오롯이 자기 취미 생활에 낭비한 골칫덩어리 임금님이었다.

연산군이 이렇게 나쁜 왕이 된 데는 그의 아버지 성종의 사정이 강하게 작용했을 것이다. 의경세자의 둘째 아들이 어쩌다 왕이 되었는지는 앞에서 이야기했으니 여기에서는 넘어가겠다. 문제는 그다음. 어쩌면 성종이 왕이 될 수 있게 한 권신 한명회의 딸 공혜왕후는 자식을 낳지 못하고 일찍 세상을 떠났다. 이어서 성종의 마음을 사로잡은 것이 바로 폐비 윤씨였다. 성종은 정식으로 왕비를 간택하는 대신 후궁으로 들어온 윤 씨를 왕비로 책봉했고, 그녀가 원자를 낳았으니 바로 연산군이었다. 후궁이라지만 윤 씨도 어엿한 양반가 자식이었으니 아무 문제없었다. 그러나 왕비가 된 지 1년 만에 질투가 심하다는 이유로 폐위됐고, 사약을 먹고 죽는다.

연산군은 어머니의 사연을 알지 못한 채 궁궐 밖에서 자랐고, 여덟 살이 된 1483년 왕세자로 책봉돼 궁궐로 들어왔다. 폐위된 친어머니 윤 씨는 아들이 세자가 되기 반년 전에 사약을 받고 죽었는데, 이는 윤 씨가 살아 있으면 연산군에게 어떤 형태로든 영향을 줄 것이라고 성종이 염려했기 때문이었다.

그런데 성종이 하나 간과한 게 있었다. 연산군에게 가장 큰 영향을 준 것은 태어나자마자 헤어져서 말 한두 마디 나눠 보지 못한 어머니가 아니라, 훨씬 오랫동안 가족으로 있었고 내내 지켜보아 온 아버지였다. 애매한 입지에서 왕이 되었고, 그렇기에 좋은 왕이 되려고 무지하게 애썼던 아버지. 이상적인 왕이 되려고 신하들의 비판을 무조건 허용했다가, 무엇 하나 마음대로 못하게 되고 스트레스로 일찍 죽은 성종 말이었다. 그리하여 연산군은 '나는 아빠처럼 되지 않겠다!'를 외치며 신하들을 때려잡았고, 그 결과 구제 불능의 폭군이 되어 버렸다.

그런데 아버지나 어머니의 일이 없었더라도 연산군이 좋은 왕이 되기는 어려웠을 것이다. 그는 애초에 왕의 재목이 아니었다. 연산군은 너무나도 흥과 예술적인 기질이 넘쳐 흐른 인물로, 기록에 따르면 처용무를 기가 막히게 췄다고 한다. 보는 사람이 눈물을 흘릴 정도였다고 하던가. 그런데 예로부터 섬세한 감정선을 가진 사람이 왕이 되면 나랏일을 잘 못 할 확률이 높았다. 로마 네로 황제가 그랬고, 송나라 휘종이 그랬다. 만약 연산군이 왕위 계승권에서 먼 그러나 돈은 많은 집의 셋째나 넷째 아들로 태어나서 돈을 펑펑 쓰며 놀았으면 본인도 행복하고 나라에도 크나큰 이익이었을 것이다. 그러나 하필이면 왕의 첫째 아들로 태어나는 바람에 그리고 절제 없이 취미 생활에 투철하게 몰두하는 바람에 모두를 불행하게 만들었다.

《조선왕조실록》에는 연산군이 지은 시가 몇 수 전한다. 원래 옛사람의 기본 소양은 시를 짓는 것이었으니, 왕도 글을 쓰고 시를 지었다. 왕의 글은 특별히 어제(御製)라 하며 귀하게 다루고 함부로 유출하지도 않았지만, 연산군은 신하에게 시를 지어 내리곤 했다. 재미있는 것은 연산군이 막걸리를 주제로 시를 곧잘 지었다는 것이다. 1505년(연산 11) 3월, 연산군은 승정원에 음식을 내리면서 이런 시를 지어 내렸다.

초록 돋는 막걸리 빛과 맛이 어울려

凝綠香醪色味凝

잔 안엔 언제나 풍성한 봄

盃中長在不殘春

은혜를 생각하여 실컷 마시렴

思恩莫厭沈酣飮

올바르고 삼가매 후대하는 거니

厚待都由獻直諄

여기에서 '료(醪)'라는 글자는 막걸리를 뜻한다. 먼 옛날의 한자 사전인 《설문(說文)》을 보면 이 글자가 뜻하는 말은 즙재주(汁滓酒), 곧 찌꺼기 술이라고 했다. 일본에서는 '모로미'라고 하는데, 이것도 청주를 걸러 내기 전의 발효된 원주를 일컬었다. 막걸리가 초록색인 것은 신기하지만, 어쨌든 절대로 최고급술은 아니다.

왜 연산군은 다른 좋은 술을 마다하고 막걸리를 마셨을까. 연산군이 지은 시를 읽다 보면 어느 정도 짐작은 할 수 있다. 이 사람은 정말로 노는 것을 좋아하는 사람이었다. 왕조 시대의 사람이라면 왕이나 신하나 아무리 노는 게 좋고 즐거워도 '그래도 나랏일이 중요하지!'라는 위선을 떨었다. 왕은 "나는 언제나 백성의 고단한 삶을 걱정한다."라는 빈말을 하고, 신하들은 "역시 임금님만 한 성군이 없습니다."라는 립서비스로 답했다. 그러나 연산군은 이런 위선조차도 없이 그냥 하고 싶은 일을 하고 살겠다, 먹고 마시고 놀고 춤추겠다는 생각으로 똘똘 뭉쳐 있었고, 그렇게 행동했다. 실록에 실린 연산군의 다른 막걸리 시도 현실 감각 없는 자의식으로 충만하다.

참새는 가지를 다투다가 떨어지고
掉雀爭枝墮
비충도 원에 가득히 노니고 있네
飛蟲滿院遊
막걸리야 너를 누가 만들었더냐
濁醪誰造汝
한 잔으로 천 가지 근심을 잊어 버리네
一酌散千憂

시를 보면 태평성대가 따로 없다. 참새들은 고작해야 좋은 자리를 찾으려 다투고, 날벌레도 풍성하게 난다. 왕인 연산군은 그런 미물을 바라보며 막걸리를 마시며 근심을 잊는다, 혹은 도피한다.

이렇게 태평한 시를 지을 만큼 연산군 시대가 행복한 것은 아니었다. 자기 욕망에 충실했던 연산군은 절제라는 걸 몰랐다. 온갖 사치스러운 옷과 사치품을 갖추는 것도 모자라서 노루 꼬리나 게, 전복, 수정포도 등 지금도 귀한 식재료를 전국에서 실어 날랐고, 그것들을 신선하게 나르기 위해 귀하디귀한 얼음까지 썼다. 그리고 글자 그대로 흥청망청 잔치를 벌였다. 그러면서 "임금에게 어떤 잘못이 있다고 해도 괜찮지만, 신하들이 왕을 업신여기면 나라가 망한다!"라고 말했다.

이런 왕 밑에서 백성들은 당연히 고통받았다. 연산군은 사냥이 취미였는데, 사냥터를 늘리려고 수많은 민가를 철거했고, 하루아침에 삶의 터전을 잃어버린 백성들을 위로하기는커녕 왕의 사냥터(금표)를 침범했다는 이유로 목을 잘라 죽였다. 그중에는 열두 살 어린아이까지 있어서 신하들이 너무하지 않느냐고 말했지만, 연산군은 왕법은 지엄하다며 막무가내였다. 그래서 폭군이었다.

이런 폭군이 온갖 화려한 술을 마다하고 막걸리를 좋아했다는 것이 신기하게 느껴진다. 그러니 납득이 간다. 연산군이 일부러 소박하고 서민적인 이미지를 만들어 내려고 막걸리를 마실 리 없다. 그가 막걸리를 마신다면 정말로 좋아해서 마시는 것이리라. 그리고 연산군이 좋아하는 것은 풍류와 흥이었다. 온 나라의 진수성찬을 모아 잔치를 벌이고, 전국을 뒤져 미녀들을 골라 각 잡힌 군무와 완벽한 시 낭송을 하길 원했다. 기생이 시를 잘못 외웠다고 곤장을 때릴 만큼 (놀이에서만큼은) 완벽주의자인 연산군이었다. 그랬으니 증조할아버지 세조처럼 진탕 술을 퍼마시고 잔뜩 취하는 것을 바랄 리 없었다. 그냥 분위기를 조금 띄우는 정도면 족했다.

원래 막걸리는 '취하고 싶으면 일부러 술을 섞어서 마시라'라고 할 만큼 도수가 낮은 술이었다. 그래서 연산군은 막걸리를 좋아했던 게 아닐까. 덜 취하고 분위기만 타면서 즐기기에 딱 좋은 술이었다. 물론 그가 마신 막걸리는 서민의 것보다는 훨씬 고급스러웠을 것이 분명하다.

막걸리 만드는 법

막걸리에는 여러 이름이 있었다. 촌에서 마시는 것이라 해서 촌료(村醪)라고 했고, 박료, 촌주(村酒)라고도 했다. 박주(薄酒), 촌양(村釀)이라고 했고, 빛깔이 뿌연 색이라 해서 백주(白酒)라고 했으며, 맑지 않고 탁하다 해서 탁주(濁酒)라고도 했다. 막자, 큰술, 탁백이라는 이름도 있다.

다양한 이름만큼이나 막걸리 만드는 법도 다양했다. 흔히 알려진 바로는 술을 만들 때 가장 맑고 좋은 부분은 청주로 하고, 남은 찌꺼기 부분에 물을 섞어 막걸리로 한다고 하지만, 막걸리 만드는 법이 이것 하나만은 아니었다. 다양한 술을 만드는 법은 모두 다르다. 즉 그 모든 술의 나머지가 모두 막걸리가 될 리 없는 것이다.

먼 옛날의 막걸리는 엄연한 한 종류의 술로, 만드는 데 굉장히 손이 많이 갔다. 한국에 남아 있는 요리서 중에서 가장 오래된 것으로 꼽히는 《제민요술(齊民要術)》*중국 북위 시대 가사협이 지은 곡물 재배법, 가축 사육법, 양조법을 기술한 농서을 보면, 막걸리(백주) 만드는 법이 이렇게 실려 있다.

봄철에 만든다. 말린 누룩[麴] 1말, 물 7말, 쌀 2섬 4말을 준비한다. 누룩을 물에 담가 두면 발효해 물고기 눈알처럼 물에 거품이 올라온다. 깨끗하게 씻은 쌀 7말로 밥을 지어 퍼서 아주 차게 식힌다. 마포 자루로 누룩 찌꺼기를 걸러낸 뒤 명주로 다시 누룩 찌꺼기를 걸러 항아리에 담고 곧바로 술밑을 넣는다. 술밑 밥이 삭은 다음 다시 술밑 8말을 넣는다. 다 삭으면 다시 8말을 넣는다. 3번 넣어 주면 끝난다. 만약 술맛이 쓰면 다시 술밑 2말을 거르지 않은 술에 섞으면 된다.

만드는 법을 보건대, 우리가 생각하는 것만큼 간단한 술은 아닌 것 같다. 다른 술을 만들 때처럼 밑술과 덧술을 모두 넣어 만드니까. 물론 삼해주처럼 손이 많이 가는 술에 비하면 간단한 편이지만, 그렇다고 해도 막 담가 마실 만큼 만만하지도 않다. 《고사십이집》에 실린 막걸리 만드는 법은 훨씬 더 복잡하다.

막걸리[白酒]는 봄이나 여름에는 찹쌀 2말, 겨울에는 3말을 항아리에 넣고 불려 하룻밤을 재우고 이튿날 새벽에 새 물로 여러 번 씻어서 가능한 한 깨끗하게 한다. 건져서 물기를 없애고 일부를 시루에 넣고 찌는데, 김이 올라오거든 한 켜씩 더 넣으면서 쪄서 쌀이 다 떨어질 때까지 여러 차례 한 뒤 시루 덮는 타래 방석[甑蓬]으로 꽉 덮어 말랑말랑할 때까지 폭 익힌다.

큰 동이 위에 막대를 걸치고 시루를 그 위에 앉혀 놓고 식을 때까지 물을 붓는다. 겨울에는 물로 2차례 정도 축여 주고, 다시 동이 안의 뜨거운 물로 1차례 축여 죽[糜]이 따뜻하게 한다. 이것을 항아리에 넣고 쌀이 2말이면 막걸리 누룩[白酒麴] 5알[丸]을, 3말이면 9알을 곱게 갈아 죽 위에 뿌리고 고루 버무린 다음 가운데에 우물을 파고 사방을 꼭꼭 토닥거려 키[箕]나 겨울에는 시루 뚜껑[甑蓬]으로 항아리 주둥이를 덮는다.

겨울에는 거적으로 사방을 꼭 두르고 위도 거적으로 덮어 항아리가 차지 않게 한다. 이튿날이면 술이 괴니 잔으로 술을 퍼서 사방으로 적신다. 7일이 지나면 술을 떠서 쓴다. 겨울철에 항아리가 차서 술이 괴지 않으면, 끓는 물을 병에 담아 항아리 안에 넣으면 술이 괴어 오른다.

만드는 절차가 복잡해 보여도 재료는 쌀과 누룩뿐이다. 막걸리니까 당연한 일이지만, 그렇다 해도 이 책에서 다룬 어떤 술보다 만드는 법이 복잡하고 다양한 술이기도 하다.

그에 비해 18세기의 《임원십육지》에 실린 탁주 만드는 법은 훨씬 간단하다. 쌀도 들어가지만 조가 주원료로 쓰인다. 이렇게 술을 만드는 방법은 원래 《식경(食經)》*북위 시대에 최소가 정리한 책에 실려 있던 것을 옮긴 것이다.

날차조 1섬, 네모난 누룩 2근을 곱게 빻아 샘물에 담가 뚜껑을 밀봉한다. 이틀 밤이 지나 누룩이 뜨면 쌀 3말로 고두밥을 지어 넣고 골고루 섞은 다음 덮어 둔다. 5일이면 좋은 술이 되니 우유처럼 희고 달다. 9월 중순 후에 만들면 좋다.

이렇게 간단한 방법으로 만드는 것이라야 비로소 우리가 아는 막걸리 같다는 생각도 든다.

막걸리는 무적의 술이었다. 간단하고 싸고 마구 먹을 수 있으며, 급할 때는 막걸리에서 청주를 만들기도 했다. 이걸 시급주(時急酒), 아니면 급청주(急淸酒)라고 했는데 빨리 만들어 내는 술이란 뜻이다. 이름은 굉장하지만, 원리는 간단하다. 이미 완성된 탁주에 쌀을 더 집어넣어 발효시켜서 술을 만드는 방식이었다.

좋은 탁주를 1동이를 곱게 걸러내어 항아리에 담는다. 찹쌀 5되를 되거나 묽지도 않게 죽을 만들어 차게 식히고 밀가루 5홉과 누룩 5홉을 골고루 섞어 술 항아리에 담는다. 3~4일이 지나 맑게 가라앉으면 사용하는데 청주 3병을 낼 수 있다. 만약 맑아지지 않으면 탁주로 쓴다. 밥알이 동동 떠다닌다. 그 맛이 삼해주와 같이 매우 좋다.

이것은 《산림경제》 등 여러 책에 모두 실려 있는 방법이다. 이미 발효된 술을 다시 발효시켜 술을 만드는 방법이었다. 눈길을 끄는 것은 이렇게 다시 만든 술의 맛이 당대 고급술인 삼해주와 비슷하다는 것이다. 앞으로 자세히 소개할 삼해주는 세 번 빚어내는 술이라 재료도 많이 들고 공도 많이 들어가는데, 시급주는 두 번만 해도 되고, 사흘이면 먹을 만했다. 역시 싼 것으로 어떻게든 비싼 술을 만들어 먹으려는 가성비를 따지는 사람들이 옛날에도 그대로 있었다는 말이렸다. 그런데 이렇게 대충 만든 술이 어떻게 진품 삼해주와 맛이 같을까?

어쨌든 막걸리는 품질 낮은 술의 대명사였다. 《조선무쌍신식요리제법》에서는 이렇게 말한다.

> 막걸리는 취하기 전에 배가 부르고 정신이 멍해지기에, 이 술을 많이 마시는 일꾼들은 목소리가 탁하다.

지금 우리 상식으로도 '원조' 막걸리는 그렇게까지 좋은 술은 아니었다. 그렇다고 해도 가난한 사람이 그나마 먹을 수 있는 술이었고, 고된 일을 견디게 해 주는 술이었다. 하지만 가난한 사람은 좋은 재료를 구할 수 없었으니, 재료의 부족함을 채워 준 것은 바로 양조 기술이 아닐까. 비록 싸라기같이 가치가 떨어지는 재료로 빚을지언정, 그 안에 들어 있는 술맛을 끌어내려고 최선을 다했던 것이 막걸리의 복잡한 제조 공정인 듯하다.

먼 옛날의 술 담그는 법을 읽노라면, 당시 사람들이 추운 날 우물물을 길어 와 항아리에 붓고 맛있는 술이 되기를 바라며 정성을 다하는 모습이 선명하게 떠오른다. 누룩에 있는 효모들이 잘 활동하기 위해 따뜻하게 만드는 작업을 보면, 그 옛날 세균의 존재도 모르던 사람들이 맛있는 술을 만들어 내기 위해 얼마나 많은 실패를 겪었고, 그를 통해 배웠을까를 생각하게 된다. 인간의 역사란 수많은 실패 위에서 새겨진 것이니 말이다.

막걸리 사랑

먼 옛날 중국에는 청주가 성인(聖人)이라면, 막걸리는 현인(賢人)이라는 말이 있었다. 청주도 나름 좋고 막걸리도 나름 좋다는 말인데, 그래도 막걸리는 저급한 술로 취급받았다. 출세하면서 막걸리 대신 청주를 마셨던 이규보는 은퇴한 뒤 가난해져 막걸리를 마시면서 비루하다고 구시렁댔다. 멋진 시를 많이 남겼지만, 권력 앞에는 납작 엎드렸던 이규보에게는 확실히 막걸리가 입(그리고 기분)에 맞지 않았을 것 같다.

하지만 많은 서민에게 막걸리는 삶의 일부분이었다. 이제는 트랙터니 수확기니 온갖 농기계가 있어서 많은 도움이 되지만, 여전히 농사일은 힘들다. 그런데 그것도 없는 옛날, 보리를 자르고 털고 말리는 것, 그걸 자루에 담는 것도 모조리 사람 손으로만 해야 하던 시기. 필자 같은 약골이라면 한 시간 만에 골병이 들 만한 중노동이 생활화된

때. 고된 노동에 파김치가 되어 가는 몸을 되살리려 술을 마셨고, 그것이 막걸리였다.

정약용의 둘째 아들 정학유는 농촌의 1년 생활을 〈농가월령가(農家月令歌)〉로 정리했는데, 수확 철인 9월에는 어김없이 막걸리의 이야기가 나온다.

타작 점심 하오리라 황계(黃鷄) 백주(白酒) 부족할까.
새우젓 계란찌개 상찬(上饌)으로 차려 놓고
배춧국 무나물에 고춧잎 장아찌라.
큰 가마에 안친 밥 태반이나 부족하니
한가을 흔한 적에 과객(過客)도 청하나니
한 동네 이웃하여 한 들에 농사하니
수고도 나눠 하고 없는 것도 서로 도와
이때를 만났으니 즐기기도 같이하세.

농민의 가난한 살림이지만 가장 중요한 가을걷이에는 닭요리, 새우젓, 계란찌개 등 가장 좋은 찬거리를 가득 마련했고, 이때 빠질 수 없는 것이 백주, 곧 막걸리였다. 그래서 막걸리는 술이 아니라는 입장까지 있었다. 정약용은 《목민심서(牧民心書)》에 "막걸리는 요기(療飢)가 되므로, 길 가는 자에게 도움이 되니 반드시 엄금할 것이 없다."라고 적었다. 온 나라에 술을 빚는 일을 금하는 금주령을 내린다 해도 막걸리는 여기에 해당하지 않는다는 말이다. 왜냐하면 가난한 사람이나 여행자는 막걸리를 먹고 힘을 내거나 주린 배를 채우기도 하니 술이 아니고 필수 식량이라는 말이었다. 실제로 태종 15년 나라 안에서 연회와 술 마시는 것을 금지한 적이 있었는데 이때 백성이 탁주(막걸리)를 마시는 것은 금지하지 않았다. 아무리 옛날이라 해도 법에 인정이 있다는 말이다.

이것은 농사뿐만이 아니라 모든 고된 일을 하는 사람들에게 그러했다. 1920년대만 해도 도시의 골목에서 "비지에 모주 잡수!"라고 외치는 소리가 새벽에 들려와 잠을 깨웠다는 이야기가 있다. 모주는 술지게미에 물을 붓고 짜낸 정말 질 낮은 술이고, 여기에 두부를 만들고 남은 콩 찌꺼기가 비지다. 이른 새벽, 사람들이 모두 잠들어 있을 즈음 모주와 비지로 배를 채워야 한다면 정말 고단한 삶을 사는 사람이었을 것이다. 그리고 그들에게는 텁텁한 모주 한 그릇이 힘을 낼 수 있게 했을 것이다.

하지만 막걸리는 가난한 자의 전유물은 아니었다. 이 장의 처음에서 시를 지은 양반처럼, 많은 귀족이 막걸리를 마셨다. 산이나 들로 나들이 나가서 마시고, 여행을 가서 얻어 마시기도 하고, 자식이 찾아온 김에 함께 막걸리를 나누기도 했다. 그렇지만 좀 격이 떨어지는 술이다 보니, 세상에서 밀려 나거나 벗어난 사람들의 상징이 되어서 서거정 역시 세상일에 신물이 난다며 양성지에게 적어 보낸 시에서 막걸리를 마셨다.

세상사 생각만 하면 창자가 끓을 지경이라

爛思世故腸堪熱

막걸리 한 잔을 부질없이 또 불어 마시네

濁酒一盃空復噓

막걸리를 정말로 좋아한 사람도 있었다. 조선 후기 시인으로 광해
군의 치세를 비꼬았다는 이유로 죽임당했던 권필도 막걸리를 사랑했
다. 혼자서 비뚤어진 세상을 비웃다가 막걸리를 들이마셨던 그의 시는
서거정보다는 훨씬 운치가 있다.

봄비가 안개처럼 솔솔 내리니

좋은 꽃이 가지에 가득 피었어라

홀홀히 앉아 계절 변화에 느꺼워

홀로 탁주 따라서 스스로 마신다

마음을 같이하는 이에게 이르노니

은거하자던 기약 저버리지 마오

평생 술 취하건 깨건 아랑곳 않노니

남들은 나를 어떤 사람으로 알까

실학자 정약용은 '막걸리와 사귀면서 소주를 점점 멀리했다漸交濁
酒排燒酒'라고 할 만큼 막걸리를 사랑했다. 그럴 만하지 않은가. 하얀색
빛깔도 참 예쁘고 들큰한 냄새도 좋고, 도수도 강하지 않으면서 이것

저것 요리의 재료가 되기도 한다.

　막걸리를 몹시 사랑했던 인물이 또 있다. 인조반정의 공신이자 인
선왕후의 아버지이며, 효종의 장인인 장유였다. 장유는 목은 이색이
나 서거정만큼 먹을 것에 미치지는 않았지만 그렇다고 미치지 않은
사람도 아니었다. 그는 맛있는 걸 좋아했고, 담배를 미친 듯이 피웠으
며 막걸리를 즐겨 마셨다. 어느 날,《지봉유설》을 쓴 실학자 이수광이
찾아오자, 장유는 가난한 살림을 털어 손님을 대접하며 막걸리를 내
밀었다.

　　　가난한 집안 살림살이 변변찮으니
　　　貧家無長物
　　　귀하신 어른을 어떻게 대접하누
　　　何以奉歡娛
　　　촌스럽게 사는 처지 부끄러움 무릅쓰고
　　　却慙林野人
　　　막걸리에 마른 명태 구워 놓고서
　　　酌醴焚枯魚
　　　애오라지 자기서를 화제로 삼아
　　　聊憑紫氣書
　　　적수의 구슬을 함께 찾아보았다오
　　　共探赤水珠

이 시가 지어진 시기는 분명하지 않지만, 아마도 광해군 시절 북인을 제외한 모든 당파가 찬밥을 먹던 즈음이었을 것이다. 이수광은 남인이고 장유는 서인이었으니, 두 사람 모두 관직도 없이 가난했다. 그래도 이 시가 지어진 그날, 장유와 이수광은 함께 막걸리를 마시며 《도덕경》 5천 어를 함께 토론하면서 밤을 새웠다고 한다. 관직에서 끈 떨어진 가난한 살림이라 어쩔 수 없이 막걸리를 마셨어도, 막걸리가 맛이 없었더라면 손님 이수광은 '떠나기 싫어서 머뭇거리지' 않았을 것이다. 가난에서 벗어난 다음에도 장유는 변함없이 막걸리를 사랑했다.

내가 본래 술을 못 마셔
我本不能飮

늘 술꾼들 비웃음 받았는데
每被酒客笑

그러다가 이렇게 우울 속에 빠지게 되자
及此抱幽憂

제법 술 마시며 마음 달래게 되었다오
頗用酒自療

시골 막걸리 시큼털털하긴 해도
村醪雖酸薄

그 속에 묘한 맛 들어 있나니
箇中自有妙

한 잔 기울이면 단박 얼큰해

傾來輒醺然

몇 잔까지 마실 필요 아예 없다오

不待數杓醼

어느새 풀어지는 근심 덩어리

閑愁忽銷融

마치 눈송이 화롯불에 떨어진 듯

渙若雪投燎

기구한 이내 신세 몽땅 잊고서

兀然忘身世

내키는 대로 한 곡조 뽑아 본다오

隨意發歌歡

내 마음 흡족하게 주흥(酒興)이 일어나면

當期得意時

혜강(嵇康)과 완적(阮籍)의 차원 비슷도 한데

興與嵇阮肖

우스워라 술 먹고 주정하는 이

却笑病酗人

고주망태 되어서 악을 쓰다니

千鍾恣狂叫

장유는 담배를 너무너무 좋아해서 주변의 타박을 받았다는 일화가 있고, 스스로 담배 사랑 글을 남길 만큼 지독한 골초였다. 하지만 술은 담배만큼 잘하지 못한 모양이다. 아무래도 당시는(그리고 지금도) 담배보다 술에 너그러운 사회였으니 주변 사람들에게 자주 놀림을 받았다. 막걸리는 도수가 그렇게 높지 않다 보니 꽤 마실 수 있게 됐어도 주량은 단 한 잔이요, 몇 잔까진 마실 수는 없었던 것 같다. 술기운에 노래를 부르는 것은 옛날이나 지금이나 거기서 거기인 듯하다. 하지만 권력과 힘의 한복판에서 살았던 사람이면서도 우울하다거나, 기구한 신세라고 한탄하다니 병자호란 때 잡혀갔다는 이유로 이혼당했던 그의 며느리 윤 씨가 듣는다면 정말 어이없어 했을 것이다.

현대의 막걸리 이야기

조금 사족 같지만, 현대 이야기를 다시 하겠다. 이후로도 막걸리에 얽힌 질곡의 역사는 계속되었다. 고달픈 일제 시대와 곧장 이어진 한국전쟁. 전쟁이 끝난 뒤로도 평화는 쉽사리 오지 않았고, 무늬만 민주주의 국가인 이 땅에서 사람들은 저마다 물고 뜯으며 혼란이 계속되었다. 이때 막걸리는 수치스러운 면모를 역사에 남기고 만다.

'막걸리에 고무신'은, 이제는 정말 나이 많은 어르신이나 기억할 만한 이야기지만, 지독하게 뒤떨어졌던 이 땅의 민주주의를 상징했다. 지금은 고무신을 신는 사람이 거의 없지만, 처음 일본으로부터 들어온 고무신은 그야말로 신발의 혁명이었다. 짚처럼 거칠지도 않고, 가죽보다 부드러우면서도 발에 딱 맞는다. 새로운 물건이었기에 처음엔 임금님이 신었고, 다음으론 결혼할 때 남편이 부인에게 사주는 혼수 선물이 되었다. 이후로는 점점 가치가 내려갔어도 한 켤레에 30원에서 50원이나 하는 물건이었다. 그리고 막걸리는 두말할 것도 없이 누구나 좋아하고 누구나 마시고 싶어 하는 것이다.

그전부터 선거에서 왕왕 막걸리가 돌긴 했지만, 여기에서는 1963년 11월 26일 총선 직전의 풍경을 이야기해 보자. 정확히 한 달 전 대통령 선거에서는 박정희가 윤보선을 누르고 가까스로 대통령으로 당선되었다. 이어서 국회의원을 뽑는 선거를 앞두고, 한국은 온통 혼란스러웠다. 선거는 민주주의의 꽃이라지만, 그즈음의 선거는 온갖 협잡이 난무하며 뇌물이 오갔다. 후보자가 사람들에게 막걸리와 고무신을 나눠 주며 자길 뽑아 달라고 했다는 소문이 돌았다. 막걸리 한 사발에 표를 준다니 참으로 어이없지만, 그때는 그런 시기였다. 막걸리나 고무신 말고도 극장표, 수건, 밀가루 등이 유권자에게 뿌려졌다. 그중에도 고무신과 막걸리가 짝을 맞춰 가장 많이 알려진 것은 사람들이 가장 바라던 물건이어서였을 것이다. 또 하나, 원래 자유당 시절부터 그 지역에서 한가락 하고 있던 토호들이 모두 양조장을 운영했기에 막걸리 수급이 쉬웠던 탓도 있겠다. 야당은 표를 매수하는 행위라고 목소리를 높였지만 큰 소용은 없었고, 선거에서 박정희의 민주공화당이 국회 대다수를 차지한다.

유권자를 탓하는 목소리도 분명 있었다. 막걸리를 얻어 마시고 다른 사람을 찍으면 되지 않느냐는 것이다. 당시 인터뷰한 사람 중에서는 "막걸리를 주면 싫지는 않지만, 막걸리 몇 잔에 표를 바꿀 바보는 아니다!"라고 말한 사람도 있었다. 그들을 어떻게 탓할 수 있겠는가. 당시 사람들은 선거와 투표의 고귀함을 잘 모르고 있었다. 그때 우리나라 민주주의는 사람들이 절대 권력자에게 맞서 피와 땀으로 얻어 낸 것이 아니라, 갑자기 하늘에서 뚝 떨어진 종잇조각이었다. 어제까지 임금님을 모셨고 방금 전까진 외국 군대의 풍파에서 도망갔던 사람들이 자기 대표자를 뽑는다는 것이 무엇인지를 마음속 깊이 이해하기는 어려웠다. 얼마나 그것이 중요한지도 알 수 없었다. 그 후로 100년에 가까운 시간 동안, 대한민국 국민은 그만큼의 노고와 고통과 눈물을 통해 표의 가치를 알게 되었다.

그러나 진정한 민주주의가 시작된 이후로 막걸리도 이미지 쇄신에 들어간다. 금권선거의 상징이라는 오욕을 씻고 새로운 전통주 세계의 선두에 서기 시작했다. 마시기 쉽고 맛도 좋다는 이유로 이동을 비롯한 곳곳에서 다양한 재료를 넣은 막걸리가 만들어지기 시작했다. 이제 '그저 그런 싸구려 술'이라는 이미지를 벗어던진 고급술인 것은 물론, 세계에서 소개되기 시작했다. 필자도 처음 만난 외국인이 자기가 막걸리 마시는 것을 참 좋아한다고 말했을 때의 충격이 아직도 생생하다.

이토록 질곡 많은 역사를 한 몸에 가지고 있는 것은, 그만큼 막걸리가 우리 역사와 삶에 찰싹 붙어 있었던 탓이 아닐까. 앞으로 어디까지 갈지 궁금하지만, 이 땅의 막걸리 역사는 절대 끝나지 않을 것이다. 폭군이 사랑하고 권신이 즐겨 마셨으며, 가난한 농민과 언제나 함께하다 마침내 부정선거의 상징이 된 막걸리 이야기는 여기에서 마무리 짓겠다.

술 권하는 폭군, 연산군

신하에게 술을 권한 폭군

연산군이라고 하면 폭군이 떠오른다. 맞는 말이다. 연산군에게는 할머니 인수대비를 박치기로 죽였다는 악성 루머도 있지만, 이건 야사인 듯하다. 대신 이복동생의 머리채를 잡아끌고 와서 할머니 앞에서 행패를 부린 정도는 사실일 수도 있다. 아버지의 후궁들을 죽인 것은 사실인 것도 같다. 반면 어머니 폐비 윤씨의 죽음을 알고 망가진 것은 사실이 아닐 수도 있다. 연산군은 어릴 때 궁궐이 아닌 사가에서 자라났고, 성종의 계비 정현왕후 윤씨를 친어머니로 알고 살았다. 그런데 얼굴도 기억이 나지 않을 친어머니보다 더 강하고 오랫동안 영향을 주고받은 사람은 아버지 성종이다.

성종은 연산군이 열한 살이 되도록 궁궐 밖에서 키우면서 원자로도 삼지 않았지만, 세자로 책봉하고 난 뒤에는 후계자로 잘 대우했다. 세자가 할 공부가 너무 많다며 쉬게 하라던가, 병이 났을 때 걱정하는 등 살뜰하게 챙겼다. 그런 의미에서 성종은 숙종이나 인조보다는 훨씬 나은 아버지였다. 그러니 연산군은 아버지 성종을 사랑했을 것이다.

폐비 윤씨의 폐위나 죽음을 가장 원하고 주도했던 것은 성종이었다. 신하들이 말려도 끝끝내 쫓아내고 끝끝내 죽여 버렸다. 그러나 친어머니의 죽음을 알게 된 연산군은 주범인 아버지를 미워하는 대신 아버지의 명령을 들었을 뿐인 신하들을 잡았다.

이는 폐비 윤씨의 일 때문만은 아니었다. 아버지 성종을 무수히 괴롭혔던 신하들, 특히 사림파로 대표되는 잔소리꾼들에게 불만이 가득했던 것도 포함해야 할 것이다. 성종이 다스리던 시기는 조선 역사에서 사림파가 태동했던 시기였다. 점필재 김종직을 비롯해 그 제자들이 관직에 나아갔다. 고려가 망했을 때 두 나라를 섬길 수 없다며 초야에 파묻혔던 사림파가 보기에, 조선은 가족을 죽이고 술이나 마시며 노는 패륜아 왕과 그 옆에 달라붙어 권력과 부를 탐하는 간신배들이 가득한 썩어 빠진 나라였다. 어느 정도 사실이긴 했다.

그런데 문제가 있었다. 사림파 선비들이 썩어 빠진 세상을 뜯어고치겠다면서 정치에 발을 담근 것까진 좋았다. 그러나 정치는 현실이었다. 우아하게 하늘을 날아오르는 고고한 학(두루미)도 진창에 발을 담그고 개구리를 먹는 법이지만, 사림파에게 이것이 강박으로 나타났다. 잘못된 세상, 썩어 빠진 정치 그러므로 이것을 전부 비판해야 한다! 그래서 성종 시대는 좋게 말해 탄핵과 비판, 나쁘게 말해 '모두 까기'의 시대였다. 잘못을 비판하기 위해서가 아니라, 비판하기 위해 잘못을 만들어 내는 지경에 이르렀고, 장맛비처럼 쏟아지는 간언 앞에서 왕은 신경쇠약에 시달렸다. 그걸 보고 왕이 된 것이 연산군이었다.

연산군은 암군보다는 폭군이었다. 무슨 소리냐 하면, 머리는 잘 돌아갔다는 말이다. 엄청나게 힘들고 어려운 세자 교육을 묵묵하게 받은 것도 그렇고, 상황 판단도 잘했다. 다만 아버지 성종을 방앗간 참깨처럼 달달 볶아 댔던 대간에게 악감정이 있었기 때문인지 연산군은 대간의 간언을 무시하는 것을 넘어서서 빈정대기 시작했다.

연산군이 즉위하던 초기만 해도 통치는 나쁘지 않았다. 경연에서 신하와 토론하고, 건의를 받아들이기도 했다. 흉년을 맞이하여 곡식을 아끼기 위해 신하들이 금주령을 내리자고 할 때 처음 몇 년은 승인했다. 그러나 차츰 폭군의 싹이 여물면서 신하들의 말을 무시하는 것을 넘어서서 신경질을 부리거나 비꼬고 놀렸다.

연산군 7년, 사간원에서 자주 술에 취하는 민사건(閔師蹇)을 문제 삼아서 체직하라고 요구하자, 연산군은 빈정댔다.

"민사건이 자주 술에 취한다고 하지만, 술 안 먹는 재상이 누가 있는가. 차라리 물 마시는 사람으로 감사(監司)를 삼으라고?"

그러고는 이내 대간에게 술을 내렸다.

원래 임금이 내리는 술은 선온(宣醞)이라 하여 신하에게는 큰 영광이었다. 그러나 연산군이 내린 술은 같은 술이라 해도 궤가 달랐으니, 어차피 너희들 말 듣지 않을 테니 이거나 마시고 그만하라는 것이다. 게다가 술버릇이 문제로 건의했는데 오히려 술을 하사했으니 이거 정말로 약을 올리는 게 아닌가.

공식 기록을 보면 연산군은 아버지보다 신하들에게 적게 술을 내렸다. 성종은 143번, 연산군은 26번이었다. 그러면 술을 많이 마신 게 아니라고 생각할 수 있지만, 이것은 대표적인 통계의 오류. 무엇 때문에 술을 줬는가 생각하면 달라진다. 성종은 공무의 일부로 술을 내렸다. 열심히 일하는 신하에게, 그런 신하가 퇴직했을 때 등등 국가 업무의 연장 및 포상이었다. 그런데 연산군은 내키는 대로였다. 앞서 소개한 대로 신하의 말을 안 들으면서 술을 준다거나, 갑자기 술을 주면서 시를 지어 보라 한다던가, 국화 화분을 내리며 술을 주는 등 예측불허였다. 또 이에 대해 토를 달면, 펄펄 뛰며 불같이 화를 냈다.

1506년(연산군 12) 2월에는 "내가 술을 내려 주면 관리들이 술에 취하는데, 불초한 무리가 '누가 술 취했다'라며 욕한다. 따라서 그걸 말하는 자들은 능지처참하고 집과 재산을 빼앗고 부모 형제들을 곤장을 100대씩 때린 뒤 온 집안을 변방 지역으로 옮겨 버리겠다." 하고 선언했다. 이것도 참 이상한 명령이었다. 근무 시간에 왕이 준 술을 마시고 사람들이 취하면 그럴 수도 있는 일이다. 원래는 안 되지만, 왕이 준 술이니까. 그런데 연산군은 아전들이 "모 씨가 술에 취했다."라고 말하는 것도 견디지 못해서 사람 몸을 잘게 써는 능지형에 처하겠다고 협박한 것이다. 연산군은 이처럼 신경질적이고 충동적이며 과격하고 까탈스러웠다. 세상 모든 말을 왕인 자신에의 비난으로 받아들였는데, 왕씩이나 되면서 왜 이리 피해망상에 시달렸을까 모를 일이다.

이런 말이 나온 것도 업보였던 게, 연산군 시대는 술 소비량이 많았다. 연산 6년에는 구급주 100병을, 8년에는 내자시의 술 200병을 궁궐 주방으로 보내게 했다. 지금처럼 물건이 기계화되어 많이 만들어지는 시기라 해도 100, 200병은 어마어마한 분량이다. 중요한 것은 이걸 다 마셨다는 데 있다. 연산군이 혼자 다 마신 것은 아닐 것이다. 다만 신하들을 먹이면서 당연히 본인도 마셨고, 숙취로 고생했다. 지금은 숙취를 풀기 위해 콩나물국이나 짬뽕 국물을 먹고, 저기 조선 초의 누군가는 아침부터 술로 해장하기도 했다. 그런데 연산군은 왕이었고 그래서 숙취 해소를 위해 왕권을 동원해 이것을 '해외 직구'했다.

연산군 2년, 연산군은 자그마치 어서(御書), 곧 직접 쓴 글을 승정원으로 내렸다.

주독(酒毒)을 푸는 빈랑(檳榔), 괘향(掛香), 각양의 전융(氈絨), 각양의 감리(甘梨), 용안(龍眼) 등속의 물건을 성절사(聖節使)의 내왕 편에 사 오게 하라.

사신들이 중국에서 사 오는 것은 조선 내에서 구할 수 없는 귀한 물건들이었다. 다른 왕도 패물이나 사치품을 사들였지만, 연산군은 중국 쇼핑 리스트에 값비싼 비단을 포함하면서 숙취 약까지 사게 한 것이다. 참고로 성군으로 일컬어지는 세종과 정조는 희귀한 책을 사 오라며 목록을 적어 주곤 했다. 책과 숙취 약. 나란히 놓으면 오히려 책 쪽이 화를 내지 않을까.

이것만 보면 연산군은 술에 취해 흥청망청 놀았을 것 같다. 실제로 《연산군일기》에서도 "왕이 주정(酒酊)이 대단하고 절도가 없다."라고 했지만 연회 분위기는 마냥 그렇지 않았다. 연산군은 기녀들이 춤사위를 실수하거나 노래를 부르다가 실수하면 곤장을 때리며 가혹하게 혼을 냈다.

즉 가장 화려한 옷, 가장 화려한 장식, 최고의 술과 진수성찬, 완벽한 군무를 요구한 불안함, 예민함, 섬세함, 강박관념. 그리고 어느 정도 알코올 의존증까지. 만약 연산군이 평범한 인간이었다면 제 살을 파먹으면서, 또 주변 사람을 조금 괴롭히면서 시대를 놀라게 할 예술을 탄생시켰거나 아니면 조용히 저물었을 것이다. 그러나 애석하게도 연산군은 조선이라는 나라의 왕이었다. 그는 자신에게 주어진 권력을 이용해 취미 생활에 몰두했다. 똑같이 국력으로 취미 생활을 했지만, 훨씬 좋은 결과를 가져온 세종과 달리, 연산군의 예술 세계는 이해하는 사람이 많지 않았고, 왕 스스로도 이해시키려 하지 않았다. 그는 왕이었으니까. 나라 안에서 가장 높은 사람이었으니까. 원할 때 나라 안의 술을 마음껏 가져올 수 있었고, 자신의 신경을 거스르는 말을 하는 신하들에게 술을 줘서 입을 다물게 할 수도 있었고, 아예 벼슬에서 내쫓거나 죽일 수도 있었다.

이처럼 불행한 시대에 술 한 잔으로 인생을 망친 사람이 있었다. 연산군의 친어머니 그러니까 폐비 윤씨의 사약을 실어 나른 죄명으로 죽었다고 알려진 이세좌였다. 그는 성종 시절부터 여러 요직을 거친 인물이었는데, 연산군에게 미운털이 박힌 계기는 1503년 연회에서 연산군이 준 술을 엎지른 것이었다.

9월 11일, 궁중에서 양로연을 벌였다. 이때 재상들에게 술을 나눠 주는데, 이세좌가 실수로 엎지른 술이 왕의 옷에까지 튀었다. 술에 취했을 수도 있고 손이 삐끗했을 수도 있으니 그럴 수 있는 일이다. 무엇보다 이세좌는 바로 직전까지 예조판서로서 세금과 나랏일을 진두지휘하는 중신이었다. 그런데 연산군은 이 일로 크게 분노하며 국문하라고 명한다. 고작 술 한 잔 엎질렀는데! 이후로 연산군은 화를 가라앉히지 않고, 이세좌를 역신으로 몰아세우면서 "그 교만 방종한 마음을 길러 내가 친히 주는 술을 엎지르고 마시지 않은 것이다."라고 주장했다. 실수였을 거라는 말은 누구도 감히 할 수 없었다. 그래서 연산군은 '감히 내가 준 술을 엎지른' 이세좌를 귀양 보내 자결하게 한 것으로 모자라, 그의 시체에서 목을 잘라 내걸었다. 그것만으로도 부족해서 가족들을 죽이고 그가 살던 집을 무너뜨리고 파헤쳤으며 나무를 심었다. 이세좌의 업적을 지웠으며, 그의 천거를 받았던 사람들을 죄다 내쫓았다. 그리고 이세좌의 모든 친척에게서 과거를 볼 자격을 박탈했다. 이세좌의 외손자 중 중종의 딸과 결혼한 집은 차마 건드리지 않는 대신 그 집안의 종들을 모조리 죽였다.

이처럼 연산군은 폭군이었다. 속이 좁고 술에 취한, 오락가락 갈팡질팡하는 왕이었다. 그러니 사람들은 모두 입을 다물었다. 《연산군일기》 끝부분, 중종반정 직전의 기록은 참으로 적막하다. 좋든 나쁘든 신하들의 목소리는 모두 사라지고, 오로지 연산군의 목소리만이 울려 퍼진다. 그리하여 중종반정을 불과 4개월 앞둔 1506년(연산군 12) 5월 24일, 연산군은 시를 지어 신하들에게 내리며 답을 하게 했다.

명예를 구하느라 수고하지 말고
莫就勞名釣
모름지기 자주 술에 취하라
須行醉酒頻

한 번 이 세상 떠나가면

一成辭世去

황천객 면하기 어렵나니

難免九泉賓

　신하들이 무슨 답을 했는지는 기록이 없기에, 이 시는 아무 신하도 남지 않은 텅 빈 공간에 울리는 연산군의 술주정처럼 들린다. 그리고 연산군의 처지는 정말로 시처럼 되었다. 똑같이 폐위되었어도 18년간 질기게 살았던 광해군과 다르게, 연산군은 폐위된 지 고작 두 달 만에 그동안 찬밥 신세로 두었던 본부인 신 씨가 보고 싶다면서 죽었다. 그의 나이 29세 때였다. 이게 다 술 때문이었을까.

영조가 질색한 붉은 술, 감홍로

고운 붉은색 술

우리나라 최초의 근대적 조약인 제물포 조약을 조인했던 이유원(李裕元)은 그의 문집《임하필기(林下筆記)》에 '감홍로'라는 제목의 시를 지어 남겼다.

> 예부터 생황과 노랫소리 규방에 나는데
> 서생은 무슨 일로 원한이 마음에 가득한가
> 긴 성은 첩첩한 청산을 거두어 가고
> 너른 들엔 백조가 쌍쌍이 날아온다
> 날마다 이별의 정은 언덕 위 풀처럼 자라고
> 해마다 이별의 눈물은 뺨 위에 강을 이룬다
> 시상이 이때에 와서 무단히 솟아나니
> 감홍로 한 항아리를 남김없이 기울이노라.

굳이 이 시가 아니라 해도 감홍로는 조선 시대에 이미 유명했던 술로, 사람들이 널리 마셨다.

독립선언서를 작성했던 독립투사이자, 동시에 친일파라는 온갖 영예와 오욕을 한 몸에 짊어진 문인 육당 최남선. 그에게 또 하나 업적이 있다면 조선의 술을 몹시 사랑하여 기록으로 남긴 것이다. 그가 조선의 3대 술로 고른 것은 감홍로, 이강고, 죽력고였으며, 그 덕분에 사람들이 아직도 술의 이름을 기억하고 있다. 이 술의 소개 및 담그는 법은 그의 시대 즈음에 발간된 요리책인 《조선무쌍신식요리제법》에도 나란히 실려 있다. 최남선이 이 술을 고른 데는 개인의 취향이 강력하게 작용했겠지만, 또한 당대 사람들에게 나름의 공감대가 있었던 게 아닐까.

우선 이 세 술을 소개해야겠다. 감홍로는 이름 그대로 붉은 술이었다. 좋은 술을 소줏고리에 넣고 붉은색이 나게 하는 재료를 집어넣어 증류해 만드는데, 예쁜 색과 향기를 자랑하는 정성스러운 술이었다.

이강고는 배의 즙과 생강즙과 꿀을 소주에 넣은 다음, 이 병을 따뜻한 물에 중탕해서 만드는 술이다.

죽력고는 세 술 중에서 가장 약에 가까운 술이다. 대나무를 뜨거운 불에 구우면 진액이 흘러나오는데, 이것을 죽력이라고 한다. 죽력과 꿀을 소주에 넣고 중탕해서 마시는 게 죽력고인데, 듣기엔 간단하지만 제대로 죽력을 만드는 것부터 어려운 일이라 무척 귀한 술이다.

이 세 술은 유명세에 힘입어 최근에는 복원돼 판매도 하고 있다. 과연 옛사람이 좋아했던 그 맛인지는 알 수 없지만, 궁금한 사람들은 마셔 보는 것도 좋으리라.

이 중에서 가장 많이 알려지고 가장 유명한 술이라면 역시 감홍로이다. 다른 두 술보다 이 술이 낫다는 게 아니라, 찾아볼 수 있는 자료가 가장 많다는 뜻이다. 그만큼 많은 사람이 좋아하고 마셨기 때문이다. 그래서 왕궁의 잔칫상부터 박지원의 《열하일기》를 거쳐 《춘향전》, 《별주부전》에까지 나올 정도로 많은 이의 사랑을 받았다. 《춘향전》에서는 성춘향과 이몽룡이 이별하면서 함께 마신 술이었고, 《별주부전》에서는 자라가 용궁으로 가자며 토끼를 유혹할 때 언급하는 술이 바로 감홍로(외 여러 술이 있지만)였다.

> 자라가 가로되,
> "그런 것이 아니라 친구끼리 좋은 도리로 서로 권하려 함이노라, …… 그대는 어찌하여 이같이 분요한 세상에서 사느뇨. 이제 나를 만나 게 제 좋은 김에 이 요란한 풍진을 하직하고 나를 따라 수부에 들어가면 선경도 구경하고, 천도 반도 불사약과 천일주, 감홍로, 삼편주를 매일 장취하고 구중궁궐 같은 높은 집에 무산선녀 벗이 되어…… 봉황대에서 술도 먹고 태평건곤 마음대로 노닐 적에 세상 고락 꿈속에 붙여두고 조금이나 생각할까?"

《별주부전》은 동화책으로도 만들어지고, 판소리로도 만들어졌으며, 자그마치 삼국 시대부터 있어 온 이야기이니 한국에서 자라난 사람이라면 웬만큼은 알고 있을 것이다. 여기서 자라는 토끼에게 용궁으로 가자고 한다. 용궁에는 복잡한 일 하나 없고 영원히 살 수 있게 하는 불사약은 물론, 감홍로를 비롯해 온갖 맛있는 것들이 있으며, 풍경도 좋고 친구도 많다. 그러니 함께 용궁으로 가서 행복하게 살자고 유혹한다. 물론 자라가 노리는 것은 어디까지나 토끼의 간이고, 이걸 꺼내어 용왕의 약으로 쓰려는 것이다.

이제 어른이 되어 생각하니, 불사약도 있는 용궁에서 어째서 용왕의 병을 치료할 약은 없는 건지, 또 토끼의 간을 약으로 쓰러 왔으면서 간이 나빠질 수 있는 음주를 권하는 게 어이없다는 생각이 꼬리에 꼬리를 물고 이어진다. 아무튼! 이 이야기에서는 감홍로 말고도 천일주와 삼편주 등 다른 이름난 술도 나오고, 무엇보다 한 번 먹으면 만년을 산다는 천도복숭아와 불사약도 나오지만, 일단 여기에서는 감홍로에만 집중하도록 하자.

이 책에서 소개한 술은 모두 저마다의 이름과 특색이 있는데, 감홍로의 가장 중요한 특징은 바로 색깔이다. 이름에 홍(紅) 자가 들어간 대로 술은 붉은 고운 색을 띤다. 대부분의 술은 곡식으로 만들고, 그러다 보니 대부분 투명하거나 흰색, 혹은 노란색인데, 감홍로는 붉은색이었다. 그 이유는 이 술을 증류할 때 들어가는 지초(芝草) 때문이다. 다른 이름으로 지치, 아니면 자초라고도 하는데, 뿌리에 붉은색 색소를 머금고 있다. 사람들은 그 붉은색을 몹시 사랑해서 약으로도 쓰고 염색에도 썼다. 그리고 무엇보다도 홍로주의 가장 중요한 재료였다. 이제는 환경오염과 사람들의 남획 때문에 자연산 지초는 멸종 위기를 겪고 있지만, 그래도 지초 덕분에 홍로주는 예쁜 붉은빛을 가지게 되었고, 많은 사람이 이 술을 더욱 기억하고 사랑하게 되었다. 이 외에도 붉은 쌀이나 오미자를 써서 '붉은 술'을 만들어 내긴 했지만, 홍로주 혹은 감홍로라고 하면 역시 주재료는 지초이다.

최고의 홍로주는 무엇인가?

홍로주가 또 하나 중요했던 것은 왕의 술이었다는 데 있다. 궁궐에서 만들던 술 향온(香醞)은 한 번에 술을 빚는 단양주였다. 그런데 이런 향온을 다시 한번 증류해서 만드는 술이 바로 홍로주였다. 17세기 책인 《치생요람(治生要覽)》*조선 숙종 때 강와가 지은 식품의 종류, 가공법, 작물 재배 등을 기록한 농업서에 따르면, 향온 세 병을 소줏고리에 넣고 고아서 홍로주 한 병을 겨우 만들어 낸다고 했다. 최고급의 술을 재료로 삼아 아주 조금 만들어 내니 귀하고 또 귀할 수밖에 없었다. 그래서 이것을 특별히 내국 홍로주(內局紅露酒)라고 불렀다. 향온이 그랬던 것처럼 궁중 내의원에서 직접 만드는 내국의 홍로주. 그야말로 홍로주 중의 홍로주요, 가장 귀한 홍로주라고 할 수 있겠다. 왕을 만나는 것만으로도 일세의 영광이던 시기, 술을 하사받는 것. 그중에서도 귀한 홍로주를 먹어 보는 것은 지극히 대단한 은혜를 받는 일이었다.

그럴 수 있었던 인물이 바로 조선 중기 유학자인 고봉 기대승이었다. 조선의 성리학이 가장 화려하게 피어난 순간은 바로 이기론의 논쟁이었다. 사단(四端)은 인(仁), 의(義), 예(禮), 지(智)의 네 가지이고, 칠정(七情)은 희(喜), 노(怒), 애(哀), 구(懼), 애(愛), 오(惡), 욕(欲)의 일곱 가지이다. 사람의 마음과 감정은 어떻게 일어나며 무엇이 먼저인가? 이 문제를 놓고 당대 가장 뛰어난 철학자들이 자기 의견을 펼치고 다른 이와 논쟁을 벌였다.

이 문제는 송나라 시절부터 논의될 만큼 오래된 것이었고, 우리나라에서는 퇴계 이황과 기대승이 논쟁을 벌였으니 바로 사단칠정 논쟁이다. 조선 성리학의 전설적인 두 탑 중의 하나이며, 이제는 1천 원짜리 지폐에 얼굴이 나와 있는 것으로 더 잘 알려진 퇴계 이황. 그는 이미 생전에 성균관 학장이자 당대 최고의 석학이었다. 1558년, 그런 살아 있는 전설에게 새파랗게 젊은 청년 한 사람이 질문을 던졌다.

"당신 생각이 틀린 것 같은데요?"

청년의 이름은 기대승. 당시 서른 살이 갓 넘었으며, 아직 과거 시험에 도전하던 애송이 중의 애송이였다. 그리고 이황은 이제 환갑이 얼마 남지 않은 56세였고, 나이로도 권위로도 무시해도, 묵살해도, 업신여길 수도 있었겠다. 하지만 이황은 어린 학생에게 성실하게 답장을 적어 보냈다. 이황이 자신보다 새까맣게 어렸던 율곡 이이에게, 서애 유성룡에게, 그 외의 젊은이들에게 그래 왔던 것처럼 말이다. 그것이 바로 그의 위대함이었다.

기대승도 기대승이었다. 그는 이황의 첫 번째 답변에 만족하지 않았고, 스스로 공부하고 주변 학자들과 토론하며 자기 의견을 가다듬은 끝에 다시 이황에게 질문을 던졌다. 편지를 통해서. 이황은 이번에도 답장했다. 이황은 이와 기는 다른 것으로 생각했고, 기대승은 이 모든 것이 기라고 생각했다. 이처럼 다른 입장의 다른 주장 그리고 토론은 자그마치 12년 동안 계속됐다. 이를 일컬어 사단칠정 논쟁이라고 한다. 이는 권위와 나이 모든 것을 내려놓고 용기와 끈기를 발휘한 노학자와 젊은 학자 두 사람이 함께 세상의 이치를 알아내기 위해 탐험한 여정이었다. 이런 토론은 누가 맞고 틀리고 승부를 내야 하는 것이 아니었으니, 무려 12년 동안 질문하고 답하며 고민하던 두 사람의 끈덕진 노력은 한국 철학사의 가장 빛나는 업적이 되었다.

현대인의 시각에서 그런 돈도 안 되고 도움도 되지 않는 생각들을 무엇 때문에 했느냐고 폄하하지 않기를 바란다. 먼 옛날 그리스 철학자들은 하등 도움이 안 되는 원자를 생각하고, 중국 철학자들은 인간의 선함과 악함을 고민하지 않았는가. 그것들이 자라고 발전해 현대 문명, 문화를 만들었음을 생각한다면, 조선 철학자의 토론도 분명 지금 우리나라 현재에 하나의 선을 더했음이 틀림없다. 어쨌든 이 책은 술의 이야기를 하려고 있는 것이니 이 이야기는 여기에서 줄이겠다.

기대승은 이처럼 위대한 철학자였다. 그러니 왕에게 선물을 받는 것도 자연스러운 일이었고, 그렇게 받은 술이 바로 홍로주였다.

정확한 연도는 기록되어 있지 않지만, 기대승이 벼슬을 할 즈음이니 명종이 왕이었을 때로 추정된다. 때는 바야흐로 음력 6월 15일 유두절. 동쪽으로 흐르는 물에 머리를 감고 맛있는 유두병을 만들어 먹는 것이 우리나라 고유의 풍습이었다. 중국에도, 일본에도 없는 우리나라만의 명절이 이제는 거의 사라진 것은 무척 아쉬운 일이지만, 아무튼 조선 시대만 해도 유두절은 여기저기 잔치가 벌어지는 흥겨운 날이었다. 이날 기대승은 임금으로부터 음식을 선물 받았는데, 이를 특별히 선온(宣醞)이라고 했고, 이 중에 홍로주도 있었다. 귀한 술을 즐겁게 먹고 마셨는데 어찌 기분이 좋지 않을쏘냐. 기대승은 기쁜 마음으로 시를 지어 남겼다.

다행히도 천상의 은혜를 입어

幸蒙天上恩

벼슬길에 올라 영주로 왔네

致身來瀛洲

푸른 물은 긴 호수에 가득하고

碧水滿長湖

서늘한 바람은 높은 누각에 불어오네

涼風動高樓

의관을 정제하고 공경히 하사에 절하며

整冠欽拜賜

자리를 펴고 좋은 벗들을 모으네

列席集良儔

은 술잔에 홍로를 따르고

銀杯瀉紅露

장식한 대접에 진귀한 음식들을 진열했네

雕俎羅珍羞

취하고 배불러 편안하고 고요하니

醉飽泊恬靜

반짝이는 은 술잔에 담긴 붉은 술이었으니 얼마나 아름다웠을까. 기대승은 늘 정치보다는 학문을 연구하기를 원했고, 벼슬길에 나서는 것도 달가워하지 않았던 사람이지만, 이렇게 홍로주를 받은 날만큼은 벼슬하기를 잘했다고 생각했을 것이다.

"취하고 배부르고 편안하고 조용하니 이거 말고 또 뭐가 필요하겠느냐?"

틀렸다고 생각한 것은 반드시 틀렸다고 말해야만 했고, 당대 최고의 석학에게도 망설임 없이 질문을 던지고 또 던졌던 꼬장꼬장한 인물이었던 기대승마저 노곤하게 녹아들 만큼 맛있는 술이었나 보다, 홍로주는. 만약 이때의 기대승에게 이와 기를 물어본다면, 과연 어떻게 대답했을까 하는 짓궂은 마음도 든다.

이처럼 귀한 내국 홍로주는 사람들에게 인기만점이었지만, 너무 귀했기에 누구나 맛볼 수는 없었다. 그래도 마시고 싶은 사람들은 나름의 편법을 찾아냈다. 술이 빨간색이면 다 홍로주 아니야? 그래서 향온으로 만들지 않고 그냥 보통 술에 지초를 집어넣는 식으로 홍로주를 증류해 냈다. 결론적으로 내국의 홍로주가 아닌, 다소 보급형 홍로주도 많이 만들어졌고 많이들 마시게 되었다.

홍로주 금지

그렇지만 홍로주를 싫어하는 사람도 있었다. 조선 왕조의 임금 중 가장 술을 싫어했던 영조는 홍로주라면 질색을 했다.

영조 31년 9월 8일, 영조는 온 나라 안의 술을 금지하는 명령을 내렸다. 우리 백성이 고생해서 만들어 낸 곡식을 낭비하다니! 게다가 금주법을 시행해 봐야 힘없는 사람들만 잡히고 힘 있는 사람들은 빠져나간다! 그러면서 영조는 자신의 경험담까지 이야기했다. 자신이 내주방(內酒房)의 술독을 살펴보았는데, 색깔이 새까맣게 되어서 까마귀와 까치들이 가까이 가지 않더라는 것이다. 봐라, 술의 독성이 얼마나 심하냐? 그런데 이런 독한 술을 몸 안에다 붓다니 창자가 남아나겠느냐? 이게 영조의 주장이었는데, 일 많고 바쁜 왕이면서도 일부러 내주방까지 찾아가 현장을 점검한 정성이 대단하다고 하겠다.

술 때문에 항아리가 검게 물들었다고 하지만 그게 사람 위장까지 물들일 것 같지는 않고, 육식성인 까치와 까마귀가 뭐하러 술을 마시겠는가. 하지만 이 왕은 영조. 80세에 이르는 기나긴 세월 및 40년에 달하는 엄청난 즉위 기간 내내 술과의 전쟁을 선포했던 고집불통의 임금님이었다. 좋은 계책이 떠올랐다면서, 나라에서 술을 만들되 백성에게 만들지 못하게 하는 건 안 될 일이니, 아예 온 나라에 술을 만들지 말라는 명령을 내렸다. 물론 완전히 술의 멸종을 뜻하는 건 아니었다.

여전히 제사에서 쓰는 술은 필요했으니까. 또한 병사에게 나눠 주는 탁주와 농사짓는 사람의 보리술이나 탁주(막걸리)는 예외로 두었다. 그리고 이들 빼고 홍로주를 비롯한 모든 술을 금지했다.

> 세초(歲初)부터는 위에서는 왕공(王公)에서부터 아래로 서민에 이르기까지 제사와 연례(宴禮)에는 예주만 쓰고, 홍로(紅露), 백로(白露)와 기타 술이라 이름한 것도 모두 엄히 금하고 범한 자는 중히 다스리겠다.

다음 해 7월, 영조가 금주법의 시행을 확인했을 때, 사대부 집안에서 홍로주를 가지고 있는 게 발견되기도 했다. 앞서 말한 대로 홍로주는 굉장히 귀한 술이었고, 딱히 제사에다 바치는 술도 아니었으니, 적발된 술은 먹고 놀려고 만들었던 것일 가능성이 컸다.

"이 금법이 만약 해이해진다면 나라가 어떻게 되겠느냐!"

영조는 노발대발하면서 다시 전국에 금주법을 널리 알리라고 명령을 내렸다.

영조의 이 명령은 완전히 실패했다. 사람들이 욕망을 조절하고 참기란 정말 어려운 일이었다. 게다가 술이 만악의 근원이라기보다는 사람이 문제가 아닐까. 담헌 홍대용만 하더라도 영조 21년 금주령이 잠시 폐지되자마자 홍로주를 사다 놓고, 돼지고기 안주를 마련해서 친구를 대접했다. 그런데 홍로주 자체가 소주이고 증류주이다 보니 하루아침이나 일주일 만에 뚝딱 만들어 낼 수 있는 술이 아니다. 아마도 다들 어디엔가 몰래 술 항아리를 숨겨 뒀던 것은 아닐까. 그래서 금주령이 없어지자마자 부리나케 홍로주를 증류해 팔았던 건 아닐까. 아무튼 홍로주는 처음에는 임금님만 마시던 귀하디귀한 술이지만 조선 후기가 되면 (돈만 있으면) 누구나 마실 수 있는 술이 되었다.

홍로주 만드는 법

과연 홍로주는 어떻게 만들었을까? 조선의 대표적인 백과사전인 《산림경제》. 여기에 실려 있는 홍로주 만드는 법은 의외로 간단하다. 바로 자매 술인 향온과 만드는 방법이 꽤 비슷하기 때문이다. 그래서 《산림경제》에서는 이 술의 이름도 내국 홍로주라고 적었다.

> 내국 홍로주(內局紅露酒) 빚는 법은 향온(香醞)과 같다. 누룩은 2말까지만 넣고, 거기에 향온(香醞) 3병 2복자[鑐]를 소주로 고아 내려[燒出] 1병으로 만들되, 소주를 내릴 때 지초 1냥을 가늘게 썰어 병 주둥이에 두면 붉은빛이 으스러지게 곱다. 내국(內局)에서는 맑은 술을 은그릇에 담아 내리기 때문에 여염[外處] 소주와는 같지 않다.
> _《산림경제 제2권 치선(治膳)》

보다시피, 왕을 위한 귀한 술인 향온을 증류해서 만들었으니 여염의 술 따위와는 달리 특별하다고 못 박아 두고 있다. 게다가 그것이 은으로 된 그릇에 담겨 온다니, 받을 사람들이 과연 얼마나 감격했을까. 이 술잔을 받아 들었을 기대승의 기분을 조금이나마 알 것 같은 기분이 든다.

한편 《임원십육지》에는 훨씬 간단하게 홍로주 만드는 방법이 실려 있다.

> 화주(火酒, 독한 소주)의 3배로 오랫동안 고아 만드는데 꿀을 소줏고리 항아리 밑바닥에 바르고 자초 1냥을 넣으면 맛이 아주 달고 독하며, 빛깔은 연지(臙脂)와 같아 홍로주(紅露酒) 중에서도 으뜸이다.

이 방법에서는 술 재료로 향온을 언급하지 않고 있다. 즉 아무 술이나 고면 된다는 말일까? 아니면 향온이 주재료라는 걸 모두가 알고 있어서 생략했던 것일까? 어쨌든 증류의 작업을 거치는 이상, 손이 많이 가고 값비싼 술임은 틀림없는 사실이다. 이렇게 홍로주 만드는 법은 《고사십이집》에서 인용한 것이니, 나름으로 널리 퍼져 있다는 것이다. 그런데 이렇게 만들어도 '홍로주 가운데서 으뜸이다'라고 했으니, 이보다 훨씬 더 다양하게 만들어진 홍로주가 있었던 것 같다.

실제로도 구한말 요리책 《조선무쌍신식요리제법》에서는 홍로주 말고도 특별히 관서홍로라는 술이 있다. 아름다운 기생과 그보다도 더욱 훌륭한 풍광이 함께 하는 관서 지방, 평양에서 특별히 사랑받아 온 붉은 술이다.

이 술은 홍주를 3배 더 끓여서 만든 것으로, 술 받는 항아리 밑에 꿀을 바르고 다시 자초(紫草)를 넣은 것이다. 맛이 매우 달고 독한 데다가 색깔은 연지 같다고 한다.

여기에서 말하는 홍주가 무엇일까? 오미자로 만들어 붉은색이 나는 오미자주일까, 아니면 붉은 쌀을 증류해서 만든 홍소주를 이르는 말일까? 어쨌든 연지란 옛날 여인이 입술 화장을 할 때 쓰던 염료였으니, 그만큼 빛이 붉다 하겠다. 이것이 바로 홍로주 중에서도 훌륭한 것이라 했는데, 사실 이제까지 소개한 대부분의 홍로주는 저마다 '이 레시피가 최고'라는 말을 덧붙이고 있다. 그만큼 홍로주의 인기도 많았고 경쟁도 상당했던 모양이다.

홍로주를 즐긴 사람들

홍로주는 워낙 유명하고 인기 있는 술이었다. 그래서 사람들은 저마다 홍로주를 담그는 법을 개발했고, 열심히 만들었으며, 그런 다음 팔아먹었다. 그래서 정약용도 홍로주를 '사서' 마실 수 있었다.

정약용이 한창 젊었을 때, 아직 성균관에서 유생으로 지내던 무렵. 임금(정조)이 성균관에서 좋은 글을 써서 올렸다며 상으로 종이와 먹을 내렸다. 지금이야 동네 문구점 어디를 가도 지천으로 쌓여 있는 게 값싼 종이 노트와 필기도구지만, 그 옛날에는 그러하지 않았다. 자본주의와 기계 문명에게 감사해야 할 순간이라 하겠다. 아무튼 이때 정조가 내린 종이와 먹은 매우 질 좋은 것이었으며, 성균관 학생 모두에게 나눠 줄 만큼 넉넉했다.

유생들은 임금의 은혜에 몹시 기뻐했고, 술판을 벌였다. 물론 마구잡이로 벌인 건 아니고, 임금의 은혜를 감사하는 시를 짓는 자리이기도 했다. 이날 술자리에는 정약용을 포함해 모두 열 명의 유생이 모였다. 조선 최고의 교육기관이던 성균관에서는 전원 기숙사 생활을 했고, 유생들은 각각 재실이란 방에서 지내야 했다. 따라서 이날의 술판은 재실에서 벌어졌다. 학교에서 어떻게 먹을 것을 구하느냐, 하겠지만 지금 대학가들이 그렇듯 공부에 지치고 배가 고픈 학생들을 위한 군것질 시장은 그때도 학교 앞에서 성황을 이루고 있었다. 하여 정약용과 친구들은 학교 내 잔치 준비를 잘 끝낼 수 있었으니, 안주는 참외요, 술은 (아마도 성균관 앞의) 가게에서 사 온 홍로주였다.

> 유학한 자 준수한 선비 많은데
> 游學多髦士
> 게다가 한 재실에 벗들도 있어
> 同齋況故人
> 술 사오니 홍로주 향기롭고요
> 酒賒紅露馥
> 외 가르니 수정이 진기하여라

瓜劈水精珍

해학 속에 무더운 여름을 잊고

談謔凌朱夏

우러르는 마음은 대궐 향하네

瞻依近紫宸

보살피심 미천한 몸에 미치니

生成逮菲質

어떻게 임금의 어짊에 보답할 수 있을까

何以答君仁

성균관의 재실은 본디 서너 사람만이 머물 수 있는 작은 방이었다. 그런 곳에 열 명이나 들어앉았으니 얼마나 좁았을까. 하지만 축하 잔치의 흥은 더욱 신나게 끓어올랐다. 원래 성균관에서는 매달 학생에게 술을 조금씩 주었지만, 맛도 없고 양도 조금이라 불만이었다. 그래서 제대로 술을 마시기 위해 술을 사 왔으니, 그게 홍로주였다. 앞에서 말했듯이 홍로주는 꽤 비쌌겠지만, 유생들은 축하를 위해 큰맘 먹고 사 온 듯하다. 그 어여쁜 색깔 때문인지 축하하는 기분 내기에는 그만이었다.

대신 안주는 참외뿐이었던 것 같다. 자칭 '참외 귀신'인 정약용에게 이보다 더 좋은 안주는 없었겠지만 말이다. 그리하여 정약용은 술과 참외를 먹으며 대궐을 우러러보며 언젠가 반드시 임금님의 은혜에 보답할 거라고 굳게 마음먹었다. 이 젊은이는 몇 년 뒤 '바로 그 임금님'

이 억지로 퍼먹인 소주를 마시고 토하고 엎어지지만, 그건 나중의 일이다. 아무튼 조선 후기쯤이 되면 꼭 임금님이 내리지 않아도 누구나 돈만 있으면 홍로주를 마실 수 있었다.

그렇다 해도 홍로주는 여전히 고급술이었다. 조선 후기 서예가이자 화가인 추사 김정희를 모르는 사람은 없을 것이다. 그의 호를 딴 추사체와 금석문의 연구가로 누구보다도 유명한 사람이다. 그런데 그는 몹시 고급스럽고 까탈스러운 입맛을 가진 사람이기도 했다. 그래서 제주도로 귀양 가서 그곳 음식이 입에 맞지 않는다고 온갖 투정을 부리기도 했다. 따지고 보면, 제주도 음식은 서울 사람인 그의 입맛에 맞지 않았던 데다가 당시 제주도가 워낙 쇠락한 곳이라 시장이 없어 먹을 걸 구할 수 없었던 탓도 있었다. 그랬던 그가 너무나도 반가워했던 술이 바로 홍로주였다. 친하게 지내던 김상현이 선물을 보냈는데, 바로 홍로주와 소금을 뿌리지 않은 맛있는 물고기[不鹽嘉魚]였다. 이 선물을 보고 김정희는 정말로 좋은 걸 받았다며 김상현에게 온갖 감사와 축복을 날렸다.

"내가 이 촌구석의 맛없는 탁주 때문에 정말 곤란했는데 이렇게 맛있는 게[上味] 내 입에 들어오다니!"

다행히 나중의 그는 제주도의 진미를 즐길 수 있게 되었다.

마지막으로 홍로주와 인연이 있었던 인물로는 달문(達文)이 있다. 조선 후기 서울에는 이름난 기인이 있었으니, 그의 이름은 달문이라고도 하고, 광문자라고도 했다. 생긴 것도 보잘것없고 가난하고 다 떨어진 옷을 입고 다녔지만, 시대의 호걸이었고 상인들은 다투어 달문에게 부탁하고 기생들도 그를 의지했다고 한다. 그렇게 유명세를 떨치다 보니 연암 박지원이 그의 일대기 《광문자전(廣文者傳)》을 기록하는 영광을 누리기도 했다. 하지만 그는 살아서는 체포되어 국문을 받고 죽을 뻔한 데다, 귀양까지 가는 질곡을 겪었다.

그런 달문이 젊었을 때 풍원군 조현명을 만나 함께 술을 마신 일이 있었다. 조현명은 달문에게는 커다란 사발에 술을 가득 담아 주고, 자신은 홍로주를 일곱 잔 마셨다고 했다. 마시려면 같이 나눠 마실 것이지, 왜 자기만 비싼 술을 먹느냐는 생각도 든다. 굳이 말하자면 달문은 천민이고 조현명은 양반 출신인 데다 훗날 좌의정의 자리에까지 오른 영달한 인물이었으니, 애초에 두 사람이 함께 술을 마신 것도 기적이다. 그리고 술만 마셨겠는가. 달문의 사발이 비워지는 동안, 조현명의 일곱 잔 홍로주가 비워지는 동안 두 사람은 이야기를 나누었을 것이다. 신분과 처지를 잊고, 너무나도 즐겁고, 흥겹고, 취하도록 말이다. 실제로 달문은 이 일을 귀중한 추억으로 여겨 다 늙어 모든 것을 잃고 쇠락한 다음에까지 기억했으니, 홍로주는 그렇게 또 하나 역사의 한 자락을 장식했다.

그렇지만 역시 조현명이 달문에게 홍로주 한 잔만 나누어 주었으면 좋았겠다는 아쉬움이 남는다. 좋은 것은 나눠 먹도록 하자, 언제나.

개미가 뜬 술 부의주, 동동주

부의주의 역사

어릴 적 외할머니께서 손수 식혜를 만들어 주시곤 했다. 맛은 기가 막혔고, 그 위에 떠 있던 쌀알이 소중해서 아껴 먹곤 했다. 어째서 모든 쌀알이 모두 떠 있지 않냐고 섭섭해하기도 했다. 그런 다음 동동주라는 술을 알게 되었고, 이름이 참 듣기 좋다고 생각했다. 동동, 무엇인지 몰라도 동동. 어릴 적 부르던 노래 같기도 했다. 조금 더 자란 뒤, 그 술의 이름이 쌀알이 떠오른 모습에서 왔다고 배웠다.

쌀알이 뜨는 술! 그것만으로도 맛있지 않을까!

아마도 그러해서일 것이다.

동동주는 이 책에 실린 어떤 술보다도 오래도록 많은 사람의 사랑을 받았다. 동동주의 옛 이름은 부의주(浮蟻酒), 거품과 쌀알이 떠 있는 게 개미들이 동실동실 떠 있는 것 같아 이런 이름이 붙었다. 개미가 술에 떠 있다니 식욕이 떨어지지는 않는 건가! 하지만 옛사람은 전혀 신경 쓰지 않은 듯하다.

이 술의 다른 이름은 부아주(浮蛾酒), 혹은 녹아주(綠蛾酒)이다. 아(蛾)는 나방을 일컫는 말이니, 아예 술에 나방이 떠 있다는 말이다. 그러면 녹아주라는 이름에는 어째서 녹색[綠]나방이 들어갔을까? 먹을거리가 귀했던 옛날에는 술에 개미나 나방이 있어도 그냥 가리지 않고 먹었던 탓일까? 그럴 리는 없을 테고, 사람들은 부의주에 떠 있는 거품과 쌀알을 너무나도 사랑했다. 그러니 그게 개미로 보이든 나방으로 보이든, 술 위에 뜨기만 해도 마냥 좋았던 것이다.

부의주를 담글 때 쌀알이 있는 이유는 곡물을 있는 그대로 술로 빚었기에 쌀알 형태가 유지되는 것이다. 이화주나 방문주처럼 곡식을 가루 내어 술로 만든다면 쌀알이 떠오를 수 없다. 그래서 이 술의 가장 큰 정체성은 이 떠오르는 쌀알에 있다고 해도 과언이 아니다.

부의주는 다른 술에 비하면 알코올 도수가 낮은 편이다. 그러니까 마시기 쉽고, 농민도 일할 때 마셨다고 한다. 막걸리와 비슷한 종류의 술이라고 할 수 있지만, 부의주는 탁주가 아닌 청주이고, 조금 더 고급술이라고 할 수 있겠다. 실제로 막걸리보다는 알코올 도수가 좀 더 높다.

부의주는 그 역사가 대단히 오래된 술이다.

술에는 범제(泛齊), 부의(浮蟻)가 있다.
酒有泛齊浮蟻

이 글귀가 어디에서 나오냐 하면, 사서삼경과 어깨를 나란히 하는 주나라 시절(이라고 하는)의 한자 사전 《이아(爾雅)》이다. 정말로 까마득한 옛날, 춘추 전국 시대 그즈음부터 이미 부의라는 술이 있었던 것이다. 이름만 같을 뿐이고 지금의 것과 전혀 다른 것일 수도 있겠지만, 술 위에 뜬 개미(부의)의 술이니 그래도 비슷하지 않을까. 물론 담그는

법이나 재료 등등 소소한 것은 바뀌었겠지만 말이다. 범제라는 술은
또 무엇인지 궁금하지만, 범(泛)이란 글자는 술이 익어서 찌꺼기가 둥
둥 뜨는 것을 말한다는 《주례(周禮)》의 주석이 있다. 결국 범제와 부의
는 비슷한 술이었을 수도 있다.

지금으로부터 3천 년 전의 술이란, 당연히 물자도 부족하고 설비도
부족하며 수많은 시행착오 와중에서 간신히 만들어진 것이었다. 어쩌
면 가장 원초적인 술인지도 모르겠다.

《지봉유설(芝峯類說)》*조선 광해군 때 간행된, 이수광이 지은 우리나라 최초의 백과사전
에서는 "찹쌀로 술을 빚은 뒤 술지게미를 조금 띄운 게 부의주"라고
는 했지만, 그보다 더 오래된 중국 경전에서도 부의주 혹은 그와 비슷
한 술을 이야기하고 있다. 따지고 보면 당연한 일일지도 모른다. 원래
는 쌀이나 여러 곡식을 발효시켜 술을 만들고, 여기에 대나무를 엮어
서 뾰족하게 만든 용수를 박아 맑은 술을 떠내는데, 가끔 발효되어 가
벼워진 곡식 낱알 한두 개 정도가 용수 틈바구니를 빠져나와 맑은 술
위에 둥실 떠오른다. 용수의 구멍이 너무 커서 그랬을 수도 있고, 아예
용수가 없던 시절에는 술이란 삭은 술지게미투성이로 만들어졌을 것
이기 때문이다. 이것이 부의주라는 이름을 가졌더라면 어쩌면 동아시
아 역사에서 최초로 만들어진 술일지도 모르겠다.

그렇게 만들어진 부의주는 전 세계로 퍼져 나갔다. 그리고 인간의
세상 그 어떤 곳도 술을 마다하지는 않았다. 이 땅 한반도의 역사에서
부의주란, 대체로 고려 시기부터 연원을 찾아볼 수 있다. 가장 오래된
기록은 고려의 대문인이자 술에 미친 사람이었던 이규보가 남겼으니,

그는 민광효의 집에 가서 지은 시에서 부의를 노래했다.

> 아주 좋은 술 사수같이 기울여
> 十分美醞傾如泗
> 잔에 둥둥 뜬 개미를 건진다
> 蘸甲杯心撥浮蟻

혹시 이것은 이규보의 잔에 어쩌다 운 나쁜 개미가 빠진 거지, 정말 술은 아니지 않을까? 그럴 수도 있지만, 이규보는 다른 시에서도 또 한 번 부의를 이야기했다.

> 옥잔에 부의를 가득히 따르고
> 玉樽浮蟻倘呼斟
> 풍정을 쏟아 내어 한 번 더 읊노라
> 掀出風情更一吟

이번에 이규보가 언급한 것은 틀림없이 부의주였다. 개미를 잔에 따라 마실 리는 없으니까! 여기에 더 나아가 이규보는 중양절에 시를 지으며 "지금은 녹봉 좀 넉넉해서[如今祿稍豐] 독 안에 부의주가 담겨 있네[甕有浮蟻綠]."라고도 했다. 그러니까 고려 시대의 부의주는 돈이 넉넉한 사람만 가질 수 있었던 상당히 고급술이었다는 말이 된다. 원래 탁주를 싫어하고 청주를 좋아했던, 권력이 최고라는 마음으로 살아온 술

직한 속물 이규보가 한 말이니 정말로 믿을 만하다.

그다음 사람은 두말할 것도 없이 목은 이색이었다. 맛있는 것이라면 사족을 못 쓰는 인물이 부의주같이 맛있는 술을 놓칠 리 없는 것이다. 어느 날, 이색은 아는 사람으로부터 술과 안주를 선물 받아 맛있게 먹고 신이 나서 시를 지었는데, 이것도 바로 부의주가 주제였다.

잔 바늘 가진 물고기는 석수어라 이름하는데
細鱗名石首
좋은 술은 춘심을 채워 주네
美酒實春心
부의주는 향기가 막 풍기고
浮蟻香初動
말린 고기는 맛이 절로 깊구나
乾魚味自深

여기에서 이색이 마신 것이 부의주라는 데는 의심의 여지가 없다. 한편 석수어는 지금의 조기인데, 말려 둔 것이니 굴비였을 것이다. 이날 이색은 술과 안주를 함께 선물 받았던 것이다. 그 옛날 굴비는 무척 귀한 음식이었고, 술도 좋다. 이걸 한 번에 받았으니 이만저만한 횡재가 아니었고, 덕분에 몹시 기분이 좋아 시가 절로 나왔다.

고려가 멸망한 뒤 조선으로 넘어간 다음에도 부의주는 여전히 사람들의 사랑을 받았다. 조선 세종 시대 나라를 대표하는 최고의 문장가

이자, 그와 반비례한 인성을 자랑했던 변계량도 혼자 있던 날 부의주를 마시며 쓸쓸함을 달랬다.

한적한 그 회포 대체로 흡족하니
幽意自多愜
결국에는 손님이 찾아오지 않았네
竟無賓客來
술잔에는 고운 쌀알 둥실둥실 떠 있고
酒杯浮蟻嫩
꽃가지는 가까이서 망울을 터뜨리네
花朶近人開

과연 어떤 부의주가 가장 좋은 술이었을까. 서거정이 지은 시를 보면, 부의주에 쌀알이 많이 떠올라 있으면 그게 또 좋았던 것 같다. 어쩌면 서거정 개인의 취향인지도 모르겠다. 필자에게 좋은 식혜의 조건은 맛도 맛이지만, 쌀알이 많이 떠 있는 것이 보기도 좋고 더 맛있는 것 같은 착각이 들기 때문이다.

고요한 낮에 가랑눈은 내리는데
畫靜天微雪
아무도 없이 홀로 앉았는 때로다
無人獨坐時

술동이에 쌀알 떠오른 게 적으니 가련하구나

樽憐浮蟻少

_ 서거정, 〈가랑눈이 오는데 홀로 앉아서 읊다〉, 《사가시집》 제30권

이제까지 벌써 네 사람의 시를 언급했는데, 이 외에도 술과 그 위에 떠 있는 부의를 말한 사람은 정말로 많았다. 이제까지 언급한 어떤 술보다도 부의의 언급이 가장 많다고 해도 과언이 아니다.

이렇게 본다면 옛사람이 말한 부의는 꼭 부의주라는 특정한 술을 언급한다기보다는 술에 떠오른 거품이나, 어쩌다 거르지 못한 쌀알 한두 개를 말하는 것일지도 모른다. 실제로도 조선의 14대 왕 선조는 사위 동양위에게 포도주를 선물하면서 '녹의가 떠다니는 곳에 포도가 보이네[綠蟻浮處見葡萄]'라고 시구를 지었다. 포도주에 벌레가 생길 리는 없으니, 이는 포도주 위에 뜬 거품을 벌레에 비유한 것이다. 옛사람의 글과 시에 기록된 부의 중 어떤 것은 진짜 부의주가 아닌 다른 술일 수도 있다.

그래도 중요한 것은 부의주는 계속 있어 왔다는 것이다. 사라지거나 없어지는 일 없이. 앞에서 인용한 것 중 부의주가 아닌 것이 있다고 한들, 부의주가 정말로 오랫동안 사랑받아 온 술이라는 것만은 틀림없는 일이다.

부의주 만들기

부의주는 어떻게 인간 역사와 함께하게 되었을까. 만약 《예기》 기록이 맞는다면 부의주의 역사는 줄잡아 3천 년을 넘는다. 하지만 술의 이름만 있고 만드는 방법은 실려 있지 않으니, 좀더 후대 기록을 뒤져볼 수밖에 없다. 조선 시대 최대의 백과사전 《산림경제》에는 당연하게도 부의주를 만드는 방법이 실렸는데, 《고사찰요(攷事撮要)》*조선 명종 때 어숙권이 일상생활에 필요한 사항들을 모아 엮은 책에서 인용한 것으로 되어 있다.

> 부의주(浮蟻酒)는 찹쌀 1말을 쪄서 그릇에 담아 식히고, 물 3병을 팔팔 끓여 식힌다. 먼저 누룩가루 1되를 물에 탄 다음 찐 지에밥과 섞어서 독에 넣어 사흘 밤을 재우면 이내 익는다. 맑게 가라앉은 뒤에 약간의 주배(酒醅, 거르지 않은 술)를 띄워서 쓰면 마치 하얀 개미알이 동동 뜬 것 같고 맛은 달고도 톡 쏘아 실로 여름철에 쓰기 알맞다.

《음식디미방》에 실린 부의주 만드는 법을 보자. 만드는 방법을 보면 알겠지만, 무척 간단하다.

> 찹쌀 1말을 깨끗이 씻어 찐 다음 그릇에 담아 식힌다. 물 3병을

끓여 차게 식힌 후 누룩가루 1되를 풀어 독에 넣는다. 3일 후면 익어서 맑게 되고 밥알도 위로 뜬다. 술맛이 독하고도 달아 여름 철에 사용하기 좋다.

부의주를 만들려면 쌀을 무척 깨끗하게 씻어서 녹말을 없애는 것이 관건이지만, 괜찮은 누룩만 있다면 쉽게 담글 수 있고 사흘 만에 완성 되며 밥알도 떠오른다. 그러면서도 달콤하고 진한 술이다. 이렇게 준 비가 간단하고 만들기 쉬웠으니, 정말 오래된 술이었을 수도 있겠다. 먼 옛날 중국 경전에 실린 부의주가 어쩌면 지금의 부의주와 크게 다 를 바 없을지도 모르겠다. 그렇다 해도《음식디미방》의 부의주 만드는 법이 아주 간단한 것은 사실이다.

그런 의미에서《산가요록(山家要錄)》*조선 세종 때 어의 전순의가 지은 요리서에 나오는 부의주 만드는 법을 소개해 보겠다.《산가요록》의 방법은 앞서 소개한《음식디미방》과 거의 비슷하지만, 의외의 재료가 하나 들어가 니, 바로 잣이다. 그것도 꽤 많은 양이 들어갔다.

멥쌀 5되를 푹 찐 다음 식으면 좋은 누룩가루 1되와 잣 1.5되를 함께 찧어 술을 빚는다. 6~7일 되어 술이 익으면 좋은 청주 2병 을 붓고 2~3일 동안 둔다. 익은 뒤에 술동이에 담아서 임의로 먹 는데, 넉넉하게 먹을 수 있다.

지금도 그렇지만, 잣은 당시 더더욱 귀한 식재료였다. 그런 귀한 재료를 아낌없이 넣어서 만든 술이라면 당연히 보통 술이 아니었다. 더군다나 술이 어느 정도 익은 다음에 일부러 좋은 청주를 두 병이나 집어넣는다. 발효를 촉진하고 더 맛있는 술을 만들려는 방법이지만, 그냥 마셔도 맛있는 고급술 청주를 재료로 삼은 것이고, 그렇다면 이렇게 만들어진 《산가요록》의 부의주는 정말로 최고의 고급술이었다.

　실제로 이 레시피를 그대로 따라해 본 이들의 평에 따르면, 술 표면에 잣기름이 둥둥 떠올라 깔끔하지 않았다고 한다. 그렇게 떠오른 기름방울을 보고 개미가 떠오른 것 같다고 생각한다면 원래 이름 부의주에는 부합하겠지만 말이다.

　한편 이보다 훨씬 나중인 구한말에 만들어진 《조선무쌍신식요리제법》에는 이제까지 소개한 방법보다 훨씬 세련되면서도 좀 더 자세하게 설명이 된 부의주 제조법이 수록되어 있다.

　먼저 끓여 식힌 물 3병에 누룩가루 1되를 먼저 물에 풀어 하룻밤을 지낸다. 그리고 찹쌀 1말을 잘 씻어 밥을 찐 후 그릇에 담아 식히고 누룩을 체에 내려 찌꺼기는 버리고 찐 밥과 함께 잘 버무려 독에 넣는다. 독에 넣은 지 3일이면 먹을 수 있다. 술이 익어서 맑게 된 뒤에 밥풀을 조금 띄우면 개얌(개미)이 뜬 것 같고 맛이 달고 씩씩하고(강하고) 여름철에 빚기 좋다. 누룩가루를 물에 하루쯤 담갔다가 걸러서 쓰는 게 비법이다.

　앞서 《음식디미방》에 실린 부의주 만드는 방법과 거의 비슷하지만,

훨씬 상세하게 만드는 요령을 알려 주고 있다. 가장 마지막에서 누룩 가루를 하루 불려 두라는 것도 요즘 식으로 말하자면 아주 훌륭한 꿀 팁이다! 이 방법이라면 초짜라도 부의주를 만들 수 있을 것 같다. 물론 좋은 누룩과 철저하게 살균이 된 물, 항아리 등등이 필요하겠지만 말이다.

한편 1920년 당시 개미의 발음이 개얌이었던 게 재미있다. 아마도 이 레시피를 본 수많은 사람이 용기를 얻어 부의주 만들기에 용감하게 도전했으리라. 부디 누룩의 정령들이 그들의 용기에 부응해서 열심히 발효시켜 주었기를 기원한다.

하지만 이 레시피에서도 확인할 수 있듯이, 부의주의 가장 큰 특징이자 정체성은 바로 동실동실 떠올라 있는 밥알이었다. 발효되어 삭은 쌀알이 위로 떠오르는데 식혜와 비슷한 것이다. 그런데 이 밥알을 표현하는 방법은 다양했다. 조선 시대 선비들은 한자를 써서 개미(부의) 혹은 떠 있는 나방이라고 표현했고, 한글로는 술 구더기라는 표현을 쓰기도 한다. 그래서 일부러 술을 완성한 뒤 특별하게 밥알을 띄우는 공정이 있었다. 아주 질 나쁜 술집에서는 막걸리에서 가라앉은 탁한 부분은 내버려두고 맑은 부분을 떠낸 뒤, 그 위에 밥풀을 띄워 부의주인 양 내놓은 일도 있었다고 한다. 이것은 신문에 실릴 정도로 꽤 널리 벌어진 속임수였던 모양이다. 그럴 수 있었던 것은 그만큼 많은 사람이 동동주와 막걸리를 제대로 구분하지 못하고, 심지어 같은 술이라고 착각하는 일도 있기 때문이었다.

그렇다면 막걸리와 다른 점은 대체 무엇일까? 1967년 〈매일경제신

문〉에 따르면, 서민이 마시는 술 중 가장 고급술이 바로 동동주였다. 얼마나 중요하던지 시골에서 '그거'라고 하면 바로 동동주를 뜻했다고 한다. 그게 없으면 마시는 게 막걸리였고, 청주나 약주는 당연하게도 양반, 혹은 양반이 아니면서도 돈이 아주 많은 사람의 전유물이었다.

그리고 현대가 되면서 부의주는 동동주라는 새 이름을 얻는다. 막걸리가 막 걸러서 만든 술이란 말에서 나왔다는 소문이 있는 것처럼, 부의주는 술 표면에 쌀알이 '동동' 떠 있었으니 동동주라고 이름 붙여졌을 것이다. 1953년 신문소설에는 동동주를 마시는 이야기가 나온다. 1959년이 되면 태백산맥에서 화전을 일구고 사는 사람을 취재하면서 산나물과 토끼고기, 도토리묵을 차려놓고 동동주를 마시는 화전민의 축제를 기록하고 있으니, 《조선무쌍신식요리제법》이 출간된 지겨우 20년 뒤가 되면 이미 동동주라는 이름이 부의주를 대신했던 것같다.

부의주, 이제 동동주는 비슷한 술인 막걸리와 함께 현대사의 풍파를 온몸으로 받아낸 술이기도 하다. 이 책에서도 소개했지만, 옛날에는 정말로 많은 술이 있었다. 조선 시대에는 집, 특히 양반 집안에서 가양주를 만들었다면, 근현대 들어서는 팔아서 돈이 되니까 술을 만들었다. 하지만 그 모든 술이 된서리를 맞게 된 것은 전쟁 그리고 군사 정권 시대이다.

이즈음에는 식량난이 계속됐다. 사람이 굶어 죽는데 술을 담글 여유가 없었던 것은 당연했고, 곡식을 아끼기 위해 밀가루를 먹으라고 권장하던 시기였다. 도시락으로 쌀밥을 싸 가면 학교에서 손바닥을 맞고, 그걸 속이려고 잡곡밥을 밥 위에 살짝 덮어서 가져갔다가 다시 들키곤 손바닥을 맞아야 했던 때였다. 그 시기에 쌀로 술을 빚는다는 것은 불가능했다. 그러니 밀가루로 동동주, 혹은 막걸리를 만들었는데, 직접 만들어 본 사람의 경험담에 따르면 밀로 만든 막걸리는 훨씬 빨리 발효되고, 조금 탁하며 새콤하다고 한다. 쌀 막걸리가 좋으냐 밀 막걸리가 좋으냐는 각자 개인의 취향이니 뭐라 말하기는 어렵다. 밀 막걸리가 발효가 빠른 만큼 상하기 쉽다는 단점이 있지만, 요즘에는 냉장 시설이 발달했으니 괜찮을 것이다.

하여간 이런 암울한 시대에도 사람들은 줄기차게 술을 만들어 냈다. 1969년에는 전국에 양조장이 2,582개에 달한다고 한다. 하지만 이것이 다 아름다운 전통이라고 할 수는 없었다. 지역 토호들과 국회의원이 손잡고 술을 만들어 비싸게 팔고 세금을 더 걷기 위해 마구 술을 만들어 냈으니, 이렇게 1950~1960년대는 술의 야만 시대였다. 마구잡이로 만드니 제대로 맛을 낼 리가 없었고, 위생도 엉망진창이었다. 사카린이나 온갖 유해 물질을 넣고 만들기도 했다.

그러다가 박정희 대통령이 교시를 내리자 갑자기 다시 곡식으로 술을 만들 수 있게 되었다! 농사짓는 사람들에게 막걸리는 술이 아니라 밥 같은 것이라는 이유에서였다. 조선 시대와 똑같은 생각이라 하겠는데, 그 대통령이 시바스 리갈만큼이나 막걸리를 좋아했던 것도 이유였으리라.

이제 사람들은 쌀로 만든 막걸리에 이어 동동주 마실 것을 기대했다. 밀가루로 막걸리는 만들어도 동동주의 밥알은 만들 수 없으니 말이다. 물론 당시에도 몰래몰래 동동주를 담가 먹는 사람들은 있었다. 그렇게 몰래 담근 술이 밀주였다. 집에서 가족들이 먹으려고 밀주를 담가 먹는 것은 그래도 '귀여운' 축이었다. 1980년대에는 비닐하우스 공장에서 밀가루에 누룩을 섞어 동동주를 만들고, 이걸 민속 동동주라는 이름으로 무려 1억 3천만 원어치나 팔아넘겼다고 했다. 당시 시중 동동주의 90%가 이렇게 만들어진 가짜라고 했으니, 그때 사람들이 마셨던 동동주는 그야말로 불량 술이었던 것이다.

1991년에 이르러 주류제조면허제도가 대폭 개방됐다. 1991년 11월 1일, 서울탁주제조협회에서 쌀 100%를 사용해서 동동주를 만들었으니, 사람들에게 크나큰 인기를 끈다. 당시 750ml 가격이 410원이었는데, 지금 가격을 생각하면 물가의 가파른 상승을 새삼 느끼게 한다. 이때부터 이곳저곳에서 많은 회사가 동동주 혹은 막걸리를 만든다. 그리고 사람들은 마침내 제대로 만든 동동주를 즐길 수 있게 되었다. 도중에 사카린을 넣어 만들었다고 해서 큰 소동이 벌어지기도 했지만 말이다.

여러 동동주 중에서도 경기 동동주는 경기도 무형문화재로 제조기능자가 지정됐고(정작 기능자는 경북 안동 출신이다), 아무튼 그래서 질 좋은 동동주를 돈만 있다면 어디서나 사 먹을 수 있게 되었으니 얼마나 다행한 일인가. 오래되고 좋은 것이 이토록 가까이에 있다니!

어떻게 소주를 금지할 수 있겠느냐

사치의 상징, 소주

지금 우리에게 소주는 서민의 술이다. 고달픈 하루를 거쳐 지친 사람들이 허름한 술집에 들어가 초록색 병을 기울이며 씁쓸한 맛을 즐기는 것이 바로 근래의 소주가 아니던가. 그런데 지금으로부터 수백 년 전의 소주는 지금보다 훨씬 고귀한, 사치의 상징인 귀하신 몸이었다.

> 신이 벼슬에 오를 때는 소주를 보지 못했는데 지금은 집마다 있습니다. 게다가 소주 때문에 목숨을 잃는 이가 흔합니다. 금주령을 내려야 합니다.

1433년, 이조판서 허조가 올린 말이다. 허조의 별명은 송골매 대감. 그 말대로 삐쩍 마르고 눈만 형형해서 볼품없는 인상이었다. 하지만 그의 몸에 깃든 유학의 정신과 국가에의 헌신은 그야말로 강철과 같았다. 원리원칙, 청백리, 그것이 옳지 않다면 왕이라도 굽히지 않고 중국이라도 가차 없이 비난했다.

흔히 꼬장꼬장한 사람을 대쪽 같다고 하는데, 허조는 그중에서도 강철 대나무라고 해도 부족함이 없다. 비록 현대 관점에서 보면, 케케묵은 것들도 꽤 있지만, 자신이 옳다는 바를 향해서는 눈 하나 깜빡하지 않고 달려들고 물고 늘어져 끝내 성취하고야 마는 그의 근성은 지금 보아도 대단하다. 그랬던 인물이 술을 좋아할 리가 없었다. 곡식을 낭비하며 사람의 정신을 혼미하게 해서 각종 사건 사고를 초래하는 악마의 음료 따위는. 게다가 그 술을 증류해서 더욱 진하게 만드는 소주라면 지옥 한가운데 버티고 있는 대마왕이나 사악한 괴수쯤으로 여겼을 것이다.

군이 허조가 언급하기 전에 한국 역사에서 최초로 등장하는 소주의 첫인상은 명예롭지도, 좋지도 않다. 고려 말 우왕 때 경상도원수이던 김진(金縝)은 왜적이 쳐들어오는 데도 기생들을 모아놓고 밤낮으로 술만 마시고 놀았다. 그 많고 많은 술 중에서도 특히나 소주를 좋아했다던가! 그런 와중에 부하들에겐 못되게 굴어 툭하면 때리고 욕설을 퍼부었다고 했다. 그리하여 붙은 별명이 소주도(燒酒徒). 소주 퍼마시는 무뢰배라는 말이다. 김진이 얼마나 인심을 잃었던지 왜적이 쳐들어와 병영을 불사르고 약탈을 하는데도, 사람들은 "소주도더러 싸우라고 해라."라고 비아냥댈 정도였다. 결국 적군이 쳐들어오자 김진은 혼자 달아났고, 군법으로 처벌을 받았다. 이렇듯 한심했던 김진의 가장 큰 위업은 이후 한국사에서의 소주 데뷔에 먹칠했다는 게 아닐까. 하지만 김진 이후로도 소주의 역사적 그리고 사회적 이미지는 바닥을 기었다.

소주의 초창기 역사에서 또 하나 빼놓을 수 없는 사람이 바로 조선 왕조 태조 이성계의 큰아들 진안군 이방우였다. 그는 고려 사람으로 태어나 자랐으며, 고려에서 밀직부사 등 여러 벼슬을 역임했다. 그러다가 아버지가 고려를 무너뜨리고 조선을 세우자, 당연하게도 첫 번째 왕자가 되었다. 그렇다면 세자로 책봉되어 다음 왕이 될 수 있겠지만 이방우는 그렇게 되지 않았다. 세자로 책봉되지도 않았고, 나서서 나랏일을 하지도 않았다. 그리고 1393년(태조 2) 12월, 40세의 나이로 덜컥 세상을 떠난다. 《조선왕조실록》에서는 진안군 이방우가 원래 술을 좋아했는데 소주를 많이 마시고 죽었다고 했다.

이방우는 아버지가 조선을 세웠지만 세자 자리에도 올라 보지 못하고 죽는 바람에, 실은 고려의 충신이었다느니 아버지와 인연을 끊었다느니 이런저런 뒷이야기가 있기는 하다. 그렇지만 이 책에서 중요한 이야기는 그가 소주를 먹고 죽었다는 것이다. 당시만 해도 고급술이었던 소주를 죽을 때까지 먹었다는 것은 이미 그가 당대의 금수저였다는 사실을 반증한다. 그렇지만 결국 본인도 죽고, 자식 역시 이성계의 첫 손자라는 배경을 써 보지도 못한 채 깊고 깊게 묻히고 말았다.

사실 이성계 자신이 큰아들이 아니었기에 꼭 이방우가 다음 왕이 되었으리란 법은 없다. 그렇더래도 아버지가 세운 나라에 등을 돌리고 그 모든 영광을 버리고 떠나갔다는 이야기가 사람의 심금을 울리는 무언가가 있는지, 흔히 소설과 드라마에서는 이방우가 마지막까지 고려에 충성심을 품고 있었다는 것으로 그려지곤 한다. 그러나 이방우가 또 하나 놓지 못한 게 있다면 바로 소주에의 사랑이리라.

이 사람이 술을 적당히 마실 줄 알고 능력도 출중했다면 조선의 첫 세자가 되는 게 순탄했을지도 모르고, 그렇다면 이후 조선의 후계자 구도가 배배 꼬이는 일도 없지 않았을까. 이미 벌어진 역사를 가정해 봐야 아무 소용없다고는 하지만, 이렇게 가정이라도 하지 않으면 역사를 대체 무슨 재미로 본단 말인가.

어쨌거나 유교의 나라 조선이었다. 정진 정명 큰아들, 적장자인 진안군 이방우가 후계자 경쟁에 나섰다면 다섯째 동생이나 일곱째 동생이라 해도 냉큼 세자 자리를 차지하기는 힘들었을지도 모른다. 그러나 소주는 진안군 이방우를 삼켰고, 여기에서 멈추지 않고 1412년(태종 12) 이방우의 아들 순녕군 이덕근도 아버지와 마찬가지로 술을 퍼마시다가 죽었다. 이렇듯 왕자들이 먹고 죽었던 술은 이방우의 조카인 세종 때가 되면 시중에 널리 퍼져서 허조가 못마땅해할 지경이 되었다.

물론 세종 이전부터 사람들은 소주를 좋아했다. 당대 최고의 말썽꾸러기이자 세종의 형인 양녕대군은 온갖 말썽을 부리다가 세자 자리에서 쫓겨난 뒤 귀양을 갔는데, 그게 바로 태종의 마지막 재위년이자 세종이 즉위한 해인 1418년 6월 3일의 일이었다.

그가 귀양을 간 곳은 경기도 광주였다. 원래대로라면 계승자의 자격을 잃은 순간 강화도나 제주도로 귀양 보내어 사약을 받아도 이상하지 않은 처지였지만, 굉장히 후대해 준 조치였다. 이복동생과 조카를 몰살시킬 만큼 차가운 조선의 남자 이방원도 자기 자식에게만은 지극하게 따사로웠다. 그랬던 그가 양녕대군을 잘 대해 준 핑계는 평생의 사랑이자 철천지원수였던 부인 원경왕후 민씨였다. 당시 원경왕후는 가장 아끼던 막내 성녕대군이 일찍 죽고 나서 매일 울고 지냈으며, 양녕대군을 폐하고 충녕대군을 세우는 데도 극심히 반대했다. 그래서 태종은 '양녕대군을 멀리 보내지 않는 것은 중전(원경왕후)이 자주 소식이나 주고받으라는 것'이라고 핑계를 댔다. 하지만 이건 핑계일 뿐, 태종도 원경왕후도 큰아들이라면 껌벅 죽는 사람들이었다.

바로 다음 날, 태종은 소주와 약주, 소합원과 청심원 등등 온갖 귀한 술과 약들을 바리바리 싸서 귀양 간 양녕대군에게 보내고, 어의까지 같이 보낸다. 양녕대군의 병을 치료하기 위해서였다. 과연 무슨 병이었으려나. 아무리 자기 탓이라곤 해도 세자 자리에서 쫓겨난 충격은 분명 컸을 테니 화병이라도 들었을까.

그런데 왜 태종은 양녕대군에게 소주를 보냈을까? 그야 물론 소주는 마시는 음료인 동시에 약이었기 때문이다. 먼 후대의 이수광은 《지봉유설》에서 '소주는 약으로 쓰지, 사람이 마시면 감당하지 못한다'라고 했다. 그래서 단종이 갓 즉위했을 무렵, 황보인, 김종서 등 신하들은 왕이 어리고 몸이 약해서 걱정된다며 소주를 마시라고 권하기까지 했다. 고작 열한 살에게 소주를 먹인다니 깜짝 놀랄 수도 있겠지만 그때는 그랬다. 그리고 양녕대군은 소주를 약으로 먹지 않았고, 대형 사고를 친다. 이제까지 늘 그래 왔던 것처럼 말이다.

1422년 겨울, 양녕대군은 마을 사람들과 술판을 벌였는데, 소주를 너무 많이 먹이는 바람에 죽는 사람이 나왔다. 이것만으로도 큰일이거늘, 당시는 국상 중이었다. 그해 여름 태종이 승하했던 것이다. 그런데도 양녕대군은 잘못했다며 싹싹 비는 대신 동생이자 왕에게 대들었다.

소신(小臣)과 전하의 사이가 이로부터 소원(疏遠)해질 것입니다.

이처럼 불효와 불충과 예의 없음을 트리플 크라운으로 달성한 양녕대군이었고, 대사헌이 나서서 국문하자고 주장할 정도였다.

그런데도 세종은 형을 용서하고, 가끔 소주와 반찬을 보냈다. 이번의 소주는 약이 아니라 마시고 즐기기 위한 용도였다. 이후로도 양녕대군은 술을 자제하지 않고 크고 작은 사고를 쳤다.

이처럼 소주는 말썽과 불효의 상징이나 다름없는 술이었다. 이렇게까지 사건이 끊이지 않은 것은 소주가 '이제까지 없었던' 독한 술이었기 때문일 것이다.

소주 만들기

먼저 소주의 기원부터 이야기해 보자. 이 책의 처음에 말했듯이, 술은 사람의 손을 거치지 않고서도 자연스럽게 만들어질 수 있었다. 약간의 물과 재료, 적당한 온도만 맞으면 자연 발효가 가능하기 때문이었다. 처음에는 과일, 그다음에는 곡물을 재료로 인류는 술을 만들어 즐겨 마셨다. 그런데 이렇게 만들어진 술들은 알코올 도수가 그렇게 높지 않아 아무리 애를 써도 20%를 넘지 않는다. 그러다 보니 변질해 식초가 되기도 쉬웠다.

새로운 길을 발견한 것은 페르시아, 아라비아 사람이었다. 그들은 액체를 끓이고 증기를 식혀서 더욱 진하게 만드는 증류 기술을 이용해

향수를 만들어 냈다. 그들 중 누군가가 '술도 한 번 증류해 볼까?' 하고 생각했을 테고, 그리하여 몹시 진한 술이 만들어졌다. 훨씬 더 순수하고 진한 술은 곧 술꾼들의 사랑을 받았고, 이내 전 세계로 퍼져 나갔다. 아라비아에서 시작된 이 술은 아락(arag)이라고 불렸고, 몽골 사람은 아르히, 혹은 아라길주(阿刺吉酒)라고 했다. 그리고 몽골의 군세가 동쪽으로 가서 고려를 침략하면서 아라길주도 함께 왔다.

고려 사람들은 이토록 쓸쓸하고 독한 술을 처음 보았겠지만, 이내 사랑하게 되었으며, 아라기라고 불렸다. 아라기는 이 땅에서 새로운 이름도 얻게 되었으니, 불을 써서 달여 만든 술이라고 해서 화주(火酒)라고도 했고, 방울방울 떨어지는 것을 모아서 만드는 술이라고 해서 노주(露酒)라도 했다. 좀 더 익숙하게는 소주라고 했다.

소주 만드는 방법은 과연 어떠할까. 가장 처음에는 몽골 사람의 방법을 그대로 써서 소주를 만들었는데, 이는 명나라 책인《본초강목(本草綱目)》*1590년 중국 명나라 이시진이 지은 약학서에 실렸을 정도로 가장 오래된 소주 고는 방법이었다.

짙은 술인 농주(濃酒)와 지게미를 섞어 시루와 소줏고리를 놓고 끓인다. 그러면 김이 올라오고, 이것이 식어서 이슬방울이 되어 똑똑 떨어지는데 이걸 모아 둔 것이 바로 소주가 된다. 소줏고리 위에 차가운 물을 올려 두면 증기가 빨리 냉각되어 더 많은 소주를 얻을 수 있게 된다.

간단해 보이지만, 이를 위해서는 소주를 달이기 위한 특별한 도구인 소줏고리를 만들어야 하고, 차가운 물을 계속 갈아 줘야 하니 꽤 번거로운 일이었을 것이다. 시간이 흐르자, 이곳 사람들은 알아서 자기네 상황에 맞게 소주 고는 법을 만들어 냈다. 중국과 고려를 불문하고 모두 맛있고 독한 술을 만드는 데 열심이었다. 대체로 곡식으로 먼저 술을 빚은 뒤, 그게 익으면 증류해서 소주를 고아 내는 식으로, 이 역시 《본초강목》 및 조선 책들에 실려 있었다.

1) 찹쌀이나 백미 혹은 기장이나 수수 혹은 보리를 시루에 찐다.
2) 누룩을 섞어 항아리에 넣고 술을 빚는다.
3) 7일이 지나 시루 위에 소줏고리를 걸어 쪄서 증류한다.

이것이 소주를 만드는 기본 방법이며, 몇 가지 더 지켜야 할 방법들이 있었다. 《농정회요(農政會要)》*조선 후기 실학자 최한기가 지은 농업서에는 소주를 골 때 써야 하는 장작의 종류도 정해 두었으니, 보릿짚이나 볏짚 그리고 참나무였다. 그리고 불의 세기는 일정해야 했다. 또 증류한 술을 식힐 때 쓰는 찬물을 빨리 갈아 주느냐, 천천히 갈아 주느냐에 따라 소주의 양과 농도를 조절할 수도 있었다. 《조선무쌍신식요리제법》에 따르면, 술을 담근 지 3~4개월 이후에 소주로 만드는데, 총 세 번을 증류해서 처음 내린 것은 달고 독하고, 두 번째 내린 것은 쓰고 덜 독하고, 세 번째 내린 것은 아무 맛이 없다고 한다. 그리고 세 번 내린 것을 모두 섞어서 소주라고 했다고 한다.

이렇게 소주를 만드는 다양한 방법이 있었는데, 여기에서 그치지 않았다. 이 땅 사람들은 소주를 더 잘 만들기 위해 많은 정성을 기울였다. 그 흔적은 지금까지 남아 있는 요리서에 고스란히 있는데, 사실 지금까지 남은 요리서 대부분이 소주를 만드는 법을 싣고 있을 정도다. 그런데 여기에서 끝나지 않고 맛없는 술로 (맛있는) 소주를 고는 법, 소주를 많이 고는 법, 사흘 만에 소주 만드는 법 등 각종 편법과 요령들이 잔뜩 실려 있다. 수백 년 동안 맛있고 독한 소주를 되도록 빨리, 혹은 되도록 많이 만들어 내려고 수많은 사람이 머리를 짜낸 수법의 정수가 모여 있는 것이다.

특히 소주를 많이 만드는 법은 《산림경제》나 《농정회요》에 모두 실려 있으니, 재미있어서 소개해 본다.

소주다출방(燒酒多出方)

찹쌀과 백미 각각 1되를 함께 섞어 깨끗하게 씻어 물에 담갔다가 가루를 낸다. 10사발의 물을 끓여 한번 끓어오르면 죽을 쑨다. 죽을 식혀서 누룩가루 4되와 섞어 하룻밤을 재운다. 이튿날 찹쌀 1말을 깨끗이 씻어 물에 담갔다가 찐 후 식으면 앞서 밑술에 섞어 항아리에 담는데 5일이 지나면 맛이 진해진다. 소주 20복자 (鐥, 동이)를 뽑으면 맛이 순하다.

소주를 많이 만드는 방법은 여러 요리책에 실렸지만, 내용은 거의 비슷하다. 거의 수백 년 동안 전해 내려온 가성비 있게 소주 많이 만드는 꿀팁인 셈이다. 과연 이렇게 만들면 소주가 많이 나온다는 말인가? 대체 어떤 원리로 많이 나온단 말인가? 아쉽지만 책에 설명은 없다. 하지만 여러 책에서 이 대목을 읽었을 때 수많은 술고래의 눈이 반짝였을 것이고, 자신이 책을 쓸 때도 적어 뒀을 것이다. 언젠가 자신과 남에게 도움이 될 날이 오리라고 믿으면서.

그런데 소주를 만들 때 필수품은 술을 증류하는 소줏고리였다. 흙으로 만들면 흙고리, 동으로 만들면 동고리, 쇠로 만들면 쇠고리였다. 그중에서 그래도 가장 사랑을 받은 것은 동고리였다. 정약용은 《목민심서》에서 구리로 만든 소줏고리를 쓰면 술이 2배나 더 나온다고 말했으니, 사람들이 좋아할 수밖에 없었다.

조선 시대 말기 소줏고리의 명인은 만리현(지금 서울역 뒤편)의 이성년이란 사람이었는데, 하나당 동판 25근을 들여서 만들었고, 1년에 30개를 겨우 만들었을 정도였다. 게다가 원나라의 책 《거가필용(居家必用)》*원나라 전반에 편찬된 종합 생활백과전서에 따르면, 보통 술을 증류해서 소주를 만들면 원래 술의 1/3 분량으로 줄어든다고 한다. 증류 기술이 발전하면서 더 많은 술을 만들 수 있었지만, 어쨌든 원래 술에서 양이 줄어들 수밖에 없었다. 이렇게 만들어진 소주는 당연하게도 대단히 고급 술이었다.

원래 술을 만들어 내는 것도 손이 많이 가는 어렵고 힘든 일인데, 이렇게 빚은 술을 증류까지 하면 양이 크게 줄어든다. 그런데도 더 맛좋고 독한 술을 만들어 내려고 인간은 온갖 번거로움과 귀찮음 따위는 감내하며 소주를 만들었다. 그나마 위안이라면 소주는 어떤 술로도 만

들 수 있었다. 맛이 없거나 시어진 술마저도 증류하면 소주가 된다고
했다. 즉 맛없는 술에 심폐소생을 하여 맛있고 독한 소주로 만들 수 있
었던 것이었다.

그렇지만 사람들은 이왕이면 더 맛있는 소주를 먹고 싶어 했다. 먹
을 것이 귀하던 시절, 무엇이든 먹어도 상관없을 것 같지만, 그래도 사
람은 맛있는 것을 바랐다. 옛날 요리서에는 '어떻게 하면 소주를 많이
만들 수 있는가'와 함께 '맛있는 소주'를 만드는 법도 실려 있었다.

가장 쉬운 방법은 '원래 맛있는 술'로 '맛있는 소주'를 만드는 법이
었다. 그래서 이 책의 다른 장에서 소개한 조선의 인기 술 삼해주로도
소주를 만들었으니, 이걸 삼해소주라고 했다.

그 외에도 갖은 감미료가 소주의 맛을 돋우는 데 동원되었다.《증보
산림경제》,《임원십육지》에는 소주를 받는 항아리의 밑바닥에 꿀을 바
르는 방법을 소개하고 있다. 그렇게 하면 독을 없애고 술맛도 좋지만,
그렇다고 꿀을 너무 많이 바르면 너무 달아지고 적게 하면 효과가 없
다고 적고 있다. 과연 얼마만큼이 적당할까? 그냥 소주에 꿀을 타면 안
되는 것일까? 여러 의문이 들지만, 지금으로부터 200년 전 요리서에
꼬치꼬치 따지는 것도 어리석은 일이란 생각이 든다.

다른 요리책에서는 소주를 달게 만들 때 꿀과 용안육, 대추를 구워
넣는 방법이 최고라고 했다. 숙지황이나 계피를 넣거나, 설탕을 넣거
나 앵두를 짜 넣기도 했다. 정말 소주를 맛있게 먹기 위해 갖은 방법을
궁리해 냈다는 감상이다.

같은 책에서는 소주를 받는 병 주둥이에 모시 조각을 놓고 계피와 설탕을 발라 두면 술이 달콤하고 향기롭다고 했고, 당귀를 넣으면 소주의 독이 줄어들고 맛도 좋아진다고 했다. 재미있는 것은 색깔 있는 소주를 만드는 방법이다. 소주에 자초(紫草)를 넣으면 자주색 소주가 되고, 치자를 넣으면 노란색 소주가 된다. 사람들이 가장 좋아했던 것은 홍소주로, 주로 궁궐에서도 만들어 하사하는 귀한 소주였다. 이 밖에도 고구마나 메밀, 귀리로 빚은 특이한 소주도 있었으니, 하여간 사람들은 만들 수만 있다면 갖은 재료로 어떻게든 소주를 고아 내린 것 같다.

그중 가장 기이한 것을 하나만 소개하자면, 《조선무쌍신식요리제법》에 나오는 우담소주이다. 우담은 소의 쓸개를 말하는데, 실제로 소의 쓸개를 써서 만든 소주이다. 남의 쓸개가 몸에 좋다는 이유로 소주에까지 섞어 넣은 것인데 만드는 법은 꽤 간단하다.

1. 백소주에 소 쓸개를 더운 상태로 쏟아 넣고 꼭 봉해 둔다.
2. 봉해 둔 뒤 수십 일 만에 따르면 빛이 푸르고 향취가 대단하다.

우담소주를 만드는 다른 방법도 있었다.

1. 쓸개는 여름에 상하기 쉬우니 겨울에 몇 개 말려두었다가, 소주가 있을 때 쓸개 껍질을 벗기고 냉수에 넣어 둔다.
2. 설탕을 넣고 한데 끓여 받아서 부었다가 며칠 뒤에 먹으면 좋다.

대강 어떻게 만드는지는 알겠는데, 쓸개가 '더운 상태'라는 건 무슨 뜻일까. 살짝 데우거나 데친 상태일까? 아무튼 우담소주는 속에 아주 좋다고 하니 그야말로 약주였던 모양이다. 과연 맛이 있을까? 어떤 효험이 있기는 한 걸까? 왠지 의료기관 근처를 지나가면 무수하게 나붙어 있는 몸에 좋다는 기화요초의 선전 포스터를 보는 기분도 들지만, 인간은 몸에 좋다고 하면 무엇이든 입에 집어넣을 각오가 된 것 같다.

아무튼 소주는 많이들 약으로 사용했다. 소주를 약으로 쓴다고 하면 개소주를 떠올리는 사람도 있겠는데, 사실 개소주는 이름만 소주가 들어갈 뿐 술과는 아무 관련이 없다. 대신 다섯 가지 약재를 넣고 고아낸 진정한 약주(藥酒) 오향소주방도 있었다. 이걸 만드는 방법은 《임원십육지》에 실려 있는데, 정말로 갖은 재료를 다 넣고 만드는 술이었다. 그 방법을 소개하자면 다음과 같다.

1. 소주 세 단지에 재료는 찹쌀 5말, 고운 누룩 15근, 백소주(白燒酒) 큰 것으로 세 단지, 단향, 목향(木香), 유향(乳香), 천궁(川芎), 몰약(沒藥) 각기 1냥 5돈, 정향 5돈, 인삼 4냥을 각각 가루를 낸다.

2. 흰엿 15근, 호두살 200개, 붉은 대추 3되의 씨를 제거한다. 먼저 쌀을 쪄서 서늘하게 식히고 일상적인 방법으로 술을 빚되 주둥이가 있는 항아리에 넣고 밀봉하여 김이 새지 않도록 한다.

3. 발효되기를 기다려 물엿, 소주, 향료, 복숭아, 대추 등을 항아리 안에 넣고 입구를 봉하여 기운이 날아가지 않도록 한다.

7일에 한 번씩 뚜껑을 열어 다시 밀봉하고 49일이 되면 일반적인 방법으로 주자에 올려 술을 거른다. 1~2잔을 복용하고 절임 음식을 안주로 하여 술기운을 진정시키면 맛이 봄바람 같은 묘함이 있다.

7일에 한 번 뚜껑을 연다거나, 49일을 기다려야 한다는 것을 보면 술을 만든다기보다는 마법의 약이라도 만드는 느낌이다. 하지만 이렇게까지 재료를 잔뜩 넣었으니 확실히 약이 될 것은 같다. 과연 무슨 맛이 날지는 상상도 할 수 없지만.

군이 이렇게 약재를 넣지 않아도 소주는 약이었다. 뱃속의 차가운 기운을 없애 주고, 설사를 멈추고, 학질이나 화병, 독을 먹인 걸 없애 주며 대소변을 잘 보게 해 주고 종기에 효험이 있으니, 이는 소주가 양기와 불의 힘을 가지고 있기 때문이라고 했다. 소주를 마시면 홧홧한 기분이 들고, 실제로 주 내용물이 알코올이라 불이 잘 붙으니 불 속성인 게 나름 정확할지도 모르겠다.

이렇게 약이 되는 술이었지만, 도수가 워낙 높았기 때문에 위험한 술이기도 했다.

독하고 위험한 술

　사람들이 소주를 찾는 이유는 독해서였다. 그래서 옛사람은 소주를 내릴 때 일부러 고추를 쪼개어 소줏고리에 넣어서 소주에 톡 쏘는 맛을 첨가하기도 했다. 당연히 주도(酒道)에는 어긋난 일이라 '어떻게 이런 부도덕한 일을!'이라며 당대 사람들은 분개했다지만, 어떤 맛인지는 궁금하다. 하지만 이보다 더 심각한 것은 목정(메탄올)을 넣어서 파는 소주였다. 메탄올을 먹으면 피를 토하거나 눈이 멀거나, 심하면 죽기도 했다.

　(소주를) 많이 마시면 위와 쓸개와 염통이 상하여 수명이 짧아지고, 심하면 창자가 검어지고 위가 썩어 죽게 된다.

　다른 것도 아니라 요리책에서 이렇게 적을 정도라면, 소주가 위험한 술이라는 인식이 널리 퍼졌던 모양이다. 심지어 소주를 많이 마시면 입과 코로 푸른 연기를 내뿜으며 죽는다는 이야기까지 있었다.

　이렇다 보니 옛날 책들은 소주를 너무 많이 마신 사람들의 숙취를 풀어 주는 방법까지 소개했다. 소주에 취해서 인사불성이 된 사람에게 생녹두를 갈아 짜낸 물을 먹여 준다거나, 참외 꼭지에서 즙을 내먹는 것도 좋다고 했다. 다만 소주를 마신 뒤 냉수 한 잔을 바로 먹으면 속이 망가진다고 여겼다. 그 외에도 생강이나 마늘을 소주와 함께 먹으면 치질이 생긴다거나, 뜨거운 국물, 짠 것, 매운 것, 문어, 전복 등 마른 것들이 모두 좋지 않다고 한다. 신기하게도 지금 소주를 마실 때 안주로 삼는 것 대부분이 옛날에는 금기에 해당했던 것들이다. 시대가 변한 탓일까, 아니면 그만큼 인간이 맛의 극한을 추구해서일까?

다시 세종 시대로 돌아가자. 허조는 세종에게 소주의 나쁜 점을 아뢰고, 금지하자고 했다. 그러니까 금주법을 시행하자고 한 것이었다. 당연하다! 소주는 증류주이기 때문에 백성의 배를 채워야 할 곡식을 어마어마하게 낭비하는 주범이었다. 게다가 왕족과 귀족을 비롯한 수많은 사람의 생명을 집어삼키는 사회악이었다(허조에게는). 이를 막기 위해 지엄한 국법으로 술을 금지해야 한다고 주장하면서 허조가 예를 든 것은 소주를 처음 고려에 들여왔던 나라인 몽골의 일화였다.

"듣건대 원나라 세조가 금주법을 세우고 술을 옥 항아리에 넣었더니 술이 모두 새고 옥 항아리가 두 갈래 창(鏘)과 같아졌으므로 그 독을 대궐 밑에 두고, 여러 신하에게 보여서 경계하였으니, 그 술의 독기가 심하여 경계해 보임이 지극하옵니다. 엎드려 바라옵건대, 술을 과하게 먹지 못하게 하는 영을 내리면 거의 목숨을 잃는 데 이르지 않을 것입니다."

원나라 세조는 바로 그 마르코 폴로를 후원했던 쿠빌라이 칸이다. 분명 마르코 폴로는 칸의 마법사들이 마술을 부려 마유주 잔을 공중에 띄워 칸에게 가져다주었다고 했는데, 그럼 잔에 담긴 마유주는 술이 아니었단 말인가. 그리고 옥은 결국에는 돌인데, 그 돌을 녹이는 술이란 사실 술이 아니라 황산이나 왕수쯤 되는 게 아닐까. 그렇다면 사람이 먹고 무사할 리 없다. 이렇게 의문은 꼬리에 꼬리를 물지만, 허조가 말하고 싶었던 것은 결국 술을 금지하자는 것이었다. 하지만 세종은 현명한 왕이었다.

"비록 굳게 금할지라도 그치게 할 수 없을 것이다."

원래 세종은 술을 그리 좋아하는 사람이 아니었다. 그가 두 형 양녕대군, 효령대군을 밀어내고 조선의 세자로 봉해졌을 때, 태종은 "효령대군은 술을 전혀 못 하지만, 충녕대군은 잘 마시진 못해도 적당히 마시고 적당히 그친다."라고 자식들의 음주량을 평가했다. 그리고 세종은 술을 좋아하진 않았지만, 결코 술을 금지할 수 없다는 것을 알았다. 멀리 갈 것도 없이 그의 큰형이 술로 사고 쳤으니 말이다.

그래도 군건한 허조는 계속 금주령을 시행하자고 주장했다.

"법을 위에서 세우면 시행하기 쉽습니다!"

형님이 술을 못 끊어 골머리를 앓고 있던 세종으로서는 헛웃음이 나왔겠지만, 그러지 않았다는 데서 역시 세종은 좋은 임금이었다.

"허 판서의 말이 진실로 아름다우나, 그것을 금하기는 진실로 어렵다. 그러나 주고(酒誥)를 지어서 여러 신하를 경계함이 가하다. 집현전 제술관(製述官)을 데리고 오너라. 내가 장차 반포해 내려서 신하들을 경계하겠다."

이토록 허조의 말을 존중하고 신하들에게 술 조심을 하라는 경고문을 지어 보냈지만, 양녕대군을 비롯해 술로 벌어지는 사고는 끊이지 않았다.

그로부터 60여 년 뒤인 1490년, 세종의 증손자인 성종 21년의 일이었다. 사간 조효동은 언젠가 허조가 했던 말과 똑같은 건의를 했다. 세종 때는 그나마 사대부 집에서나 소주를 썼는데, 지금은 연회 때도 '모두' 쓰니 낭비가 너무 심하다며 금지하자는 것이었다. 성종은 "그럴까?" 하면서 주변 신하들에게 의견을 물었다. 그런데 하필이면 특진관이었던 손순효에게 물었다. 손순효가 누구인가! 당대 알아주는 천재이면서 병[壺]술을 퍼마시는 당대 유명한 술고래였다. 그런 손순효에게 "술을 금지할까?"라고 묻는다면 그러자고 말할 리 없었다! 차라리 물고기에 물 밖에 나가 살겠냐고 물어보는 게 낫지, 술을 너무나도 사랑하는 손순효에게는 잔인한 질문이었다. 어쩌면 성종은 그 모든 걸 다 알고서 손순효에게 대답을 요구했을 수도 있겠다. 그 순간 손순효는 퐁퐁 솟아나는 식은땀이 등줄기를 적시고 애간장이 뒤틀리는 듯한 고통을 맛보았을 것이다. 어떻게 답변하면 될까. 손순효는 깊이 숨을 고르고 조심스럽게 말했다.

"일일이 금지하기는 어렵습니다[難以一一禁之也]."

손순효는 무척 짤막하게 대답했다. 당연하다. 자신도 자제를 못 하는데 어찌 금주령을 주장하겠는가. 다행히 다른 신하들이 편을 들어 개인이 술 만드는 걸 하나하나 금지하긴 어렵다는 쪽으로 의논이 결정지어졌고, 이날 손순효는 강제 금주의 위기를 피하게 되어 가슴을 깊이 쓸어내렸을 것이다.

이후에도 소주는 널리 퍼졌으며 또 무수한 사람들의 생명을 집어삼

컸다. 소주는 공공의 적처럼 여겨졌고, 수많은 정치가가 소주를 없애거나 줄여야 한다고 주장했다. 정약용도 민가에 퍼진 소줏고리[酒甑]를 모두 압수해서 창고에 넣어 두고 도자기 만드는 곳에서도 소줏고리를 만들지 못하게 해야 한다고 주장했지만, 이것이 제대로 시행되는 날은 없었다.

그래도 정말 많은 사람이 소주 때문에 죽었다.《동의보감》에서도 소개하고 있는데, 소주를 너무 마셔 중독이 되면 빨리 옷을 벗기고 몸을 데굴데굴 굴려 토하게 만들거나, 따뜻한 물에 발가벗겨 담가 두고 계속 따뜻하게 해 줘야 한다고도 했다. 다만 찬물을 끼얹으면 곧 죽어 버린다는 무시무시한 내용도 있었다. 그 외에도 얼음을 부숴서 소주를 마시고 취한 사람의 입안과 항문에 계속 집어넣으라는 처방도 있다. 그렇게까지 해야 할까? 솔직히 말해서 이런 치료를 받느니 차라리 소주를 많이 마시지 않는 게 나을 것이다. 이 치료 방법이 과하다고 하기에는 너무나도 많은 사람이 소주를 먹고 세상을 등졌고, 사람들은 대처법을 생각하지 않을 수 없었던 것이다.

이처럼 기기괴괴한 이야기들이 가득하니 소주의 이미지가 나빠졌을지도 모르겠다. 아니, 원래부터 좋지 않을지도 모른다. 그러나 사람들은 소주를 사랑했다. 예나 지금이나 변함없이. 이제 소주가 독해서 싫다는 사람들이 많지만, 앞으로도 많은 사람은 소주를 사랑할 것이고 갖은 방법을 써서 맛있게 먹을 것이다. 인간은 독한 술에의 사랑을 그리 쉽게 포기한 적이 없었기 때문이다.

은잔을 늘려 대접을 만든 사람들

왕명을 어기는 대신 술잔을 늘리다

어이가 없지만 재미난 옛날이야기를 해 보자. 한 신하가 있었다. 글 짓는 재주가 빼어났으나 딱 하나 술을 너무 많이 마시는 버릇이 있었 다. 술 마시는 것이야 취미지만, 마시고 사고를 치거나 건강이 망가질 까 걱정이 된 왕은 신하에게 은잔을 하나 내린다.

"하루에 이 잔으로 세 번만 술을 마셔라."

그렇게 지엄한 명령을 내렸지만, 술 마시는 신하는 이 정도론 감질 이 나서 도저히 견딜 수 없었다. 하여 은장이를 불러 은잔에 망치질해 서 거의 세숫대야 크기가 되도록 잡아 늘렸고, 여기에 담아 술을 마셨 다. 당연히 신하는 고주망태가 된 채로 직장(왕궁)을 드나들었고, 화가 난 왕이 "감히 왕명을 어겨?"라고 꾸짖자 신하는 석 잔 마신 것이 맞 다며, 대접을 들어 보였다는 것이다. 처음부터 도자기로 된 술잔을 내 리면 됐을걸. 딴지를 걸어 보고도 싶지만, 그러면 또 그 나름대로 새어 나갈 구멍을 찾아낼 것 같다.

아무튼 여기에 왕의 이름과 신하의 이름을 굳이 집어넣지 않은 까 닭이 있다. 이 이야기는 실제 있었던 이야기가 아니라 민담 형식으로, 시대에 따라 주연의 이름이 바뀌기 때문이다.

세종(태종) 때에는 윤회, 성종 때는 손순효, 선조 때는 정철. 이렇게 시대별로 글을 잘 쓰고 재주가 뛰어나지만, 술을 많이 마시고 한발 더 나아가 사고를 쳤던 사람들이 이 민담의 주인공이 되었다. 그런데 사실 이 사람들은 굳이 이런 이야기를 지어내지 않아도 술 때문에 벌인 사고가 워낙 잦다.

윤회

가장 먼저 시대 사람인 윤회는 태종 시절부터 술 마시고 취해서 출근을 안 하는 바람에 순군옥에 갇힌 적이 있었다. 세종 2년 9월에도 종묘에서 제사를 지내는데, 술에 취해 넋을 놓고 있어 처벌하자는 말이 나왔다. 세종은 "윤회는 술 마시면 금방 취한다. 내가 불러서 야단치겠다." 하고 답했다. 실제로도 세종은 윤회를 불러 친히 야단을 쳤다.

"너는 총명하고 똑똑한 사람인데, 술 마시기를 도에 넘치게 하는 것이 너의 결점이다. 이제부터 양전(兩殿)에서 하사하는 술 이외에는 과음하지 말라."

이것이 아마도 세숫대야 전설의 시작이 아니었을까. 만약 이 말을 윤회가 잘 지켰다면 정확히 1년 뒤에 똑같이 취해서 잠들어 버리는 바람에 사고를 치지 않았을 테니까. 이때는 병조판서로 있던 조말생까지 같이 마시고 뻗는 바람에 왕명을 제대로 시행하지 못해 함께 혼이 났다. 그러나 이후로도 윤회는 술로 뻗어 버리는 사고를 많이 쳤고, 세종은 그때마다 윤회를 혼내면서 "이게 한두 번인가? 한두 잔만 마셔라."

라고 말했고, 이후 세종은 답답했던지 옆에 있던 김종서를 붙들고 왜 저렇게 임금의 명령을 안 듣냐, 하고 하소연하기도 했다.

그래도 꿋꿋하게 술을 사랑하던 윤회는 1436년(세종 18) 3월 12일 풍질을 앓다가 57세의 나이로 세상을 떠났다.

손순효

두 번째 인물은 손순효다. 그 역시 글 잘 쓰는 것으로 이름을 날렸고, 청렴하면서도 곧은 태도로 왕에게 바른말을 하는 신하였다. 하지만 이 장에 포함된 인물답게 술버릇이 나빴다.

성종 20년 2월, 손순효는 성종이 인수대비를 위해 치른 잔치에 참여했다가 술을 마시고 취해서 '배우처럼' 체통 없이 굴었다. 역시 다른 신하들에게 국문하자는 말이 들어왔지만, 성종은 들어주지 않았다.

"술에 취해서 그랬으니 용서하자."

또 불과 반년 뒤에 손순효는 지평(持平) 민이(閔頤)에게 왕이 하사한 술을 나눠 주며 '너(汝)'라고 부르고, 민이의 벼슬인 지평을 두고 놀리기까지 했다. 분명히 술을 주면서도 자기도 양껏 마시고 코가 비뚤어지도록 취했던 게 분명하다. 당연히 민이는 왕에게 이 사실을 고했다. 하지만 술에 너그러운, 혹은 손순효에게 너그러웠던 성종은 이를 덮어 두고, "취해서 실언한 것이다." 하였다. 역시 손순효는 잔뜩 취했던 게 분명했다.

《성종실록》의 사관은 손순효라는 사람을 논했는데 기인(畸人), 곧 별난 사람이라고 요약했다. 학문에는 뛰어나고 임금에게는 충심으로 잔소리하고, 갑자기 (취해서) 임금님을 걱정한다며 울고불고, 지방 근무 중에 임금이 계신 북쪽을 향해 절하고……. 그런데 이게 아부를 떠는 게 아니라 진심이라서 오히려 주변 사람들로서는 제정신인가 의심할 정도였다고 하니, 대놓고 괴짜였던 것 같다. 하지만 오히려 그랬기 때문에 성종은 손순효를 아꼈으니, 사심 없이, 비록 좀 이상하긴 해도 왕을 사랑하고 걱정했기 때문이다.

그러나 술 때문인지 늘그막의 손순효는 중풍에 시달렸고, 이 때문에 1493년(성종 24) 즈음에는 한동안 관직을 쉬었다. 그러자 성종은 내관 김처선을 시켜 선온(술)과 음식을 손순효 집으로 보내며 어찰(편지)도 보냈다. 대충 "네가 안 보이니까 쓸쓸하다. 많이 아플까 생각이 나서 특별히 너 먹으라고 보낸다. 한껏 즐겨라."라는 내용이었다. 이 일이 아니더라도 성종에게 손순효는 격의 없이 대할 수 있는 소중한 사람이었던 것 같다. 비록 술버릇에는 골치를 앓았지만. 그럼 왜 술을 보냈을까 싶지만, 손순효가 제일 좋아하는 선물이긴 했을 것이다.

한편 당대 권신이자 미식가이며 마찬가지로 술을 좋아하던 서거정도 손순효와 친하게 지냈다. 자주 손순효와 만나 시를 주고받았는데, 손순효의 호가 칠휴거사(七休居士)라서 서거정은 그를 곧잘 휴휴(休休)라고 부르기도 했다. 친한 친구에게 별명 붙여 주며 노는 일을 나이 든 할아버지들끼리 하고 있으니 그것도 나름 귀엽다고 해야 할까. 그리고 이 할아버지들은 함께 말술을 퍼마시곤 했다. 손순효가 대사헌에서 파직되었을 때 서거정이 위로하는 시를 지어 보냈는데, 그중 한 대목이 유달리 눈에 띈다.

그대는 일이 없어 쉼 없이 마실 텐데
知君無事飮無休
새로 담근 술 막 열고 용수를 질러놨으니
新醅秋開綠政篘
곧장 그대 찾아가 크게 한 번 마시려거든
直欲訪君成大酌
또한 의당 내 아내와 먼저 의논을 해야지
也宜先與細君謀

아주 작정하고 마시겠다는 뜻이 가득한데, 정말 손순효와 서거정이 함께 술을 마셨을까? 마셨을 것이다, 일 없어도 마시고 일 있어도 마시는 게 보통 술 좋아하는 사람들 아니겠는가. 게다가 손순효는 자타가 공인하는 말술(두주)을 마시는 사람이었다.

그 외에도 손순효는 평생 청렴함으로 이름을 날렸고 그래서 술상을 봐도 황두(黃豆), 고채(苦菜), 송아(松芽) 나물처럼 기름진 고기 없이 소박한 것으로만 안주를 차렸다고 했다. 물론 진정으로 술을 좋아하는 사람 중에는 술맛 가린다며 안주 안 먹는 사람이 있기도 하다.

그렇게 술을 마셔 댔는데도 손순효는 1497년(연산군 3) 71세의 나이

로 성종보다 늦게 세상을 떠난다. 놀랍긴 하지만 보통 사람은 그 정도
로 술을 마시면 급성 알코올 중독을 걱정할 수도 있는데, 그런 일은 없
었으니 체질이 무난했던 모양이다. 《소문쇄록》에 따르면 "좋은 소주
한 병을 무덤 앞에 묻어 달라."라는 게 손순효의 유언이었다고 한다.
술꾼답다.

정철

세 번째 인물인 송강 정철. 술고래 세 사람 중에서 가장 악명을 날린
것은 정철이 아닐까. 가장 후대 인물이라서 사료가 많이 남기도 했고,
그의 여러 작품이 수험에 나오면서 대대로 수많은 학생을 괴롭혔기 때
문도 있을 것이다. 그는 진실로 언어의 마법사였다. 〈관동팔곡〉 같은
것으로 악명이 높지만, 정철이 남긴 한글 시를 보면 참으로 언어를 마
음대로 주무르며 가장 아름답고 훌륭한 형태로 빚어내는 것을 볼 수
있다. 문학에 일가견이 없는 사람이 봐도 그러하다. 그가 지은 〈장진주
사(將進酒辭)〉를 보자.

> 한 잔 먹세그려 또 한 잔 먹세그려,
> 꽃가지 꺾어놓고 무진무진 먹세그려

한 번 읽어 보고 또 읽어 봐도, 수백 년 전에 지어졌다는 게 믿어지지 않을 만큼 말이 영롱하고 노래처럼 흐르며 읽는 이의 혀끝에 멋이 맴돈다. 이렇게 훌륭한 재능을 술 마시고 주정 부리며 글 쓰는 데 발휘한 걸 보면 땅을 치고 싶어진다. 그 모든 말썽을 부렸음에도 이 사람을 버릴 수 없었던 왕들의 마음을 이해할 수 있을 것도 같다.

그러나 정철은 이 재능으로도 용서받지 못할 만큼 어마어마한 원한을 샀다. 선비 천여 명이 연루되어 죽임당했다는 말이 자자한 선조 때의 사건, 정여립의 난을 처결하는 일을 정철이 맡았기 때문이다. 정철은 당파로 따진다면 동인이었고, 서인들을 철저하게 족쳤다. 그토록 아름다운 시구를 지은 사람이 어떻게 저렇게 잔인할까 싶게. 이 일로 처절하게 피해를 본 서인은 원한을 잊지 않아 정철의 이름을 그대로 부르지 않고 독철이니, 악철이니 하고 불렀다.

따지고 보면 정여립이 정말로 반란을 일으켰을까도 의문이고, 이렇게까지 크게 벌어질 일이었는지 알 수 없다. 아무튼 선조는 이 사건을 크게 벌였고, 정철의 숙청을 내버려두었다. 그래서 어쩌면 임진왜란 때 활약할 수 있을 인재가 많이 죽었고, 당파의 골은 깊어져서 전쟁 중에도 싸워 댈 만큼 사람들 사이의 골도 깊어졌다.

이렇게 정여립의 난에서 칼을 휘두르며 크게 활약했던 정철이 정치적인 출세를 누렸냐 하면 그건 또 아니었다. 손에 너무 많은 피를 묻혔고, 그 이상으로 본인에게 많은 결점이 있었다. 어쩌면 선조가 정철을 선택한 것도 바로 그런 이유가 아니었을까. 정철은 뛰어난 재능을 가지고 있었지만, 본인이 가진 약점이 많아서 얼마든지 이용하고 버릴 수 있는 사람이었으니까. 이런 점만 봐도 선조는 참 유능한 왕이었다. 그 유능함을 나라와 백성이 아니라 오로지 자기 자신만을 위해 썼다는 게 문제지만.

그렇다고 정철이 순진무구한 피해자였던 것만은 아니다. 정철에게는 분명 권력욕이 있었고, 이것은 윤회와 손순효도 마찬가지였을 것이다. 그렇지 않고서야 그렇게 술 먹고 사고를 치면서도 버틴 게 설명이 되질 않는다. 술을 좋아하는 만큼 권력도 사랑할 수 있고, 아름다운 글을 쓰는 사람의 마음도 좁을 수 있다는 것은 이미 수많은 문필가가 현실로 보여 준 바이다.

게다가 원래 정철은 나면서부터 굉장히 '금수저' 집안이었다. 큰누나는 인종의 후궁 귀인 정씨였고, 둘째 누나는 계림군과 결혼해서 오천군부인(烏川郡夫人)이 되었다. 그런 인연 덕에 정철은 어릴 때부터 궁궐을 드나들며 훗날 명종이 되는 경원대군과 놀았다. 그야말로 부와 권력이 보장되는 탄탄대로일 것으로 여겨졌지만, 인종의 빠른 죽음과 이어진 을사사화가 모든 것을 앗아 갔다. 계림군은 역모에 휘말려 몸이 찢겨 죽었고, 자식(조카)도 처형당했다. 정철은 어린 나이에 아버지와 함께 함경북도 정평으로 귀양 가게 되었고, 이후로도 정치적 파란이 이어져 큰형마저 옥사에 휘말려 죽었다. 그냥 은거하고 살면 좋았을까. 그러기에는 본인이 타고난 능력이 너무 출중했던가? 아니면 꿈이 너무 많았던가? 그것도 아니라면 마시고 싶은 술이 너무 많았을 수도 있다. 정철은 그렇게 몰락한 바닥에서부터 일어나 과거 시험장으로 나아가고, 27세의 나이에 장원급제하고 관직을 시작한다.

그리고 이쯤이면 다들 예상하지만, 정철도 다른 술꾼 신하들처럼 술을 지나치게 마시고 사고를 쳤다. 정철은 이미 선조 15년과 16년, 술 주정이 심하고 실성한다는 말을 들었으며, 벼슬자리에서 쫓아내야 한다는 건의가 들어올 정도였다. 차이가 있다면 앞에서 이야기한 윤회나 손순효는 임금이 각별하게 아끼고 챙겨 주었지만, 선조와 정철은 대단히 일방적인 정철의 짝사랑이었다. 그 결과물은 잘 알려진 〈사미인곡(思美人曲)〉과 〈속미인곡(續美人曲)〉이다.

역시 술버릇이 문제였다. 정철을 그나마 좋게 평가하는 《선조수정실록》에서도 정철의 지나친 술버릇은 부정하지 않고 있다. 술에 취하면 자기를 관리하지 못할뿐더러, 미워하는 사람은 상대방이 권력자이건 누구건 얼굴 맞대고 야단을 쳤으니 당연히 미움을 샀을 것이다.

당연히 정철을 좋아하는 사람은 정말 좋아하고, 싫어하는 사람은 많이들 싫어했다. 전자로는 율곡 이이, 오성 이항복이 있었고, 후자로는 이산해, 유성룡이 있었다. 당파 없이 두루두루 모두와 친했던 마당발 이항복은 친할 법하지만, 꼿꼿하고 고집불통이었던 이율곡과 정철이 막역한 친구였다니 정말 어울리지 않는다. 하지만 두 사람은 정말 친했다. 나이는 동갑이었지만 이율곡은 정철을 형이라 불렀고, 정철은 이율곡을 '막' 대했다. 정말 편안하게 '막' 대했다는 말이다.

살아서나 죽어서나 구도장원공이니 불교에 빠졌다느니 온갖 경외를 받는 동시에 증오를 받았던 조선이 낳은 최고의 천재 율곡 이이. 그의 뛰어난 천재성은 성격의 까탈스러움과도 정확히 비례 관계를 이루었는데, 신기하게도 송강 정철은 그런 율곡의 벽을 허물고 들어갔다.

그렇게 사이좋게 지낸 사람들은 정철과 율곡 외에도 우계 성혼, 구봉 송익필 등이었다. 성혼은 벼슬을 거부했던 유학자이고, 송익필은 서얼 출신 학자였으니, 공통점이라곤 하나도 없는 흰긴수염고래와 대머리독수리와 코끼리와 용의 친목 모임이었다고 할까. 과연 이 사람들이 모여서 뭘 하고 놀았을까 궁금하다. 술을 함께 마셨겠는가, 음악을 함께 즐겼겠는가. 조각조각 남아 있는 야사를 보면 송강 정철이 기생을 불러놓고 술 퍼마시면서 놀아 대면, 율곡을 비롯한 다른 사람들은 '검은 걸 가까이하면서도 검어지지 않는다'라며 잘 지낸 모양이다. 대체 어떻게 그랬을지 궁금하다.

아무튼 송강 정철은 율곡이 '형'이라고 부르면서 농담 비슷한 것을 건넬 수 있는 유일무이한 사람이었다(다른 하나는 성혼이고, 세 사람은 동갑이었다). 그뿐만 아니라 율곡 이이는 정철이 술을 너무 좋아해서 걱정이라며 송익필에게 편지를 보낼 지경으로 챙겼다. 정작 그 자신이 제일 먼저 세상을 떠났지만 말이다.

이후로 세월의 격랑이 찾아왔다. 정철에게 역사적인 명성과 세상의 증오를 안겨 준 정여립의 난이 벌어졌고, 임진왜란이 있었다. 이런저런 파란에 휩쓸려 파직된 정철은 평안북도 강계로 귀양을 가서 집 주변에 가시나무를 둘러치는 위리안치의 형벌에 처해졌다. 그런데도 전쟁이 벌어지자 유배지에서 풀려나 왕인 선조를 모시고자 달려왔다. 선조에게 이용당한 뒤 버림받았는데도 기꺼이 온 정철은 원래 있던 신하들이 모두 왕을 버리고 달아나는 와중에도 끝까지 남아, 횃불 하나 없이 비 내리는 밤길을 따라 달아나는 선조의 곁을 지켰던, 겨우 스무 명의 신하 중 하나로 남았다. 그리고 정철은 다시 관직을 받게 되었다.

그런데 또 술이 발목을 잡았다. 전쟁이 벌어져서 나라의 앞길이 불투명한 상황에도 정철은 술에 취해 회의에 나오지 않곤 했고, 이것은 서인에게도 동인에게도 비난을 받았다. 그래서 결국 전라도 관찰사로 부임하는데, 말이 좋아 관찰사이지 왜적이 가득한 땅 이곳저곳을 다녀야 하는 위험천만한 일이었다. 그때만 해도 전라도는 상대적으로 안전했지만, 정철은 여기에서도 술에 취해 있었다. 그러다 보니 당연히 제대로 일을 하기 어려웠다. 정철이 충청도에서 기생을 데리고 날마다 술에 취해 있다는 보고가 들어왔는데, 사실인지 알 수 없지만 그럴싸하다. 이미 강원도 관찰사를 지냈을 때, 각지 순찰 및 관광을 하며 〈관동별곡(關東別曲)〉이라는 아름답고도 기다란 가사를 지어 과연 일은 제대로 했을까 싶었던 적도 있었으니 말이다.

물론 정철이 전라도에 있을 때 아주 놀아 댄 것은 아니라서, 말을 먹일 군량을 마련하거나 병사를 준비하는 등의 일을 했다. 하지만 명나라에서 도착한 원군이 크게 지고 위세가 꺾였을 때, 다시금 일본군의 기세가 들끓어 오르려던 즈음, 정철의 부하 한 사람이 건의했다.

"병사를 이끌고 북쪽으로 갑시다!"

정철은 망설였다. 어쩌면 판단을 내리기 어려울 만큼 술에 취해 있었을 수도 있겠다. 결국 부하는 정철의 반대를 딛고 왕에게 직접 허락을 받아 고작 2천 명의 병사를 이끌고 북쪽을 향해 진군했다. 아무리 봐도 무모하고 위험천만한 행동이었지만, 그 부하의 이름은 권율이었다. 이후 임진왜란 3대 대첩 중 하나인 행주대첩이 벌어졌다.

물론 정철이 신중했던 것으로 좋게 생각할 수도 있지만, 이후로도 정철의 실수는 계속되었고, 1593년(선조 26) 12월, 59세의 나이에 술병으로 세상을 떠났다.

그런데 정철의 진정한 수난은 죽은 다음에 벌어졌다. 당파 싸움이 가속화되면서 그리고 정여립의 난이 물 위로 떠 오를 때마다 정철은 모든 나쁜 일을 벌인 원흉으로 여겨져 비난당하고 또 비난당했다. 동인의 일파인 북인이 득세했던 시절 정리된 《선조실록》은 그야말로 틈만 나면 정철을 욕하고 있는데, 〈졸기〉에는 아예 "성품이 편협하고 말이 망령되고 행동이 경망하고 농담과 해학을 좋아했기 때문에 원망을 자초(自招)하였다."라고 욕을 썼을 정도였다. 이후에 다시 정리된 《선조수정실록》이라고 하여 정철의 잘못을 말하지 않은 것은 아니다.

만일 그(정철)를 강호 산림의 사이에 두었더라면 잘 처신했을 것인데, 지위가 삼사(三司)의 끝까지 오르고 몸이 장상(將相)을 겸하였으니, 그에 맞는 벼슬이 아니었다.

그러게나 말이다. 살아 있는 동안 술이라도 자제했으면 좋겠는데, 그 천하의 구도장원공 율곡 이이도 못 말린 걸 누가 감히 말릴 수 있었을까. 생각해 보니 선조는 말렸지만 그리 적극적으로 말리지는 않았던 것 같다. 말려 봐야 안 들었겠지만.

술 잘 마시는 주당의 유전자, 오도일

글솜씨와 주량으로 시대를 풍미한 사람

1697년(숙종 23) 4월 22일, 숙종은 사직단으로 행차하여 기우제를 지냈다. 사직은 농사의 신들로, 농업 국가 조선에서는 이들에게 제사 지내는 일을 매우 중요한 일로 여겨 큰 제사(大祀)를 치렀다. 유교의 나라 조선에서 제사는 언제나 치러졌지만, 이 제사는 왕이 직접 집행하는 중요한 제사였다. 그리고 다른 신하에게도 저마다의 역할이 있었는데 이날 술잔을 담당한 작주관(爵酒官)은 오도일(吳道一)이었다.

그런데 당일 제사에 참여한 신하들은 눈을 의심했다. 사직단에서 올라 제사 예행연습을 하고 있는데 술을 날라야 하는 오도일이 코가 비뚤어질 정도로 취했던 것이다. 왕 앞에 기우뚱하질 않나 구역질을 하고 몸을 가누지 못해 비딱하게 서 있으며 허리띠가 비뚤어지기도 했다. 왕을 비롯한 신하들은 조마조마한 마음으로 오도일을 바라보았고, 그는 마침내 예상했던 대로 사고를 치고 만다. 신에게 바치는 음복주(飮福酒)를 바닥에 엎어 버린 것이다. 앞서 술을 엎질렀다가 본인은 물론, 집안 전체가 폭삭 망한 이세좌 사건이 떠오르는데, 그 일은 그나마 연회 때의 일이었고, 지금은 국가 중대 행사였다. 술에 취해 공무를 잘못 처리한 죄질로 본다면 오도일은 변명의 여지가 없을 큰 잘못을 저질렀다.

신하들은 당연히 오도일을 처벌하라고 목소리를 높였고, 이 모든 일을 눈앞에서 목격한 숙종도 황당해하기는 마찬가지였다. 게다가 마침 금주령을 내린 지 얼마 되지도 않았는데, 명색이 관리인 오도일이 취하도록 마신 것이다. "고작 며칠 술을 못 참냐?" 하고 숙종이 말하자, 오도일은 술 때문이 아니라 다리가 아파서 그랬다고 변명까지 했다. 결국 오도일은 이 일로 의금부 신세를 져야 했다.

이렇게만 본다면 오도일은 정말 술꾼에 구제 불능 인간 같지만, 놀랍게도 그는 빼어난 재주를 자랑한 그 시대의 이름난 명신 중의 하나였다.

오도일은 인조 때 영의정을 지낸 오윤겸의 손자로, 당당한 명문가 자손이었으며 본인도 훌륭한 글솜씨를 지녔다. 하늘은 두 가지를 주지 않는다고 했지만, 오도일에게는 여러 개를 주었으니 하나는 글솜씨고, 다른 하나는 엄청난 주량이었다.

먼저 오도일은 당대를 풍미한 인재로, 과거급제하고 최고 인재로 뽑혀 사가독서를 한 적도 있으며, 율곡 이이의 문묘배향 등 당대 굵직한 사건에 참여하며 정치의 소용돌이 한가운데에 있었다. 이런 인물을 고작 술버릇 고약한 것 하나로 폄하하는 것은 좀 미안해지는 일이다. 그렇지만 정말 심했던 것도 사실이었다.

1676년(숙종 2) 3월 14일, 실록을 정리하는 사관을 뽑을 때 오도일이 물망에 올랐지만 반대 목소리도 만만치 않았다.

오도일은 일찍이 마음의 병이 있어, 정신이 몸에 붙어 있지 않습니다.
吳道一夙嬰心疾, 神不附體

왜 정신이 몸과 분리되어 있는가. 당연히 술 때문이다. 결국 이 일로 오도일을 추천했던 사람이 파직을 당하기까지 하는 큰 벌을 받았다. 나라의 역사를 정리하는 중요한 일이었으니 신중히 처리하는 것은 당연한 일이었다.

어쨌든 하늘은 오도일에게 너무 많은 것을 주었으니, 빼어난 글솜씨도 주었다. 이후로 오도일은 두각을 나타내어 자주 중책을 맡았고, 숙종 6년에 왕은 오도일을 특별히 칭찬하기까지 했다.

요즈음 경연 가운데 그대의 문학을 보니, 다른 사람보다 탁월하였다.

세상에 이만큼 커다란 영광이 또 있을까. 사실 숙종 같은 속 좁은 왕이 칭찬하는 것은 꽤 놀라운 일이다. 한편 오도일은 이런 칭찬을 듣고서도 장단을 맞추는 대신, 공주의 저택을 짓는 데 너무 많은 돈이 들었다며 절제해야 할 것을 건의하는 강단이 있었다. 바로 현종의 셋째 딸이었던 숙종의 여동생 명안공주의 일이었다. 그 외에도 국사의 중차대한 일에 발언하거나, 암행어사를 도맡는 등 대활약했다. 그런데 그놈의 술이 문제였다.

하여간 오도일의 술버릇은 대단했다. 술이 들어가면 미친 듯이 소리를 질렀고, 아는 사람들의 이름을 불러 대며 욕하는데 말이 매우 더

럽다고 했다. 특히 같은 좌석에 있는 사람을 욕하는 일이 많았다고 했으니, 주변 사람이 싫어했던 것도 당연했다. 그래도 숙종은 오도일을 아끼고 보호했다.

이미 술을 가까이하였는데, 어찌 바른 예의를 바라겠는가?

어쩐지 포기의 냄새가 나는 인상이다. '원래 저런 이인 걸 어쩌겠나'라는. 하기야 이 책에 소개된 사람 중에서 왕명이 있어도 금주를 지킨 사람이 몇 명이나 될까?

그렇지만《숙종실록》에서 오도일에 관한 기록은 대단히 극과 극이다. 정확히 말하면 경종 때 정리된《숙종실록》과 영조 때 정리된《숙종보궐실록》내용은 아주 판이하다. 오도일이 살았던 숙종 시절은 거대한 환국의 시대였다. 뭐가 옳은지, 뭐가 그른지 따지지 않고 일단 당파로 나누고 개처럼 물고 뜯고 싸우는 혼탁한 시대였다. 아무래도 제정신으로 버티기는 어려운, 술 권하는 사회이기는 했다. 그렇다고 술 마시고 행패 부렸다는 게 잘한 건 아니다.

아무튼 서인이니 남인이니 인현왕후니 장희빈이니 파가 갈려서 서로 싸우던 와중, 오도일 역시 휘말려서 충청도 장성으로 귀양을 갔고, 그곳에서 돌아오지 못한 채 숙종 29년 2월 59세의 나이로 세상을 떠났다.《숙종실록》은 오도일이 죽었다고만 간단히 적었고,《숙종보궐실록》은 정식으로 오도일의 〈졸기〉를 써서 그의 죽음을 기렸다. 당연히 두 실록의 평가도 몹시 다르다.

먼저 《숙종실록》은 대단히 신랄하다. 오도일이 원래 방탕하고 몸을 단속하지 않는데, 늙어서는 더욱 방자하고 패악해 다시 사람의 도리가 없었다고 한 것이다. 한창 일할 때도 술에 취해서 큰 실수를 저질렀으니 평소에도 얼마나 버릇이 나빴겠는가. 여기에 더해, 귀양을 갔던 오도일이 저지른 무시무시한 일화도 기록하고 있다.

귀양지에서 오도일은 슬픈 나머지 오로지 술만 마시며 스트레스를 풀었는데(여기까진 괜찮다), 술기운에 입고 있던 옷을 훌훌 벗어 던지고 알몸으로 있었다는 것이다. 정말 그런 일을 저질렀을 것 같아서 무섭다. 또 오도일과 같은 당파인 사람이 곁에 두고 부리라고 어린아이와 관기를 보내 주었는데, 오도일은 술에 취해 이 두 사람의 옷을 다 벗기고 쫓아다니며 놀았다고 한다. 진짜로 그런 일을 저질렀을 것 같아서 무섭다. 그것뿐만이 아니라 자기를 만나러 온 사람의 옷까지 벗기려 들었다고 했다. 세 사람이 말하면 없던 호랑이도 생긴다는데, 옷 벗기는 이야기가 세 번이나 나오니 어째 그럴싸하게 들린다.

정말 옷을 벗었든 말았든, 오도일이 죽은 뒤 인현왕후가 다시 왕비가 되고 서인이 정권을 잡은 숙종 32년 8월 5일. 신하들은 오도일의 누명을 벗기고 복관시키기를 건의했고, 왕은 이를 받아들였다.

사실 오도일은 정말 많은 일을 했으니 여기서 오로지 술 이야기만 하는 것도 조금 미안하다. 하지만 주사가 워낙 심했기 때문에 그렇게 강렬한 인상이 남은 것도, 당대 사람들에게 원한을 산 것도 어쩔 수 없는 일이 아닐까. 술은 절제하고 작작 마셨어야 했겠지만, 혼란스러운 정국에 술도 안 마시고 제정신으로 있기에는 힘들었을 것도 같다.

그리고 이 책에서 이야기할 수 있는 오도일의 가장 큰 업적은 술 잘 마시는 주당의 유전자를 후대에 남겼다는 것이다. 이후로 세월이 흘러 그의 손자 오태증이 벼슬길에 올랐다. 할아버지에게 남들보다 술에 강한 체질을 물려받은 그는 숙종의 증손자 정조를 만나 강제로 말술을 퍼마시고 쓰러진다. 이것은 인연이었을까, 악연이었을까, 주연(酒緣)이었을까.

정조가 아까워했던 술, 삼해주

정조의 집안 내력

"상(常)이란 무엇인가?"

"응당의 뜻입니다."

"지나치게 먹고 지나치게 자는 것도 또한 상(常)이라고 하겠는가?"

"먹을 때를 당하여 먹고, 잘 때를 당하여 자야 할 것이니, 지나치면 상도(常道)가 아닙니다."

"배가 고플 때 어떻게 조절하고 혼미하여 넘어졌을 때 어떻게 한계를 정하겠는가?"

"마음에 항상 생각하여 스스로 지나치지 않게 하여야 합니다."

"천지의 사이에 태어나서 누가 능히 천성(天性)을 따르는가?"

"사람마다 모두 천성이 있으니 모두가 따를 수 있습니다."

참으로 철학적인 문답이다. 그런데 이때 물어보는 사람은 어른이었지만, 대답한 것이 이제 겨우 여덟 살인 어린아이라는 게 무척 놀라운 점이다. 여덟 살, 지금이라면 겨우 초등학교에 들어갔을 나이이다. 그런데도 사서삼경을 이해하고 어른도 대답하기 힘든 어려운 질문에 척척 대답하는 천재. 그가 바로 조선의 23대 왕 정조였다.

게다가 여기에서 소개된 문답은 일부에 지나지 않고, 이다음으로 계속해서 어려워졌다. 질문은 계속되었고, 대답하는 사람을 끊임없이 시험했다. 어떻게 하면 되겠느냐? 네가 잘 해낼 수 있겠는가? 너는 나를 속이겠느냐? 깊고 깊은 불신 속에 던져지는 거듭된 물음에서 정조는 막히는 것 없고 틀리는 것 없이 '정답'을 불렀고, 마침내 질문한 사람, 영조는 "잘 대답했다." 하며 기뻐했다. 그리고 그는 손자를 몹시 사랑하기로 마음먹었다.

불과 여덟 살의 나이에 국정철학을 논할 수 있었던, 조선 역사에서도 손꼽히는 능력의 왕. 그러나 할아버지가 아버지를 가두어 굶겨 죽였다는 '콩가루 집안' 내력. 실패한 첫사랑을 기억하며 안경을 쓰고 담배를 달고 사는 골초, 끊이지 않는 위장병, 어디서 배웠는지 알 수 없는 걸쭉한 욕설. 이 뒤죽박죽인 요소를 한데 뭉쳐서 사람 형상으로 빚으면, 이것이 바로 정조이다.

정조는 1752년, 당시 세자였던 사도세자와 혜경궁 홍씨 사이에서 태어났다. 왕의 손자이자 세자의 아들이었으니 축하받았을 것 같지만, 하필 형 의소세손이 세상을 떠난 직후에 태어났다. 영조는 갓 태어난 정조를 만나러 가지 않았고, 나중에 "내가 덜 사랑하는 건 아니다."라고 공개적으로 변명했을 정도였다. 게다가 아버지 사도세자와 할아버지 영조는 부자 관계가 아니라 원수 사이였다.

사실 두 사람이 처음부터 사이가 나쁜 것은 아니었다. 사도세자는 영조가 마흔 살이 넘어서 간신히 얻은 귀한 아들이자 다음 조선의 왕이 되어야 마땅할 후계자였다. 그래서 영조는 사도세자를 지극하게 사랑했으며, 온 나라를 뒤져 가장 좋은 것을 골라 마련해 줄 정도였다. 그렇지만 사도세자는 영조가 바라던 이상적인 아들이 되지 못했다. 이건 명백하게 영조의 잘못이었다. 이 세상의 모든 자식은 부모를 실망하게 만들기 마련이니까.

게다가 사도세자는 어렸을 때 나름 수재였지만, 당사자의 적성을 전혀 고려하지 않은 스파르타식 선행학습과 공부 뺑뺑이 속에서 정신이 무너졌다. 깊었던 사랑은 그만큼의 분노로 바뀌어 영조는 아들을 지독하게 다그쳤다. 그러자 사도세자는 깊은 마음의 병을 얻었고(여기까진 안타깝다) 주변 사람들을 마구 죽여 댔다(이러면 절대 안 된다). 이렇게 파탄 그 자체였던 부자 관계가 극적으로 변한 것은 바로 아들이자 손자인 정조의 탄생이었다.

정조가 자라나면서 본인의 천재성을 반짝반짝하게 드러내자, 영조는 자신이 바라 마지않았던 '이상적인 왕재' 손자를 지극하게 사랑했다. 영조는 아직 어린 손자를 데려다가 신하에게 천재성을 보이며 자랑하는 팔불출 할아버지 노릇을 했다.

그렇게 손자를 몹시도 사랑하면서 아들 사도세자는 여전히 미워했다는 게 문제였다. 영조는 사도세자를 죽여 버린 다음, 그 아들의 아들인 손자 정조를 후계자 세손으로 삼았다. 이 때문에 어떤 사람들은 정조의 뛰어난 자질이 오히려 사도세자의 죽음을 앞당긴 게 아니냐고 생각하기도 한다. 못마땅한(더구나 왕위를 잇기에 부적합한) 아들이 없어지면 아무 문제 없이 손자에게 왕위를 물려줄 수 있으니까! 물론 영조 본인은 아무 말도 하지 않았으니 정말인지 알 수 없는 노릇이다.

그런데 정조가 왕이 되기 전, 사도세자 말고 죽임당한 사람들이 있었다. 바로 사도세자의 다른 아들이자 정조의 이복형제였다. 은언군과 은신군. 정조보다 두세 살 어린 동생이었던 이들은 할아버지 영조의 손으로 머나먼 제주도로 귀양 보내어진다. 물론 손자들이 사치를 부렸다던가 돈을 안 갚았다던가, 하는 잘못은 있었던 것 같다. 하지만 그게 제주도로 귀양보낼 만큼의 큰일이던가. 결국 은언군은 병을 얻고, 은신군은 어린 나이에 제주도에서 병으로 죽고 만다. 실록 사관마저도 이건 그들의 잘못이 아니라고 안타까워할 정도였다.

술 먹이는 직장 상사

아무튼 그러했다. 아버지와 동생들이 죽임당하고, 그로부터 또 세월이 지나 할아버지 영조도 세상을 떠났다. 정조는 거칠 것 없이 그러나 아버지와 동생의 핏자국이 가득한 길을 지나서 조선 왕좌에 올랐다. '그 이후 오래도록 행복하게 살았습니다'라면 좋겠지만, 역모도 일어났고, 노론과 남인이 싸워 대는 등 골치 아픈 일은 끊이지 않았다.

여기에서 비롯된 스트레스 때문인지 정조는 술을 몹시 사랑했다. 때로 친구와 마시기도 했지만, 그보다 신하에게 마구 마시게 하곤 했다. 그런 의미에서 정조는 정말이지 최악의 직장 상사였다. 그래도 나름의 장점은 있었으니, 술로 벌어지는 사건 사고에는 대단히 너그러웠다는 점이다.

정조가 나라를 다스린 지 18년째인 1794년 10월 24일. 신하들은 왕에게 금주령을 건의했다. 금할 금(禁)에 술 주(酒), 술을 금하는 법이었다. 온 나라 안에서 술을 마시지 못하게 하고 만들지도 못하게 하라는 무시무시한 명령이었다.

왜 이런 명령을 건의했을까? 당연히 음주 문제만은 아니었다. 술을 만드는 재료는 무엇인가? 바로 쌀, 곡식이었다. 원래 밥을 지어 먹는 곡식으로 술을 만든다. 물론 제사 때도 술이 필요하다. 하지만 그냥 술이 좋아서 마시는 이들이 있었고 그들은 밥보다 술이 더 중요했다. 그 곡식을 가난하고 배고픈 사람들에게 먹여야 한다며 아니꼽게 생각하는 이들도 있었으니, 앞서 소개한 허조를 비롯한 정치가들이 그랬다. 그래서 금주령은 가뭄이 들거나 흉년이 들면 곧잘 내려지곤 했다. 당장 다음 봄에 뿌릴 씨앗으로 술을 담가 먹는 이들이 있다는 이유에서였다. 특히 정조의 할아버지인 영조는 술을 몹시 싫어해서 금주령을 아주 오랫동안 자주 내렸으며, 벌도 엄하게 내렸다. 그리하여 이제 장년이 된 정조에게 신하들은 금주령을 건의했다.

곡식을 낭비하는 술을 금지해서 백성들의 배를 부르게 해야 합니다.

대단히 멀쩡하고 타당해 보이는 제안이었지만, 정조는 반대했다.

삼해주가 이미 다 익었는데 이제 와서 빚어 놓은 술을 버리게 할 수는 없다.

그러니까 만든 술 버리기 아까운데 어떻게 술을 금지하란 말이냐? 못 하겠다! 이렇게 답한 것이다.

이 말만 들으면 몹시 파격적이다. 술이 아까워서 금주령을 반대하다니! 대체 정조는 얼마나 술을 좋아했던 것일까. 그리고 정조가 아까워했던 삼해주는 과연 얼마나 맛있는 술일까?

물론 이 말을 곧이곧대로 들을 것은 없다. 정조는 어차피 술이란 금지하기 어려운 거고, 요즘 같은 시대에 금지해 봤자 어리석은 백성이 나라의 명령을 듣지 않을 거라고 생각했던 것 같다. 실제로도 할아버지 영조 때 수없이 금주령을 내렸지만, 사람들은 술을 끊기는커녕 열심히 뒷구멍으로 술을 만들고 몰래 마셨다. 서울에서 술을 마실 수 없으니 지방으로 원정을 가서 마시기도 했다. 정조는 할아버지의 길고도 오랜 실패를 지켜보았고 그래서 인간의 끊이지 않는 술에의 욕망을 인정한 것 같다. 술맛을 알기 전이라면 모를까, 한 번 맛보면 잊을 수 없으니 굳이 금지할 것까진 없고, 너무 지나치게 하지 말자는 것이다.

정조의 의견이 타당하게 들리는 것과는 별개로, 삼해주라는 술이 궁금해진다. 대체 어떤 술이기에 임금이 '버릴 수 없다'라고 말했을까?

삼해주 만드는 법

삼해주(三亥酒). 이름만 들으면 울림이 근사하게도 들리지만, 뜻을 풀이해 보면 '세 마리 돼지의 술'이다. 왜 이런 이름이 붙었느냐 하면, 바로 이 술을 만들 때 돼지 셋이 필요해서이다. 돼지가 술의 재료로 쓰이는 것은 아니다.

우선 삼해주는 이름 있는 술 중에서도 굉장히 오래된 역사가 있다. 고려 중기 문인이었던 이규보가 '또한 삼해주 맛이 아주 훌륭하구나[況名三亥味殊嘉]!'라고 시를 지은 적이 있었으니, 줄잡아 수백 년 동안 이 땅 사람들은 삼해주를 마셔 왔다. 그래서인지 웬만한 옛날 요리책에도 삼해주 만드는 법은 꼭 실려 있는, 그만큼 유명한 술이었다.

조선 세종 때 만들어졌으며 현재까지 남아 있는 가장 오래된 요리책 중 하나인 《산가요록》에 소개된 삼해주 만드는 법은 다음과 같다.

> 정월 첫 번째 해(亥)일이 되면 찹쌀 한 말을 물에 불린 뒤, 곱게 가루를 내어 잘 찐다.
> 끓는 물 11사발을 부어 넣어 죽을 만든 뒤 잘 식혀 둔다.
> 누룩가루 7되와 밀가루 3되를 섞어 항아리에 담는다.

이렇게만 해도 충분히 맛있는 술이 만들어질 것 같지만, 전체 과정 중에서 겨우 1/3에 지나지 않는다. 그로부터 12일이 지나 다시 해(亥)일이 돌아오면, 두 번째 작업에 들어간다.

> 두 번째 해일에 백미 7말을 물에 담가 하룻밤 지낸 뒤 고운 가루로 만든다.

끓는 물 8병으로 죽을 쑤어 차게 식힌 뒤, 누룩 없이 예전에 만들 어둔 밑술 항아리에 섞어 담는다.

여기에서 또 12일이 지난 세 번째 해(亥)일에 삼해주를 완성하는 마지막 작업이 들어간다.

백미 12말을 물에 불려 가루로 만든다.
끓는 물 12병으로 죽을 쑤어 차게 식힌다.
첫번째 덧술에 섞어 밀봉한다.

이후 술이 익으면 이것이 바로 삼해주다.

이렇게 정월 초부터 만들어 버드나무 꽃이 피어나 솜털이 날아갈 즈음이 되면 비로소 익어 마실 수 있는 술이라고 했으니, 대략 4월 정도부터 마실 수 있는 술이었다. 그리하여 봄의 술이라는 춘주(春酒)가 삼해주의 또 다른 별명이었다. 다른 한편으로 맛좋은 술이라 해서 미주(美酒)라고 했고, 봄에 마시는 맛좋은 술이라서 춘료(春醪)라고도 했다. 이러면 삼해주라는 원래 이름보다 별명이 훨씬 더 많은데, 원래 술을 마시다 보면 정취에 따라 이름을 붙이는 일이 흔하지 않던가.

이렇게 낭만적인 면모에도 불구하고, 삼해주는 정말 만드는 데 손이 많이 가고 재료도 많이 드는 음료였다. 세 번에 걸쳐 덧술을 넣어 가며 발효시키기 때문에 그만큼 술맛이 진해지고 맛있어지지만, 곡식도 많이 든다.

가장 큰 문제는 사람들이 삼해주를 너무나도 좋아했다는 사실이다. 삼해주가 당시 사람에게 매우 인기 있는 술이었다는 것은 요리책에서도 확인할 수 있다. 조선 시대의 웬만한 요리서에 삼해주 만드는 법이 실려 있었다. 누구나 마시고 싶어 하니까 만드는 법도 널리 소개됐던 것이다.

이러한 삼해주의 인기는 조선 현종 때 만들어진 장계향의 《음식디미방》에서도 확인할 수 있다. 이 책에는 누룩을 만드는 법부터 백화주, 송화주, 시급주, 벽향주 등 웬만한 사람들은 듣도 보도 못한 신기한 술들을 만드는 법이 모두 실려 있는데, 삼해주만큼은 '그냥' 만드는 게 아니라 20말 분량, 10말 분량 만드는 법까지 실려 있다.

그래서 같은 책에 실린 다른 술들은 쌀 한두 되, 많아야 몇 말을 들여 소소하게 빚는 데 비해, 삼해주는 20말을 만들었고, 그 재료로 자그마치 쌀 17말이 필요했다. 1말을 대략 20리터로 잡는다면 무려 400리터 정도이다. 그렇게 대량으로 만들어 두고두고 마셔야 할 만큼 많이 필요했다는 뜻이다. 같은 책에 조선의 이름난 술로 많은 사랑을 받은 이화주도 고작⑦ 5말을 빚는 법이 실렸는데, 삼해주를 훨씬 많이 마셔댔기에 장계향은 대량으로 삼해주를 제작하는 레시피를 적어 두었을 것이다. 이처럼 조선 사람들의 삼해주 사랑은 진실로 어마어마했다.

새해가 되면 많은 집에서 삼해주 담그는 준비를 했을 것이다. 겨우내 먹을 김치를 담그는 것과 다를 바 없이 수고스럽고 힘든 일이었겠지만, 번거로움을 감수하고 만들 만큼의 맛이 삼해주에는 있었다.

그런데 이 장의 처음에서 정조에게 금주법을 이야기한 것은 음력 10월 24일의 일이고, 1794년의 이날을 양력으로 따지면 11월 16일이었다. 즉 겨울이었다! 원래대로라면 삼해주는 연초에 담가야 하는 술이거늘, 어째서 정조는 연말에 삼해주가 다 익었다는 말을 한 것일까?

아무 때나 먹고 마시는 삼해주?

답은 은근히 간단하다. 아무 때나 삼해주를 만들면 되는 것이다! 원래 삼해주는 만드는 작업이 복잡하고 재료도 많이 들어가며, 날짜도 지켜야 하는 복잡한 술이었다. 당연히 귀하기 어렵고 값비싸질 수밖에 없었다. 하지만 수요가 있으면 공급이 있고, 인간은 언제나 난관을 이겨 내며 편한 방법을 찾아내기 마련이다.

가장 먼저 조선 후기가 되면 쌀 생산량이 크게 늘어난다. 농민은 밭에 볍씨를 뿌리는 대신, 모를 키워서 논에 심는 모내기를 시작했다. 물이 많이 필요하지만, 벼가 튼튼하게 잘 자라 수확량이 늘어난 것이다. 그 쌀로 밥을 지어 먹을 수 있었고, 술을 담글 쌀도 많아졌다. 여기에 불을 지핀 것은 상업의 발달이었다. 술을 집에서 한두 병 만들어 먹는 것으로 그치는 게 아니라, 수백 개의 항아리에 들어갈 만큼 많이 만들어 뒀다가 다른 사람에게 팔고 그 이익을 챙기게 된 것이다. 그래서 삼해주는 상업용 대량 생산 체제에 들어선다.

삼해주의 생산지로 가장 유명한 곳은 지금의 마포 공덕이었다. 옛 이름이 삼개였던 이곳은 비록 사대문 안의 도성은 아니었지만 성저십리(요즘의 수도권)였고, 공덕은 그즈음 독막(甕幕)이라는 이름으로 더 많이 불렸다. 항아리를 만드는 곳이었기 때문이다. 《동국세시기》를 보면 3월 기사에서 "공덕의 옹막에서 천백(千百) 개의 항아리에 삼해주를 빚는데 이게 가장 유명하다."라고 했다. 여기에서의 술은 정확히는 소주를 말한 것인데, 삼해주로 소주를 만들곤 했으니 삼해주 항아리나 소주 항아리나 크게 다를 바는 없었다. 항아리 만드는 일이 한가해지는 겨울이 되면 그 항아리에 삼해주를 그득하게 만들었다. 그런데 항아리 말고도 큰 이유가 있으니, 바로 마포(麻浦)는 항구였다. 한강이 흐르고, 그 강은 바다로 이어진다. 그리하여 마포나루에는 전라도와 충청도, 경상도에서 서울로 보내는 세곡들이 배에서 내려졌고, 온갖 물류가 한데 모였다.

그만큼 사람들도 많이 모였다. 그렇게 배를 타고 온 선원들, 물건을 나르는 짐꾼들이 쉴 수 있는 주막 또한 많았다. 성호 이익도 "큰 술집(大酒坊)에 삼해주와 오병주가 있다."라고 말할 정도였으니 웬만한 술집에 삼해주가 '제조' 혹은 '납품'되었다. 어떤 삼해주는 마포에서 멀리 떨어진 곳으로 보내지기도 했을 것이다.

그런데 문제가 있었다. 아무리 많은 항아리가 있어 삼해주를 담가도, 언제나 삼해주를 먹고 싶어 하는 술꾼들의 수요량을 맞추려면 턱없이 모자랐다. 원래 삼해주를 만드는 봄은 당연하고, 여름에도 마시고 싶어 했으며, 가을은 물론이거니와 겨울에도 먹고 싶어 했으니까.

남은 길은? 언제나 술을 만들 수밖에 없었다. 1년 중 아무 때든 돼지날(亥日, 해일)만 잡아서 세 번에 걸쳐 술을 빚으면 모두 삼해주가 되기는 했다. 그러니까 사시사철 아무 돼지날이면 담글 수 있었으니, 앞서 정조의 이야기에 나온 대로 한 해가 저물어 가는 겨울 무렵인데도 삼해주가 익을 수 있었던 것이다.

그리하여 한강을 따라 졸졸 들어선 옹막에 그득한 수백수천 개의 항아리와 그 안에서 익어 가는 삼해주. 그야말로 술꾼들의 낙원이자 온 나라 안의 곡식을 빨아들이는 블랙홀이었다. 그러니까 유학자들이 삼해주라면 곡식을 잡아먹는 주범이라고 생각하는 것도 당연하지 않겠는가. 마포 공덕의 술 항아리를 보며 술꾼들은 입맛을 다셨겠지만, 어떤 사람들은 "저 쌀을 전부 온 나라 굶주린 백성에게 나누어 줄 수 있다면!" 하며 주먹을 쥐고 안타까워했다. 실제로 고종 때 신정왕후 조씨는 "곡식을 낭비하는 데 삼해주만 한 게 없다!"라며 꼭 집어서 말하기까지도 했다.

그렇게 미움을 받긴 했지만, 사람들은 또한 삼해주를 사랑했다. 워낙 삼해주가 좋은 술이어서인지 "나 오늘 삼해주 마셨다!"라고 자랑하며 시를 적는 문인이 많았다. 가장 먼저 고려의 이규보는 삼해주를 선물 받은 게 기뻐서 시까지 지었다.

> 쓸쓸한 집 적막하여 참새를 잡을 만한데
> 閑門寂寞雀堪羅
> 어찌 군후의 방문 생각이나 했으랴

豈意君侯肯見過

다시 한 병의 술 가져오니 정이 두터운데

更把一壺情已重

다구나 삼해주 맛 또한 뛰어났네

況名三亥味殊嘉

삼해주가 좋은 술이다 보니, 술 핑계로 약속을 잡기도 했다. 성종 대의 문신이던 소요재 최숙정은 점필재 김종직에게 술을 마시자며 시를 지어 보냈다.

항아리의 좋은 술은 해일이 세 번 경과했고 뜨락의 새 죽순은 몇 마디 자랐소

甕中綠蟻經三亥 階上新篁長數科

시로 에둘러 표현했지만 결국 삼해주가 익었고 안줏거리(죽순)도 마련되었으니 같이 마시자는 말이었다. 술을 좋아하는 김종직이 이걸 거부할 리가 없었다.

새 죽순에 맑은 술은 진정 저버리기 어려워라

新篁淸酒眞難負

다구나 우리들은 한가한 날도 많지 않는가

況是吾曹暇日多

그리하여 두 사람은 죽순 안주에 삼해주로 술판을 벌였고, 그 흔적은《점필재집》의 시구 두 수로 남았다.

그로부터 또 수백 년이 지난 다음, 이황과 함께 철학을 논했던 철학자 기대승도 삼해주의 매력에 빠져들었다.

좋은 술 삼해를 기울이고
美酒傾三亥
아름다운 나물 오성을 대하누나
嘉蔬對五星

여기에서 말하는 오성은 다섯 개의 별이 아니라 갖가지 맛의 다섯가지 나물을 뜻한다. 삼해주라는 술이 너무 좋다 보니 고기 한 점 없는 나물 반찬을 안주로 하면서도 흥겨울 수 있었던 것이다. 이처럼 많은 사람이 삼해주를 사랑했으니, 성리학을 뽀득뽀득 닦아서 만들었던 유교의 나라 조선이었지만 마포 공덕의 삼해주 공장을 움직인 것은 사서 삼경의 공자님 말씀이 아니라 음주의 즐거움이었다.

그렇기에 삼해주는 비싸긴 했어도 양반만의 술은 아니었을 것이다. 술을 담은 항아리가 그렇게나 많았으니 양반만 마실 리 없었다. 앞서 말한 대로 큰 술집에는 웬만하면 삼해주가 있었고, 돈만 있다면 장사 치는 물론이거니와 백성도 마실 수 있었을 것이다. 다만 백성은 삼해주를 마시고 시를 지은 뒤 문집으로 남기지 못했을 뿐이다.

분명한 것은 삼해주가 아까우니 금주령을 내리지 않으려고 한 정조는 그 먼 옛날 "지나치게 먹고 자는 건 상도가 아닙니다."라고 총명하게 말했던 여덟 살의 아이와는 달라져 있었다. 술은 조상에게 바치는 신성한 것이었지만, 동시에 방종과 낭비의 상징이었기에 옛 지도자들은 끊임없이 술을 규제하고 금지하려고 했다. 실제로 영조는 그렇게 금주령을 내렸다. 하지만 어른이 된 정조는 이제 술을 참을 수 없고 금지할 수도 없다는 사실을 깨끗하게 인정했다.

그런 의미에서 정조는 영조가 그렇게나 바라던 완벽한 왕재는 아니었다. 그게 사실이다! 영조는 불가능한 꿈에 매달려 자식을 망치고 손자마저 그렇게 만들 뻔했을 뿐이다. 자식에게 너무 지나친 기대를 하면 안 되는 법이니, 세상에 완벽한 것이란 없기 때문이다.

정조의 술버릇

앞에서 이야기했듯이 삼해주는 많은 공을 들여서 만드는 고급술이었다. 이처럼 공을 들여 만든 삼해주를 금주법 때문에 못 쓰게 된다면 정말로 슬프고 괴로운 일 아니겠는가. 정조는 그런 이유로 금주법을 반대했다. 사람들이 힘들게 만든 술을 다 버릴 순 없다는, 백성의 노고를 안타깝게 여기는 듯한 결정이다.

그렇다곤 해도 술의 이름과 만드는 시기를 대강 아는 것을 보면 정조도 만만찮게 술을 좋아했던 것 같다. 삼해주가 만들기 힘들고 복잡하단 것도 알고 있었고, 술이 아깝다고 여길 정도라면 본인도 삼해주를 마셔 보았을 것이다. 반면에 지독한 술 혐오자였던 할아버지 영조는 아플 때 신하들이 약으로 소주를 마실 것을 권하자 "물을 타야 하지 않겠냐."라고 하다가 결국 마시지 않다고 한다. 이 일화를 보면 영조는 술을 정말 싫어했던 것 같은데, 그에 비해 정조는 꽤 술을 좋아했던 것 같다. 그의 인생에 더께로 쌓아 올려진 고뇌와 고통을 생각하면, 술을 말로 들이켜는 것도 납득이 간다. 정조와 함께 술을 마셨던 정약용은 "왕이 술을 마시자 화색이 넘치고 목소리도 온화했다."라고 적었으니, 취기를 즐길 줄도 알았던 모양이다.

다만 정조는 술을 그렇게 많이 마시지는 않았을 것이다. 젊어서부터 위가 안 좋아서 늘 탈이 나고 죽을 며칠씩 먹어야 했던 인물이다. 술이 잘 받을 리 없을 것이다. 그래서 결국 정조의 술버릇은 본인이 마시는 것보다 남에게 '아주 많이' 퍼먹이는 것이 되었다. 그것도 왕의 권력을 남용해 가면서.

정조 16년인 1792년 3월. 봄이 찾아올 즈음, 나라의 내일을 책임질 성균관에서 시험이 있었다. 정조는 기분이 좋았는지, 좋은 성적을 낸 유생들을 불러서 만나고 술과 음식을 내렸다. 여기까진 괜찮다. 시험을 본 뒤 술을 내리는 것은 다른 임금들도 곧잘 한 유흥이었으니까. 문제는 여기서 술을 돌린 방법이었다.

"옛사람의 말에 술로 취하게 하고 그의 덕을 살펴본다고 하였으니, 너희들은 모름지기 취하지 않으면 돌아가지 않는다는 뜻을 생각하고 각자 양껏 마셔라."

'취하지 않으면 돌아가지 마라[不醉無歸]'라는 말은 원래 잘 먹고 가라는 덕담으로 사용되었다. 하지만 이어지는 정조의 행동을 보건대, 이는 덕담이 아니라 먹고 죽으라는 뜻이었다. 시험에 좋은 성적을 내어 왕에게 초대까지 받아 기뻐하는 햇병아리 유생들에게, 정조는 그의 주도면밀함과 집요함을 충분히 발휘해서 술을 돌리게 했다. 왕의 비서인 승지 가운데 특히 술자리에 익숙한 사람을 골라 잔을 돌리게 했고, 의정부, 정원, 호조 등 궁궐 안을 탈탈 털어서 있는 술을 몽땅 가져오게 했다. 특히 의정부의 잔을 가져오게 했는데, 잔이 꽤 큼직해서가 아니었을까. 그나마 나이 많은 사람들은 작은 잔으로 마실 수 있게 한 것이 마지막 온정이었다. 물론 젊은 사람이라면 가차 없이 큰 잔으로 마시게 했다. 그러면서 술잔을 돌리는 신하를 여럿 더 두어 빠짐없이 꼼꼼하게 술을 내렸다. 유생들은 빠르게 전멸했다.

"취하지 않은 사람이 없게 해라."라고 명할 정도로 정조는 신하를 취하게 하는 것을 좋아했다. 한두 잔 마시고 기분 좋게 취한 것을 두고 누가 뭐라고 하겠는가. 그런데 정조의 기준에서 '취했다'라는 건 그 정도가 아니라 인사불성이 되어 앉은뱅이가 되는 수준인 것은 아닌가 생각하게 된다. 술도 잘 마시지 못하는 정약용에게 '필통 원샷'을 강요한 것도 그랬고, 이날의 술잔치에서도 그랬다.

정조는 신하들에게 술을 내렸다. 계속 내렸다. 그런데 이런 처참한 술자리에서도 유전자의 힘은 빛을 발했다. 당시 해주 오씨는 집안 대대로 술을 잘 마시는 것을 유명했고, 그중에서도 대제학을 지낸 오도일이 유명했다. 그런데 그의 손자 오태증은 정조의 술자리에 불려 나와 이 아수라장 속에서 다섯 잔을 마시고도 취하지 않았다. 그러자 정조는 이렇게 말했다.

"마침 이 장소는 오태증의 조상인 오도일이 술에 취해 드러누운 곳이다!"

그리하여 오태증에게는 일부러 큰 잔 다섯 잔을 내렸다. 왕이 내리는 술인데 어찌 감히 거부할쏘냐. 오태증은 왕이 내린 술을 다 마시고 마침내 취해 쓰러졌다. 그리고 이 사실은 정조를 무척 기쁘게 했다.

"드러누워 있어도 무슨 상관이겠는가!"

그러면서 할아버지와 손자가 같은 장소에서 술에 취해 드러눕다니 훌륭한 미담이라고 말했다. 정조는 그렇게 말했지만, 과연 이것이 미담이라 할 것인가. 그리하여 다음 날 겨우 술에서 깬 오태증은 여러 잔의 술을 내려 준 임금의 은혜에 감사한다는 시를 적어 올렸다.

술을 더해 주는 넉넉한 은혜로 먼저 나아가 노력할 수 있게 되었으나
添杯優渥承先勖
글을 받을 재주가 아니라서 왕께서 고르신 게 부끄럽네
授簡非才媿聖掄

이랬던 오태증이 몇 년 뒤 왕의 부름에 술에 취해 가지 못했던 것은 정조 자신이 뿌린 씨앗이라고 해야 하나, 술고래 집안의 숙명이라고 해야 하나.

정조의 과음 사랑은 이것 말고도 나타난다. 정조 20년, 술에 취해서 길바닥에서 잠들었다가 체포당한 사람이 있었다. 나름 진사까지 딴 인물로, 이름은 이정용이었다. 그런데 술에 취해 노상에서 잠든 것도 창피한 일이거니와, 야간 통행금지도 어겼고, 또 잠든 곳이 하필이면 궁궐 담벼락이었다. 그러나 정조는 그를 처벌할 생각이 전혀 없었다.

"요즘 조정의 관료나 유생들은 주량이 너무 적어서 술의 풍류가 있다는 것을 듣지 못했다. 이 유생은 술의 멋을 알고 있으니 매우 가상하구나."

정조의 이 말을 들었을 신하들의 당황한 얼굴이 눈에 선하지만, 정조는 이정용을 처벌하기는커녕 오히려 상까지 내렸다.

정조에게 강제로 술을 받아 마셨던 정약용은 〈부용정 노래[芙蓉亭歌]〉에서 당시 정조가 이끌던 술판의 분위기를 꽤 자세히 적어 남겼다.

술 못 마신다고 사양했지만 억지로 다 마시게 해서
臣辭不飮强之釂
예절도 생략하고 술과 안주 차려서 주니
折俎媵爵刪禮貌
석 잔 마시고 토하고 엎어졌고
三杯酪酊吐且顚
동료들은 비웃고 임금님께서는 웃으셨다.
同列嘲訕至尊笑

등장인물이 역사적 인물이라 그렇지, 지금의 (강압적인) 술자리와 크게 다를 바 없는 모습이다. 정약용도 술은 반 잔을 넘기지 않는다고 자식들에게 말했으니 그렇게 주량은 많지 않은 듯하다. 하지만 술을 주는 사람이 나라의 왕이라면, 못 먹는 술이라도 먹어야 했다.

　과연 예절을 차리지 않는 술자리가 어떨지 잘 알 수 없지만. 술자리에서만큼은 술의 힘을 빌려 정조도 신하들과 격의 없이 놀았던 것은 아니었을까. 그래도 왕명이었으니 정약용은 석 잔을 연거푸 마셔야 했고, 심하게 취해서 한참 토하고 고생해야 했다. 주변 동료들이 괴로워하는 정약용을 보고 웃었다는 게 너무하지만, 정조의 술판은 술맛을 즐긴다기보다는 취하는 게 목적이었기에 어쩔 수 없는지도 모르겠다.

　정조는 평생 고통스러운 인생을 살았으니, 소소한 스트레스 해소로는 괜찮을까? 역시 안 괜찮은 거 같다. 조선 왕조의 마지막 성군이자 개혁 군주, 혹은 문체반정의 독재자. 그리하여 많은 사람에게 사랑받고 추앙받은 정조지만, 절대로 술자리에서는 함께 앉고 싶지 않다.

진실로 왕의 술, 향온과 법온

회한 가득한 향온

한때 우리나라에서는 한 종류의 양주를 대단히 귀하게 여기고 많은 사람이 마시고 싶어 한 적이 있었다. 왕이 아니되 대통령이었던 사람이 죽기 전에 그 술을 마셨다는 이유에서였다. 대체 무슨 맛이었을까? 얼마나 맛이 좋았기에 대통령이 먹었을까? 바로 그런 호기심이 사람들의 마음을 뒤흔들었고, 그건 어린 시절의 필자도 마찬가지였다.

그런 생각은 조선 시대에도 마찬가지였다. 임금님은 과연 어떤 술을 마실까? 과연 무슨 맛일까? 맛있을까? 이 책의 다른 장에서 성종이 마신 이화주나 연산군이 마셨을 막걸리는 이미 소개했다. 그런데 그런 술들도 충분히 좋은 것들이지만, 사람들의 호기심과 허영심을 채우기에는 조금 부족하다. 왕이라면 굉장히 좋은 것을 먹고 마실 것이다! 금으로 만든 잔에 은을 갈아 만든 술을 마실 것 같다! 어떤 편견이 생기기도 한다. 실제로는 전혀 그렇지 않지만 말이다.

그러나 사치와 향락은 상관없이, 조선은 명색이 유교의 나라였다. 그래서 나라의 일, 특히 제사는 국가의 가장 큰 행사였고, 여기에는 술이 꼭 필요했다. 당연하게도 매우 좋은 술이 필요했다. 그리하여 조선은 온 힘을 기울여 좋은 술을 만들었으니, 그 왕의 술이 바로 향온(香醞), 혹은 법온(法醞)이다. 그런데 이 책의 다른 장에서 영조는 향온과 법온을 따로 언급했다. 과연 이 두 술은 무슨 차이가 있을까?

지금 사람들은 잘 모르지만, 옛날의 향온과 법온은 분명히 구분되는 특징을 가지고 있었을지도 모른다. 하지만 수백 년 동안 많은 사람이 이 둘을 혼용해서 썼다. 여기에서는 향온이라 했다가 저기에선 법온이라 하고, 아예 하나의 술을 말하며 두 이름을 함께 쓰기도 했다. 만드는 사람이라면 모를까, 마시(고 기록하)는 사람은 향온이든 법온이든 크게 신경 쓰지 않은 것 같다. 타임머신을 타고 과거로 돌아가 기록한 사람을 붙잡고 "그래서 당신이 기록한 이 술은 과연 법온인 겁니까, 향온인 겁니까?" 하고 물어볼 수도 없는 노릇이다. 그러므로 여기에서는 둘 모두를 궁중에서 만들어진 하나의 술로 다루도록 하겠다.

향온부터 이야기해 보자. 향온은 이름 그대로 풀이하자면 '향기 있는 술'이란 뜻이다. 어떤 향이 났을까? 왕이 마셨다는 술이니 갑자기 천상의 향내가 뿜어져 나올 것 같은 상상도 든다. 궁중에서 만들어졌으니 수라간(水剌間)에서 만들었을 것 같지만, 사온서(司醞署)에서 만들어졌다. 사온서는 고려 때부터 있었던 전통 있는 부서로, 궁중의 모든 술을 전담했다. 지금 서울 종로구 정부종합청사 뒷골목에 사온서 터가 남아 있으니, 그 일대 동네의 옛 이름은 사온섯골이라고 했다. 그렇지만 조선 중기 이후로 사온서는 없어졌다. 사온서가 없어지더라도 술은 계속 필요했으니, 다음으론 내의원에서 이 술을 만들게 된다. 이 때문에 술의 이름을 특별하게 내국 향온(內局香醞)이라고 불렀다. 만드는 주체가 바뀌었다고 해서 향온 만드는 게 중요하지 않아진 것은 아니었다. 오히려 국가 예산에 향온미(香醞米)라고 하여 향온을 만들기 위한 쌀을 따로 떼어 배정해 둘 만큼 중요하게 여겼다.

　그런데 법온은 어째서 그런 이름이 붙게 되었을까? '법(法)' 자가 들어간 데는 그만한 이유가 있다. 법도 및 절차에 맞게 마시는 술이었기 때문이다. 법도라! 왕실에서 마시는 것이니 마실 때 엄격하고도 까다로운 예절이 있었을 것이다. 물론 예외도 있었을 테니, 왕과 신하들이 너무 취한 나머지 신하가 왕의 팔을 잡아 비틀었던 세조 때도 있었다. 그리고 또 하나, 예절을 지키려야 지킬 수 없는 상황도 있었으니 바로 전쟁 때였다.

　1593년(선조 26), 당시 조선은 한참 임진왜란의 폭풍 속에 휘말려 있었다. 조선은 일본의 공격 앞에서 아주 처참하게 무너졌고, 한 달 만에 수도가 함락당하는 등 멸망이 코앞에 와 있는 듯했다. 하지만 늘 그랬듯 조선에는 근성과 뒷심이 있었다. 이순신은 전라도에서, 권율은 이치에서 일본을 물고 늘어졌으며, 곳곳의 의병들이 함께했다. 그러는 사이 명나라가 보낸 원군이 도착했고, 조선의 군대와 힘을 합쳐 전쟁의 흐름을 바꾸는 듯했다. 벽제관 전투에서 이여송이 큰코다치기 전까지는 말이다. 아무렴 원군으로 왔지만 남의 나라 전투에서 패전하면 손해 및 후회막심이니, 명나라 장군 이여송은 전투를 피하면서 일본과 협상에 들어갔다. 조선으로서는 당연히 팔짝 뛸 지경이었지만 손쓸 방법이 없었다. 권율이 행주대첩을 벌여 일본 군대에 엄청난 타격을 줄 때까지는! 지금 고양시에 있는 행주산성. 산도 아니고 언덕이란 말이 맞을 듯한 허술한 성에서 벌어진 이 전투에서 권율은 이후 일본사에 위대한 이름을 남긴 일본의 장군 한 두름을 싹 패배시키는 전설을 이룩했다. 그리하여 일본은 제 발로 한양에서 물러났고, 조선과 명나라 연합군은 마침내 수도를 되찾았다.

그래서 기쁘고 행복한 것만은 아니었다. 몇 년 만에 되돌아온 한양, 조선의 법궁이었던 경복궁은 왕에게 버림받은 백성들이 불태워 잿더미가 되었고, 건물은 죄다 무너져 담벼락만 남았으며, 도시 곳곳에는 죽은 이들의 해골이 가득히 쌓여 차마 눈 뜨고 볼 수 없었다. 이것이 과연 나의 나라인가, 유성룡은 무척 괴로워하고 슬퍼했다.

그런데 이걸로 끝이 아니었다. 명나라는 계속해서 조선을 의심하고 있었다. 이러다가 다시 일본군에게 지면 전쟁은 어떻게 될까? 처음처럼 왕이 싸움을 포기하고 맥없이 도망갈 수도 있고(변명의 여지없다) 그러면 일본은 조선을 점령한 뒤 다음 차례로 명나라를 공격할 것이다. 이런 상황에서 선조가 과연 왕 자리에 있어 마땅한가? 도저히 믿음이 가지 않았다. 그래서 명나라의 급사중(給事中)인 위학증(魏學曾)은 조선이 별 볼 일 없는 나라이니, 둘, 셋으로 쪼개 명나라가 통치하거나, 하다못해 임금이라도 갈아치우자고 의견을 제시했다. 명백히 내정간섭이니 전자는 몹시 고깝지만, 후자의 의견은 몹시 구미가 당긴다! 대신 광해군이 왕이 될 테니까! 그러나 명나라 안에서도 의견이 갈렸기 때문에 사람을 보내어 조선의 형편을 살피게 했다.

그즈음 요동에 있던 명나라의 경략 송응창은 조선의 윤근수(윤두수의 동생)에게 사정을 이야기하고 넌지시 귀띔했다.

"너희 왕에게 돌아가서 좋은 계책 좀 세워 봐라."

윤근수는 부랴부랴 조선으로 돌아가 선조에게 사실을 알렸고, 이어서 묵사동(墨寺洞)에 살고 있던 유성룡의 집으로 쳐들어갔다.

"이 일을 장차 어떻게 하면 좋겠습니까!"

윤근수는 책상을 거듭 내리치면서 통곡하고 울었다. 그러나 유성룡은 아무 대답도 하지 않았다. 조선의 신하가 미리 들을 일이 아니라는 이유에서였다. 그러자 윤근수는 말없이 물러났다가, 다음 날 아침 유성룡이 비변사로 출근하자마자 쪼르르 달려가 어떻게 할 거냐고 다시 물었다. 그러나 유성룡은 아직 정식으로 나온 것도 아닌데 왜 이리 부화뇌동하냐고 야단을 쳤다.

반면 선조는 당연히 패닉에 빠졌다. 그리고 마침내 명나라 사신이 찾아와서 충격적인 통보를 한다.

"우리 조정에서 속국을 대우한 은혜와 의리(義理)는 여기에서 그치니, 지금부터 왕은 환도해서 잘 다스리라. 만일 다른 변란이 있다 하더라도 짐은 왕을 위하여 계획할 수 없다."

요약하자면 도와주는 것도 여기까지니 다음부터는 알아서 하라는 말이었다. 명나라 군대가 조선에 끼친 피해도 만만치 않았기 때문에 시원섭섭하다만, 어쨌든 명나라 군대 덕분에 전황이 바뀐 것은 사실이기는 했다. 그래서 명나라가 손을 뗀다는 말은 조선에 크나큰 위협이었다. 그날 밤 선조는 유성룡을 불렀다.

"내가 경을 만나는 것도 오늘뿐이니, 비록 밤이 깊다고 하지만 경을 만나 작별하고 싶었기 때문에 불렀을 따름이다."

그러면서 선조는 푸념했다. "너(유성룡)는 정말 훌륭한 인재인데 나

같이 모자란 왕을 만나 제대로 업적을 못 세웠다."라는 나름 정확한 자기 평가를 내리기도 했다. 유성룡은 그렇지 않다고 선조를 위로했지만, 선조는 한참 신세 한탄을 한 뒤 술을 가져오게 했으니 그것이 바로 향온 한 사발이었다. 선조는 이 술을 유성룡에게 내리며 마시라고 권했다.

"이 술로 서로 이별하자. 내일 나는 명나라 사신 앞에서 왕위를 내놓겠다."

유성룡은 술을 마셨지만, 아마 술맛은 느낄 수도 없었을 것이다. 선조와 유성룡의 술자리는 밤늦게까지 이어졌다.

다음 날, 선조는 명나라 사신을 접견한 연회 자리에서 소매 속에서 편지 하나를 꺼내어 건넸다. 자기가 몸이 아파서 나라를 통치할 수 없으니 세자를 대신 왕으로 삼아 달라는 내용이었다. 왕의 사직서를 내민 셈이라 하겠다. 따지고 보면 조선은 엄연한 독립국인데 어떻게 중국에 이러나 싶지만, 이것이 바로 고대 동아시아의 세계 질서였다.

마침 유성룡은 연회장에 없었기 때문에 이런 일이 벌어진 줄 몰랐었다. 그러다가 명나라 장수 척금(척계광의 조카)이 빨리 왕이 양위해야 한다고 하자 유성룡은 그럴 수 없다며 정색하고 반대했다. 선조는 이제 왕을 그만두겠다고 사방팔방에 이야기하며 드러누웠고, 유성룡은 여기저기 뛰어다니며 선조를 애써 변호했다. 안타깝게도 그 노력이 결실을 보아 명나라의 태도도 부드러워졌고, 양위는 없던 일이 되었다.

결말은 잘 알려진 대로이다. 임진왜란 그리고 정유재란이 막을 내려갈 즈음, 선조는 전쟁의 모든 책임을 자신이 아닌 유성룡에게 밀어

놓고 그를 삭탈관직한다. 그리고 기가 막히게도 유성룡이 그가 가진 힘을 모두 잃어버리던 그날, 노량해전에서 조선의 바다를 지키던 장군 한 사람이 유탄을 맞고 세상을 떠났다.

차라리 선조가 향온 한 잔 들이켜고, 그다음 날로 왕을 그만두고 세자 광해군을 대신 왕으로 세웠다면. 과연 이 나라의 역사는 어느 쪽으로 향했을까. 좋은 쪽으로 갔을까, 아니면 더 끔찍한 쪽으로 갔을까. 마음 같아서는 유성룡에게 향온을 마시기보다 그 술잔으로 선조의 머리라도 내리치라고 권하고 싶다. 하지만 언제고 역사는 이미 벌어진 일이니 돌이키거나 바꿀 수 없는 노릇이다.

향온 만드는 법

향온을 만드는 법은 지금까지도 전해지고 있다. 그것은 너무나도 당연한 일이었다. 앞서 말했듯이 음식도 허영심의 대상이다. 왕이 이런 걸 먹는다더라, 이게 왕비님이 먹는 진미라더라, 이런 호기심은 절대로 가라앉지 않는다. 궁금해하다가 마침내 왕이 먹는 술을 직접 재현하고 직접 먹어 본다. 그것이 바로 임금의 술인 내국 향온의 제조법이 여기저기 음식서에 많이 기재되어 있는 이유이다.

가장 오래된 요리책인 《산가요록》에 실린 향온 만드는 법은 몹시 간단하다.

멥쌀 1섬을 쪄내어 멥쌀 1말당 물 1병(瓶) 2선(鐥)의 비율로 부어 담가 놓고, 누룩 1되 5홉과 밑술 5되를 버무려 보통 방법처럼 빚 는다. 이것이 익으면 술주자[槽]에 올려서 맑아지면 먹는다.

과연 이렇게 대충(?) 만들어도 될까 싶을 정도로 단출해 보이는 방법 이다. 《고사십이집》은 향온 빚는 법을 좀 더 자세하게 적고 있다.

내의원(內醫院)에서 술 빚는 법

누룩 만드는 법은 보리를 갈아 가루를 체에 치지 않은 것 1말에 부순 녹두 1홉을 골고루 섞어서 한 덩이씩 만든다. 술 빚는 방법 은 백미 10말, 찹쌀 1말을 여러 번 깨끗이 씻어 쪄내고, 뜨거운 물 15병을 골고루 섞어 그 물이 밥에 다 잦아들면 대자리 위에 펴서 한동안 차게 둔다. 누룩가루 1말 5되, 술밑 1병을 골고루 섞어 술 을 빚는다.

왕이 마시는 술이라고 하기에는 너무나도 간단해 보인다. 굳이 특 이한 것을 찾아낸다면 밑술을 만들 때 녹두가 들어가는 것이다. 그런 데 바로 이 녹두가 핵심이다. 17세기 즈음에 지어진 《치생요람》은 농 사짓는 방법을 소개하면서 술 만드는 방법을 몇 가지 싣고 있는데, 이 중 내국 향온, 곧 내의원에서 향온을 만드는 방법도 소개하고 있다.

밀기울 1말을 녹두가루 1홉과 합쳐서 누룩을 빚는다.

백미 10말, 찹쌀 1말을 여러 번 씻어 쪄낸다. 뜨거운 물과 골고루
섞어서 대자리 위에 펴서 차게 식힌다. 누룩가루 5되, 부본 3되를
골고루 버무려 섞어 빚는다.

《치생요람》의 레시피가 이제까지 소개한 향온을 만드는 방법과 다
른 점은, 누룩을 만드는 법을 같이 소개하고 있다는 것이다. 잘 알려진
것처럼 술을 만드는 데는 발효를 일어나게 하는 효모균이 꼭 필요하
고, 이런 효모균을 키워 놓은 누룩이 꼭 필요하다. 그런데 향온을 만들
때의 누룩은 조금 특별했으니, 바로 녹두가루를 넣어서 만들었다. 그
래서 이 누룩은 특별하게 향온누룩이라고 부른다. 다른 누룩은 대체로
밀가루로 만들어져서 하얀색이지만, 향온누룩은 녹두 때문에 연한 녹
색이고, 당연히 술맛도 다른 곡주와는 다르다.

그리고 전통주를 복원하는 사람들의 말에 따르면, 녹두를 넣어서
빚는 술은 변질되기 쉽다고 한다. 게다가 앞에서 소개한 이익의 시에
서는 향온을 만들 때 신묘한 기술 그러니까 '신공(神功)'이란 말이 나올
정도로 불 조절을 잘해야 한다고 했다. 지금이야 가스레인지가 있고
부루스타가 있어 일정하게 불의 세기를 조정할 수 있지만, 먼 옛날 장
작을 땐 시기에는 불 조절이 그야말로 엄청나게 어려운 일이었다. 그
런데 그 기술이 좋은 향온을 만드는 데 가장 중요한 것이었다. 과연 어
떻게 해야 했을까. 향온을 만드는 것은 바로 내의원. 그곳에서 일하는
사람들은 탕약을 달이는 일을 자주 해서 불 조절에는 아마 도가 튼 사
람들이 아니었을까. 그렇다곤 해도 의문이 생긴다. 이처럼 만들기도

어렵고 변하기도 쉬운 불편한 술을 왜 만들었을까. 그것이 바로 왕의 권력이었을 것이고, 이걸 나눠 주는 것이 왕의 은혜일 것이다.

하지만 불편함보다도 선망이 컸던 모양이다. 향온을 만드는 법은 궁전 바깥으로 전해졌고, 사람들은 저마다 향온을 만들었다. 앞에서 소개한 조선 시대의 여러 책, 특히《음식디미방》에도 향온을 만드는 법이 실려 있다.

> 누룩 만들 밀을 갈되 체를 이용하여 치지는 않는다. 누룩 1장당 갈아 놓은 밀 1말에 빻은 녹두 1홉을 섞어 만든다. 백미 10말과 찹쌀 1말을 깨끗이 씻어 찐 다음 따뜻한 물 15병을 섞는다. 밥에 물이 다 스며들면 갈대로 만든 자리에 널어 오랫동안 충분히 식힌 다음 누룩 1말 5되와 석임(발효액) 1병을 섞어 빚는다.

과연 이 레시피대로 만들면 향온을 만들 수 있을까. 녹두누룩의 이야기는 없지만, 법온 자체는 꽤 많이 만들어진 것 같다.

한편으로 녹두를 아예 넣지 않고 만드는 향온도 있다. 바로《요록 (要錄)》*조선 숙종 초인 1680년경 저술된 조리서에 수록된 방법이다. 녹두를 안 넣는 것은 물론, 밑술과 덧술을 만들어 두 번 양조한다. 특히 덧술을 만들 때는 좋은 청주를 섞기도 한다. 과연 이전 것과 얼마나 다른지 비교해 보자.

> 백미 10말을 여러 번 씻어서 하룻밤을 물에 담가 두었다가 건져

서 쪄서 익힌다.

펄펄 끓는 물 15병에 위의 밥을 바로 넣고 고루 섞어서 천에 널어 펴서 식힌 후 묵은 누룩가루를 섞는다. 누룩가루가 좋으면 13되, 그렇지 못하면 15되를 좋은 밑술 1병과 함께 섞어서 빚어 좋은 항아리에 담아 놓고 위에 맑은 술이 올라오면 거른다.

찹쌀 1말을 잘 씻어서 쪄서 익힌 다음 식힌 후에 좋은 청주 2병과 고루 섞고 여기다 좋은 누룩가루 5합과 주본 1종지를 함께 좋은 항아리에 섞어 놓는다.

위에 맑은 술이 올라오면 걸러내 앞서 향온(밑술)에 섞는다.

《요록》의 향온 만드는 방법은 지금까지 소개된 만드는 법들과는 꽤 이질적이다. 왜 이렇게 다를까. 비록 향온이 궁중에서 만들어졌다고 하지만, 민간에 나와 다양한 방법으로 다르게 만들어졌음을 짐작할 수 있다.

그럴 수밖에 없다. 사람에서 사람에게로 넘어가면서 하나둘 더해지 거나 빠진 것이 있을 테니까. 이처럼 다양한 방법으로 만들어진 만큼 향온은 많이 만들어졌다. 그러다 보니 오히려 매우 잘 알려진 대중적인 술이 되었다. 그래서 잣을 이용한 술이나 홍로주를 만드는 법을 소개할 때 '만드는 것은 향온과 같다'라는 글귀가 곧장 실린다. 법온이 마냥 만들기 어렵고 힘들기만 하다면, 이렇게 다른 술을 만드는 방법의 기본으로 언급되지는 않았을 것이다.

궁궐 잔치와 임금의 은혜

그렇다곤 해도 궁중에서 만들어져 왕이 직접 내려 주는 향온이야말로 진짜배기였다. 이런 향온을 마시는 일은 이 장의 첫 부분에서 이야기했던 이별주라기보다는, 즐겁게 마시고 노는 것이었다. 과연 왕과 신하들은 어떻게 향온을 마시며 놀았을까?

조선 왕실 술자리 예절의 좋은 예는 조선 후기 신익성이 쓴《낙전당집(樂全堂集)》에 실려 있다. 1630년(인조 8), 인조는 종친들을 불러모아 연회를 베풀었다. 선조의 아들인 의창군 이광을 비롯해 108명의 손님이 모였으니 지금 기준으로 봐도 어마어마하게 큰 잔치였다. 잔치엔 풍성한 음식과 술이 함께하는 법. 예관이 음악을 연주하고 수라간에서 음식을 내왔다. 그리고 내시들이 법온 그러니까 술을 가져왔다.

내시 오대방(吳大邦)이 잔을 들고 '왕의 명령'으로 손님들에게 마실 술을 나눠 주었다[上命宣飮]. 그러자 손님은 잔을 들고 마셨고, 다 마신 뒤 손님 대표인 의창군이 내시 오대방에게 술을 따라 주었다. 이것이 바로 왕실 연회의 예법이었다. 예식이 진행되는 동안 종실 사람들은 모두 바짝 긴장하고 떠들거나 품위를 잃는 사람이 없었다고 하는데, 아무리 그래도 왕의 앞이니 누가 감히 태만할 수 있겠는가.

그렇지만 술이 자꾸 들어가니 사람들도 차츰 풀어져 끼리끼리 모여 마시고 춤추며 놀았다. 의창군은 즉석에서 악사들에게 각자 악기를 들게 하고 연회장으로 끌고 나왔다. 이 광란의 잔치는 삼경이 되도록 계속됐다고 하니, 지금 시간으로는 오후 11시부터 새벽 1시인 새벽까지 놀아 댄 것이었다. 결국 법온은 왕이 내린 술에 걸맞게 마시는 방법과 예법이 있었지만, 술이다 보니 나중엔 난장판이 되었던 것 같다. 그게 술의 힘이겠지만 말이다.

인조만이 아니라 조선 시대 여러 왕들은 향온을 신하들에게 나누어 주고 마음껏 마시게 했다. 향온, 법온과 어육 그러니까 술과 고기반찬 한 상을 떡 벌어지게 차려 신하에게 하사하는 것이다. 예나 지금이나 밥을 주는 은혜가 가장 크고 넉넉한 법. 게다가 임금님이나 먹던 귀한 술과 음식을 먹을 수 있다는 것은 왕조 시대에 참으로 대단한 은혜였고, 이렇게 얻어먹은 신하들은 몹시 기뻐하며 시를 지어 남기곤 했다.

재미있는 것은 왕이 법온을 신하에게 하사할 때 술잔도 함께 내렸다는 것이다. 그 술잔은 술만큼이나 귀한 보물로 여겨졌다. 태종은 성균관 학생들에게 청화백자로 만들어진 술잔을 내렸다고 했다. 1469년 예종은 승정원에 백자로 만든 술잔 하나와 법온 한 통을 하사했다. 신하들은 이를 받고 기뻐했으며, 왕이 내려 준 잔에 왕이 하사한 술을 담아 돌아가며 마셨다. 그런 뒤 왕의 은혜에 감사하는 시를 지었는데, 성현이 남긴 〈서문〉이《허백당집(虛白堂集)》에 전한다.

어느 날 내관이 대전에서 내려와
一朝中使降法宮

소신들은 융숭한 천은을 입었네

寸草昭被天恩隆

어명을 듣고 노란 보자기를 열어 보니

初傳天語開黃封

한 개의 유리 술잔이 같이 있네

副以一箇玻瓈鍾

(……)

누런 술 찰랑찰랑 잔 안에 가득하니

黃流瀲灩搖其中

잔 속의 불로주에 봄빛이 무르녹네

中藏不老春光濃

기쁘게 받들어 마시니 정신이 툭 트이고

承歡洽得心神通

평소에 쌓인 근심이 한꺼번에 씻기네

一洗磊磈平生胸

술에 취해 머리 조아리고 천세를 부르며

興酣稽首爭呼嵩

이내 몸을 봄바람에 내맡기네

身世付與三春風

과연 근무 시간에 직장에서 임금님이 허락한 음주를 하는 그 맛은
어떠했을까? 하늘의 은혜를 받았다느니, 업무 스트레스가 싹 날아간

다는 말이야 과장이고 입 발린 소리라고는 해도, 근무 중에 마시는 술은 꿀맛이었을 것이다.

과연 성현이 마신 술은 어떤 것이었을까? 하얀 잔에 노란색 술이 담겼다는 것을 본다면 틀림없이 곡주였을 것이고, 한 잔 마시니 정신이 번쩍 깨었다는 것을 보면 도수가 높은 술이었을 것 같다. 이 술은 과연 향온이었을까? 주목할 만한 부분은 이 술을 마시면 늙지 않는다는 '불로의 술'이라고 한 대목이다. 그냥 술이 아니라 약의 효과가 있음을 뜻하는 것이고, 그렇다면 성현이 마신 술은 사온서에서 빚은 향온일 가능성이 높을 듯하다.

조선 시대 관리치고 향온을 마셔 보고 싶다는 생각을 하지 않은 사람은 없었을 것이다. 그만큼 꿈과 영광의 술이었으니 말이다. 그래서 어떤 이는 이렇게 하사받은 술을 다른 사람에게 나눠 주기도 했고, 덕분에 관리가 아니었어도 얻어먹을 수 있었다. 조선 후기 실학자이며 《성호선생전집(星湖先生全集)》의 저자 이익이 바로 그런 경우였다.

이익은 남인 출신으로 태어나 아버지를 일찍 여의었고, 당파싸움 때문에 형이자 스승이었던 이잠이 죽임당하는 비극을 겪었다. 그 이후 이익은 벼슬에 나아가겠다는 뜻을 버리고 안산시 근처(지금은 도시지만 조선 시대에는 아주 외진 시골이었다)에 살면서 새로운 학문의 연구에 몰두했으니, 그리하여 실학자로서 역사에 이름을 남겼다.

그러나 남인이라는 꼬리표는 그와 그의 자식을 괴롭혔으며, 정통 학문이 아닌 이단을 배웠다는 비난도 들어야 했다. 이처럼 많은 고통과 가난, 또 질병 속에서 고통받으며 살아가야 했던 인생이었지만, 제자 신후담이 향온을 보내 주자 너무나도 신이 난 이익은 길고 긴 시를 지었다.

내국에서 향온법으로 술을 빚어내는데
內府香醞釀大春

담근 술밥 불에 찔 때 신묘한 공이 들지
火齊湛爊神功均

세시마다 올리는 건 대추가 감독하는데
歲時上供大酋監

육이에 담고 남은 술 조신에게 나눠 주네
六彝餘瀝分廷臣

각별한 이 그 좋은 술을 즐겨 맛보다가
故人恰嘗霞液融

취기 돌자 친한 사이 내 생각이 났는데
醉來便憶情相親

내 여러 해 도갈을 앓는 게 안타까워
憐我多年病道暍

술 한 병을 이 멀리 바닷가에 보냈어라
一壺遠寄滄浪濱

바다 사는 늙은이 신나 노래 부르며
滄浪老翁正浩歌

마음속에 그리는 이 꿈에도 생각하네

夢魂未斷心中人

기울여 따라 마시니 백발이 검어지고

傾壺細酌黑白髮

단수는 특이한 맛 더욱더 진미로세

腶脩異味尤更珍

입안이 상쾌하니 옥정 얼음 안 부럽고

爽口何羨玉井冰

입에 착 감기는 게 승로반의 이슬 같네

淋漓怳訝金莖眞

옛날에도 그대 친히 술을 가져왔는데

念昔君來親載酒

수중에 그 태화주 몸을 온통 적셨지

太和在手渾濡身

　수백 년 전에 지어진 시이지만, 쓴 사람이 얼마나 신이 나고 기분이 좋았는지는 한눈에 알아볼 수 있다. 벼슬에 나가는 것을 포기했던 이익은 궁궐에 들어갈 일도 없었고, 왕이 내리는 술을 먹을 일은 당연히 없었다. 그런데 이렇게 마실 수 있게 되었으니 얼마나 행복했을까.

　이익은 술의 맛을 여러 줄에 걸쳐서 설명했는데, 이처럼 '맛'을 다채롭게 묘사한 경우는 찾기 힘들다. 웬만한 조선 시대 사람들이 술을 마시면서 그냥 먹었다고만 썼건만, 이익은 다채로운 표현을 사용해 향온은 얼음처럼 상쾌하면서도 감칠맛이 난다고 적었다. 맛에는 개인 취향이 있겠고, 이익이 신이 나서 과장한 것도 있을 수 있겠지만……. 그래도 이런 술이라면 대체 어떤 맛일까?

조선 시대의 아메리카노,
방문주 혹은 백하주

방문주 또는 백하주

《춘향전》을 보다 보면, 사랑에 빠진 이몽룡이 춘향의 집에 찾아오면 춘향의 어머니 월매는 사윗감을 보고 크게 기뻐하며 진수성찬을 차린다. 갈비찜에 돼지고기, 숭어찜, 전복……. 여기에 냉면과 호두, 석류, 양도와 같은 과일까지 가져온다. 술도 빠질 수 없으니 포도주나 송엽주, 과하주, 연엽주 등 수많은 술이 거론된다. 과연 이몽룡이 그 술을 다 마실 수나 있을까 하는 의문은 잠시 접어 두고, 그중에서 한 가지 술의 이름에 주목하자. 방문주(方文酒). 별로 특별할 것 없이 술 중 하나로 거론될 뿐이지만, 그렇게 흔했기에 방문주는 역사가 되었다.

방문주의 또 다른 이름은 백로주(白露酒), 혹은 백하주(白霞酒)였다. 이 술은 이제까지 소개해 온 어떤 술보다 널리 퍼지고 잘 알려진 술이었다. 유명하고 값비싼 술이라는 게 아니다. 어디까지나 '어디에나' 있는 술이었다. 조선 사람들은 방문주를 언제나 마셨고, 외국을 여행하면 곧잘 그 나라 술을 마시고 '방문주와 비슷하네!'라며 맛의 척도로 삼았다.

그래서 조선 주막에서 팔던 술이 바로 방문주라는 말도 있고, 실제로 1930년대만 해도 음식점에서 방문주를 팔았다. 조선 시대의 술을 만드는 요리서에서는 다양한 술 만드는 법을 소개하면서 "방문주 만드는 법과 비슷하다."라는 언급을 자주 한다. 즉 방문주는 웬만한 술들의 기본인 셈이고, 그런 점에서 오히려 막걸리보다 더 대중적이고도 상업적인 술이라 하겠다.

그런데 어쩌다 방문주라는 이름이 붙었는가, 바로 특별한 방법(方)대로 빚는 술이어서 그랬다. 이제는 처방전이라는 말이 더 많이 쓰이는 듯하지만, 사후약방문을 비롯하여 병을 치료하는 약을 만드는 방법을 방문(方文)이라고 했는데, 여기에서는 술을 만드는 방법을 일컬었다.

그렇다고 무슨 대단한 비법이 있는 게 아니라 어렵지 않고 누구나 만들 수 있는 술. 양반 집안에서 정성을 다해 빚는 가양주도, 특별한 지방에서만 파는 것도 아니지만, 어디서 시키든 일정한 맛을 기대할 수 있는 술이었다. 요즘 음식이라면 라면이겠고, 음료라면 아메리카노일 것이다. 직장인이 손에 아메리카노 한 잔 들고 다니는 느낌으로, 조선(그리고 근현대까지) 사람들은 주막에 가서 이렇게 말했을 것이다.

"여기, 방문주 한 잔 주시오."

탁주 그러니까 막걸리도 주막에서 내주는 술이 아니었나? 그런데 막걸리는 몸을 쓰고 고생하는 사람의 술이란 느낌이고, 방문주는 그보다 도시적인 매일의 고단함에 시달리는 사람들의 술이란 느낌이다. 역시 아메리카노가 딱 맞을 것 같다.

그런데 방문주라는 이름으로 널리 알려졌지만, 백하주(白霞酒) 쪽이 더 운치 있는 이름이 아닌가. 하얀 안개의 술. 백로주라는 이름도 '하얀 방울의 술'이란 뜻인데, 역시 백하주 쪽이 더 멋진 것 같다. 이런 이름이 붙은 까닭은 역시나 술 빛깔이 하얀색이기 때문이다. 다른 술들은 곡식 그대로 빚는데, 이 술은 쌀가루로 빚는다. 즉 다른 술에 비하면 가루가 훨씬 많이 들어가고, 이것이 술의 색깔과 이름에도 어느 정도 영향을 미친 것 같다. 작은 쌀가루가 술 안에서 일렁이면 그것이 바로 하얀 안개가 아니던가.

이 술의 역사는 아주 오래되었다. 고려 시대부터 있었던 게 분명한데, 무신 정권 시대의 문인인 이규보가 시를 지으며 '백하를 마신다' 운운하는 글귀를 남긴 것을 본다면, 역시 방문주 비슷한 것을 마신 것 같다. 그렇지만 역시 널리 퍼진 것은 조선 후기였다. 농업이 발전하고, 쌀이 많아지고, 상업이 발전하면서 주막에서 술을 만들어 파는 문화가 정착한다. 이 주막의 이야기는 조금 나중에 하자. 아무튼 그러다 보니 방문주를 싫어하는 사람도 나왔다. 이유는 너무나도 흔하게 마시는 술이니 중요한 일에 쓰기엔 격이 떨어진다는 거였다.

영조 21년 7월 12일, 영조는 제사에 쓸 술에 대해 특별한 하교를 내린다.

> 국가에서 쓰는 것은 향온(香醞)과 법온(法醞)뿐이고, 백화주(百花酒)나 방문주(方文酒) 같은 것은 쓸 수 없다. 하우(夏禹)가 단지 의적(儀狄)은 멀리했지만, 술을 버리지 못한 것에 대해 나는 마음에 일찍이 개탄하였다. 국가의 흥망(興亡)이 오로지 여기에 관계되는데, 지금 만일 이러한 명목(名目)들을 버리지 않는다면 후세에 이 명목을 상고하여 이 술을 찾지 않을지 어찌 알겠는가? 내자시(內資寺)의 문서(文書) 중에 이 두

가지 술을 없애도록 하라.

일평생 술을 몹시 싫어했던 영조였지만, 유교의 나라 국가 행사에 술이 빠질 수는 없었다. 그런데 이런 술에도 격이 있었기에 백화주나 방문주는 나라 행사에 쓸 수 없는 술이었다.

백화주는 방문주만큼이나 널리 사람들이 마시던 술이었다. '백 가지 꽃의 술'이라는 이름 그대로 여러 가지 꽃을 넣기도 하고, 곡식으로 빚기도 했다. 방문주는 봄과 가을에 만드는 시기가 있었는데, 백화주는 때를 가리지 않고 아무 때나 빚었으며 '100번 빚어도 실패하지 않는다'라고 할 만큼 만들기 쉬운 술이었다. 바꿔 말하면 그렇게 공들이지 않아도 뚝딱 만들어 낼 수 있었다는 것이다. 그래서 쉽게 즐겨 마실 수 있는 술이었을 것이다. 영조는 나라 행사에서는 이 두 가지 술을 빼게 했다. 그렇다고 해서 이 일이 결코 방문주의 격을 떨어뜨리지 않았다. 조선을 뒤덮을 만큼 널리 마셔 온 술이 궁궐까지 점령해 버렸다는 게 맞을 것이다.

방문주 만드는 법

방문주 역시 만드는 법이 한 가지만 있었던 게 아니다. 쌀가루를 쪄서 백설기를 만들어 밑술을 만든 뒤, 여기다 밥과 끓는 물을 넣어 덧술을 하기도 하고(《시의전서》), 쌀가루를 뜨거운 물로 익반죽을 한 뒤 죽을 만들고 누룩을 섞는 법도 있었다(《주방문》). 찹쌀로 만들기도 했다(《증보 산림경제》). 다들 만드는 법이 비슷하면서도 조금씩 달랐다.

대부분의 전통술이 그러하듯 현재 방문주를 복원한 곳은 여러 군데 인데, 제조법이 조금씩 다르다. 어느 쪽이 원조라고 할 것은 없으니, 수 많은 사람이 만들고 각자의 맛을 찾아 나간 것이라 하겠다. 지금 많은 전통주가 이름이 같아도 개성 넘치는 맛을 가지고 있다.

이 자리에서 방문주 만드는 법을 모두 소개할 수 없지만, 조선 시대 의 백과사전인 《산림경제》에서 요약, 정리한 내용을 보도록 하겠다. 먼저 백하주(방문주)를 만드는 첫 번째 방법은 다음과 같다.

방법 1

백미 한 말을 깨끗이 씻어 가루를 만들어 그릇에 담고, 끓는 물 3병을 붓고 식기를 기다린다. 식은 뒤에 누룩가루 1되가웃, 밀가 루 1되가웃, 술밑(腐本) 1되를 골고루 섞어 독에 넣는다. 3일 만에 (다른 방법에는 익기까지 사나흘 기다린다고 하였다) 멥쌀 2말을 매 씻어 쪄서 끓는 물 6병으로 버무려, 식은 뒤에 밑술에 누룩가루 1되를 섞어 놓는다. 7~8일이 지나면 익을 것이니 종이 심지에 불을 댕 겨 독 안에 넣어 보아 익고 안 익은 것을 징험한다. 익었으면 불 이 꺼지지 않고, 덜 되었으면 꺼진다. 이 뒤에 다른 물을 더 넣어 서는 안 된다. 맛 좋은 술[旨酒]을 빚고 싶으면 물을 탈 때 1말에 2병 반까지 붓고, 술을 많이 만들려면 술통에 뜰 때 정화수 2병을 더 붓고 섞는다.

원래 법은 비록 이렇지만 쌀 1말에 누룩 5홉를 쓰면 충분하고 2말을 더 빚을 때 누룩을 넣어서는 안 되며 술 빛깔을 희게 하려면 1말당 누룩 3홉을 써도 된다. 이 법이 속칭 방문주라고 하는 것인데 서리가 내린 뒤 빚을 수 있다. 만약 날씨가 조금 따뜻하면 갑자기 쉬어 버린다.

방문주가 방방곡곡에 퍼져 많이 있었다고는 하지만, 대충 만들어 쓸 수 있는 것은 아니었다. 우선 재료 준비가 힘들다. 쌀도 절구에 빻아야 하고 잘 만들어진 누룩이 있어야 하며 잡균이 없는 용기도 필요하다. 물론 우물에서 물을 길어 올리거나, 장작을 패는 것도 연약한 현대인 기준으로 어려운 것이긴 한데, 그래도 각종 약재나 복잡한 재료가 들어가지 않는다는 점에서 가장 단순하면서도 기본적인 술이라 할 수 있었다.

그리고 심지에 불을 붙여서 술 항아리 안으로 집어넣는데, 효모균이 잘 활동하면 그러니까 술이 익으면 곡식을 발효시키고 이산화탄소를 배출하기 때문에 불이 꺼진다. 조선 사람들은 세균이나 기체가 무엇인지도 몰랐겠지만, 불씨를 넣어 보니 저절로 불이 꺼지고 그러면 술이 다 익었더라는 현상을 발견해 이것을 술 만드는 데 활용했다. 이를 아는데도 왜 과학의 발전을 이루지 못 했느냐고 한탄하는 사람이 있을지도 모르겠다. 하지만 그건 어쩔 수 없다. 사람들에겐 불이 꺼지는 이유보다 술이 익었느냐가 더 중요했을 테니까.

재미있는 것은 정해진 레시피는 레시피이되, 다른 방법을 쓰니 술 빛깔이 하얀색이 되고 괜찮았다는 식의 변용이 나타난 것이다. 술 만드는 비법이 책에만 실렸던 게 아니라 수많은 사람이 시도해 보고 좋고 나쁜 점을 찾아냈다는 데 의의가 있다. 모든 일이 그러하듯, 이론과 실제는 다른 법이다.

《산림경제》에 소개된 백하주 만드는 두 번째, 세 번째 방법은 다음과 같다.

방법 2

백미 1말을 여러 번 씻고 가루로 만들어 큰 동이에 담는다. 끓인 물 3병을 붓는다. 막대기로 휘저어 섞어 주는데 죽이 되도록 골고루 섞이게 한다. 식으면(식으면 표면이 단단하게 굳는다) 별도로 끓인 물 1대접에 누룩가루 1되, 밀가루 1되에 넣고 버무린다. 충분히 섞였으면 손으로 앞서 굳어진 쌀가루 죽을 휘저어 주면서 물을 조금씩 넣어 가며 누룩가루를 첨가한다. 충분히 고루 휘저어 작은 알갱이도 없게 한 뒤 깨끗한 항아리에 담아 춥지도 덥지도 않은 곳에 놓아둔다. 7일이 지나 항아리를 열어 보면 어느 정도 술 모양이 되어 있다. 곧바로 쌀 2말을 깨끗이 씻어 앞에서처럼 곱게 빻고 푹 쪄서 익혀 식힌 다음, 끓는 물 6병을 찐 밥에 붓는다. 식으면 앞의 밑술을 따라 내어 누룩을 사용하지 않고 찐 밥에다 섞는다. 식은 다음 항아리에 넣고 7일이 지나면 술은 이미 숙성되어 있다. 종이로 불을 붙여 보는 법을 쓰면 익었는지의 여부를 알 수 있다. 명주자루나 아주 고운 베자루로 짜낸 것이 상등품의 맛있는 술이다.

방법 3

쌀 1말당 밀가루를 5홉의 비율로 넣는다. 1말의 밑술에 3말의 쌀을 덧빚어도 괜찮다고 한다. 또 찐밥을 넣은 뒤에 밀가루 5홉을 항아리 속 술 표면에 뿌린다.

이 술은 9월 그믐에서 10월 초 사이에 빚는다.

만약 날씨가 조금 따뜻하면 갑자기 맛이 쉬어 버린다.

걸러낸 맑은 술 역시 시원한 곳에 보관한다.

같은 책에 굳이 여러 방법을 소개한 것은 그만큼 만드는 법이 제각각이었고 그 어느 쪽도 버리기 아까웠기 때문일 것이다. 그런데 만드는 법은 비슷하지만, 또 완전히 같지는 않다. 앞의 레시피는 밑술이 익는 데 사흘이 걸리지만, 두 번째 레시피는 이레가 걸리는 것으로 되어 있다. 세 번째 방법은 너무 짧고 간단해서 과연 제대로 만들어질지 의문이 든다.

이후 《조선무쌍신식요리제법》에는 백로주를 만드는 법으로 소개되었다. 《산림경제》가 한자로 쓰였다면, 이 책에는 한글로 쓰였을 뿐이다. 다만 세 번째 방법은 《조선무쌍신식요리제법》에는 실려 있지 않다. 이렇게 만들어진 방문주들은 과연 어디서 마셨을까? 답은 바로 주막이었다.

주막의 거리 그리고 방문주

　주막은 먼길 여행을 다니는 사람들이 쉬거나 밥을 먹거나 잠을 잘 수 있는 곳으로, 인간 사회 및 상업, 여행의 발달과 나란히 발전했다. 상업이 발달한 중국에는 일찌감치 주막이 있었고, 우리나라에는 김유신이 술을 마시러 다녔던 천관의 집이 기록상 최초의 주막이란 주장도 있다. 신라 시대에도 사람들은 여행을 다녔고, 어떤 곳은 그런 사람들이 무척 많았을 것이다. 또 최치원은 시 〈영효(詠曉)〉에서 주막(帝) 혹은 술집을 이야기하고 있다(물론 이 시가 중국에서 지은 것인지 신라에서 지은 것인지는 분명하지 않다).

　아무튼 고려를 지나 조선, 그중에서도 후기에 들어서면 사회와 경제는 크게 발달한다. 그러자 전국 곳곳을 보부상, 곧 장사꾼들이 다녔고 물건 파는 시장이 들어섰으며, 그들이 쉴 수 있는 주막 및 숙박업도 만들어진다. 주막이 있고, 그 주변으로 동네가 형성되어 '주막거리'도 이곳저곳에 들어섰다. 당연하게 여행을 떠나 주막에서 들르거나 묵는 사람들도 많아졌다.

　주막(酒幕)이란 이름이 가장 잘 알려졌지만, 다르게는 주려(酒壚), 점(店), 염(帝), 또는 정(亭) 등등 여러 가지로 표기했다. 하지만 이런 다양한 이름 중에도 잘 빠지지 않는 정체성이 있었으니, 바로 술(酒)이라는 글자였다. 조선 중기의 유희춘은 경기도 일대를 여행하는 사람들이 묵는 탄막(炭幕)을 이야기했는데, 탄이라는 한자의 한글 발음이 숯이고, 숯은 술이랑 발음이 비슷하다 보니 그렇게 표기했던 것이라고 한다(아무리 그래도 술과 숯을 같이 쓰다니).

실학자 홍대용은 조선 주막들이 너무 엉성하고 더럽다고 투덜댔고, 강희맹은 주막에 묵었다가 벼룩에게 있는 대로 물어뜯겨 어쩔 수 없이 옷을 홀랑 벗고 밤을 지새웠다. 그래도 주막은 없는 것보다 있는 것이 언제나 낫다.

조선 후기 학자인 농암 김창협은 한 달가량 여행을 떠났는데, 도중에 암자에 묵기도 했지만, 주막에서도 머물렀다. 그런데 마침 우박의 재해가 심한 곳을 지나가다 백성이 괴로워하는 모습을 보고, 너무 안타까운 나머지 주막에서 차려 주는 저녁밥을 먹지 않았다.

이 모습 보고 나니 참담해져서
見此意慘傷
주막에서 저녁밥도 물리쳤다오
夕店食爲却

시의 내용은 가슴이 아프지만, 조선 시대의 주막에서 밥도 줬다는 말이다. 김창협보다 한참 이후의 시대이긴 하지만, 다산 정약용은 젊은 시절 지방에 근무하는 아버지를 찾아가는 여행을 하면서 자주 주막에 들렀고, 그 이야기를 시로 적어 남겼다.

주막이 멀어 닭 우는 소리 희미하구나

店遠鷄鳴細

다리 높아 말 걸음 머뭇거리네

橋高馬渡疑

다산 정약용에게는 주막에 얽힌 잊지 못할 또 하나의 추억이 있었다. 정조가 죽고 나서, 서학과 남인에 탄압이 시작되었다. 1801년 둘째 형 정약종은 처형당했고, 셋째 형 정약전과 정약용 자신은 모두 귀양 가는 신세가 되었다. 가족과 떨어지고 천길만길 머나먼 곳으로 가게 되었지만 그나마 형과 함께였기에 작은 위안이 있었을 것이다. 하지만 이 둘은 전라남도 나주 북쪽에 있는 율정(栗亭)에서 헤어져야 했다.

율정이라는 이름을 본다면 아마 근처에 밤나무가 많지 않았을까. 지금까지도 여기에는 삼거리가 있으니, 하나는 서울에서 오는 길이고, 나머지 갈래길 중 하나는 나주로, 다른 하나는 영광으로 간다. 형 정약전은 흑산도로 귀양을 가고, 동생 정약용은 강진으로 귀양을 가니, 형제는 마침내 이곳에서 헤어진다.

정약용은 형 정약전과 헤어지며 '율정 앞의 길이 둘로 나누어진 게 너무 밉다'라고 한탄했으며, 〈율정에서의 이별(栗亭別)〉이라는 시를 지었다. 그리고 이것이 형제의 이승에서의 마지막 만남이었다. 오래고 기나긴 귀양 생활. 정약전은 흑산도에서 조선의 해산물 사전인 《자산어보(玆山魚譜)》를 완성했다. 정약용이 무엇을 했는지는 잘 알려졌으니 굳이 더 말하지 않겠다. 정약전은 동생을 만나고 싶어 했으나 끝내 그

뜻을 이루지 못하고 먼저 세상을 떠났고, 정약용은 그때 율정에서의 헤어짐이 천추의 한이 되었다며 한탄했다.

정 씨 형제의 슬픈 내력은 이후로도 더 있지만, 지금 여기에서는 주막과 주막에서 파는 술을 이야기하겠다. 두 형제가 묵었던 주막에서는 '당연히' 술을 팔았을 것이고, 그중에 방문주도 있었을 것이다. 이들은 초가로 만들어진 허름한 주막에서 밤을 새우며 눈물을 흘렸다. 그러면서 마지막 술을 나눠 마시지 않았을까. 주막과의 인연은 이것으로 끝이 아니었으니, 유배지인 강진에 도착한 정약용은 살 곳이 없어서 주막[賣飯家]에 얹혀살면서 밤에 술을 더 마시게 되었다[酒爲愁多夜更加]고 적었다.

청운의 꿈을 삭히며 술이나 마셔야 했던 정약용의 처지가 안타깝지만, 그와는 별개로 주막에서 어떻게 술을 팔았을까. 흔히 사극에는 작은 상에 국밥을 차려 놓고 사기 호리병에 사발 하나를 둔 모습으로 나온다. 하지만 그것은 굉장히 사치스러운 차림이었다. 술을 병째로 주니까! 지금도 고급 음식점에서 음료수는 병 단위로 파는가? 아니다, 잔 단위로 판다.

조선의 주막과 술집은 어느 정도 역할이 겹쳤는데, 용수야말로 술을 파는 집의 상징이었다. 용수란 무엇일까? 빚어 놓은 술을 거르는 도구로, 갈대나 대나무로 짠 깔때기같이 생겼다. 이 용수를 술 항아리 한가운데 쿡 박아 넣으면 가운데 맑은 술이 괴인다. 술을 다 거른 뒤에는 용수를 장대에 걸어 놓거나 지붕에 올려 잘 말렸다.

그런데 주막에서는 아주 값비싸거나 손이 많이 가는 술을 담그진 않았을 것이다. 가난한 숙박객에게는 탁주(막걸리) 아니면 모주를 내줬을 것이나, 양반 손님에게는 아주 질 낮은 술을 팔 수 없었을 것이다. 이때를 위한 것이 바로 방문주였다. 앞서 말하지 않았는가? 방문주는 조선 시대의 아메리카노라고. 삼해주도 주막에서 팔았지만, 이건 손도 많이 가고 훨씬 비싼 술이라 많이 만들지는 않았을 것이다.

한편 조선 시대에 술을 마실 때는 나름의 재미난 방법도 있었다. 주모는 술을 한 국자 떠다가 따뜻한 물이 든 냄비에 띄워 차가운 기운을 가시게 한 뒤 손님에게 내주었다. 요즘 술을 마실 때 온도를 따지는 것처럼, 조선 시대에도 그랬던 것이다. 추운 겨울날 서릿바람에 시달리며 길을 걷다가 간신히 들어선 주막에서 마시는 따끈한(아주 뜨겁진 않겠지만) 방문주 한 잔. 당연히 술에 밥과 안주도 같이 나오고, 주모는 술을 덥히기 위해 물에 띄운 잔을 빙글빙글 돌리면서 노래를 한 곡조 불렀다. 이것도 술을 마실 때 즐기는 맛과 멋이었다.

화가 신윤복이 그린 〈주사거배(酒肆擧盃)〉에는 조선 시대의 주막 혹은 선술집 풍경이 잘 드러나 있다. 술 마시러 사람 여럿이 몰려온 와중, 주모는 구기(술 담는 작은 국자)에 술을 담아 들고 있다. 이 구기를 따뜻한 물이 담긴 솥에 집어넣어 찬 기운을 없앤 뒤 손님에게 대접하고, 손님들은 술과 차려진 술안주를 먹는다. 앉아 있는 것은 주모뿐이고, 모두 서서 먹고 마신다. 지금 보면 저렇게 불편하게 마실까 싶은 광경이다.

김홍도가 그린 주막은 이보다 더 우리가 알고 있는 '그 주막'의 모습을 하고 있다. 초가집 지붕 아래, 주모는 허리께에 어린아이를 단 채로 항아리에서 술을 떠내고 있고, 맞은 편에는 패랭이를 쓴 보부상인 듯한 인물이 작은 소반 위에 세숫대야처럼 커다란 밥그릇을 놓고 허겁지겁 식사하고 있다. 그 옆에서 배꼽을 내놓은 남자는 다 먹은 값을 치르려는지 주머니 안을 뒤적이고 있다.

그렇다면 주모의 국자 안에 담겨 있는 술은 대체 무엇일까. 삼해주일까, 막걸리일까, 방문주일까? 신윤복의 그림에서는 방문주 혹은 삼해주일 것 같고, 김홍도의 그림에서는 당연하게 막걸리일 것 같다. 그림 속에 들어가 볼 수도 없고, 신윤복과 김홍도는 술 종류를 적지 않았지만, 그림만 봐도 알 수 있지 않은가. 신윤복의 주막에 모여든 사람들은 양반 및 관리였고, 김홍도의 주막은 천민의 것이었다. 어느 쪽이건 나름의 운치가 있지만 말이다.

조선 후기 패관 문학을 했다는 이유로 정조에게 크게 혼이 나고 벼슬길에 떨려났던 이옥. 1793년 8월, 그는 친구들과 북한산 유람을 다녀와 그 경험을 《중흥유기》로 정리했는데, 가기 전 친구들과 약속했다.

> 산골짜기나 개울가에 다행히 주막이 있으면 술이 붉은지 누런지 묻지 말 것이며, 맑은지 걸쭉한지 묻지 말자.

멀리 가는 것이 아니라 북한산으로 놀러 가는 일이었다. 조선 시대의 북한산은 지금처럼 서울 안에 포함되지 않았지만, 그래도 도성에서 가까운 곳이었다. 그런데도 그 주변에 주막이 있는지 없는지, 어떤 술을 파는지 사전 정보가 전혀 없었던 모양이다. 지도도 없고 스마트폰 내비게이션도 없던 시기니 어쩔 수 없다고 치자. 그런데 이옥이 '술을 가지고 뭐라 하지 말 것!'이라고 못을 박은 것은, 뒤집어 생각하면 조선 사람들에겐 술이 몹시 중요한 일이었기 때문이 아닐까. 먹을 것이 부족한 옛날에도 맛있고 내 취향에 맞는 술은 도저히 포기할 수 없는 것이었다. 그래서 싸움이 벌어지거나 불만이 나오는 일도 많았고, 즐겁던 모임이 분위기가 깨지는 일도 흔했던 것이리라.

이옥이 말한 붉은 술은 아마도 감홍로일 테고, 누런 술이야 아주 많다. 맑은 술은 청주이겠고, 걸쭉한 것은 탁주나 이화주 등등일 것이다. 세상에 이렇게 다양한 술들이 있는데 사람의 취향은 더욱 복잡해서 좋고 싫음이 이리저리 갈린다. 그렇지만 방문주는 맛을 어느 정도 짐작하고 기대해서 주문할 수 있는 술이었다. 이는 방문주가 격이 떨어지는 것이 아니라, 그만큼 폭넓은 사랑을 받았기 때문이었다.

이후 일본 정부가 주조법을 만들어 개인이 술을 만드는 것을 금지하고, 전쟁이 이어진 탓에 한때 방문주의 명맥이 끊겼지만, 이제는 다시 여러 지역에서 방문주를 만들어 내고 있으니 한번 맛보는 것도 좋을 것이다. 비록 저마다 방법이 조금씩 다르긴 하지만, 그것이 바로 방문주 아니던가. 방문주를 한 잔 마시며 조선 시대의 주막을 상상하고, 수많은 길손의 기분을 내는 것도 재미날 듯하다.

조선 시대에 소맥을 말아 볼까요

맥주의 역사

지금 시대 사람에게 가장 친근한 술이라고 하면 역시 맥주가 아닐까. 편의점이든 어디서든 가볍게 살 수 있으니까. 맥주의 원료인 보리는 한반도에서도 아주 오래 키워 온 식물이다. 오죽하면 보릿고개라는 말까지 있을까. 그러니까 보리는 넉넉하다, 밥을 만들어 먹기에는. 현대에도 사람들이 가장 대중적으로 마실 수 있는 술은 역시나 보리로 만든 맥주다.

그런데 조선 시대에도 맥주가 있었을까? 궁금한 독자가 있겠지만, 단언하건대 조상들을 우습게 보지 말기를 바란다. 먹을 수 있는 것이라면 웬만한 것은 다 먹고, 담글 수 있는 것은 죄다 술로 담그던 조상들이 보리를 내버려둘 리 없다. 물론 이 책에 실린 다른 술보다 덜 유명하지만, 맥주를 만들어 마시는 전통은 예전에도 있었다. 아주아주 오래전부터.

맥주는 전통이 아주 오래된 술이다. 가장 오래된 문명인 메소포타미아 문명 사람에게 삶의 용기와 희망을 준 것은 맥주요, 이웃 문명인 이집트도 마찬가지였다. 피라미드 건축자들이 남긴 낙서 중에는 '이곳에서 주는 맥주 맛없다'라는 불평이 있다던가. 아무튼 인류는 아주 오래전부터 보리로 만든 발효된 음료를 마셔 왔던 것이다.

고려 말 문인이자 정치가인 익재 이제현이 중국 하남성을 여행하면서 지은 《자고천(鷓鴣天)》에는 보리로 만든 술을 마시는 사람들을 보고 기록한 게 남아 있다.

> 보리술을 마시고서, 그 법은 용수도 쓰지 않고 눌러 짜지도 않고 대통을 독 속에 꽂고서 좌중의 객들이 차례로 가면서 빤다. 곁에다 잔에 물을 담아 놓고 마신 분량을 재서 그 속에 물을 따라 넣으면, 술이 다 없어지지 않는 동안에는 그 맛이 변하지 않는다.

보리술이 익은 항아리에는 술도 있지만, 보리 찌꺼기도 함께 남아 뒤범벅이다. 이걸 거르거나 짜지 않고 빨대를 꽂아 조심조심해서 마시는 것이다. 이는 고대 메소포타미아 문명은 물론, 지금 아시아권 문화에서 남아 있을 정도로 아주 오래된 음주 방법이었다. 이제현도 마셔는 보았는지 이 술을 '혀에 황금의 액체(金液)가 닿고', '향이 끊이지 않고 맛이 끝나지 않는다', '생황을 부는 요령으로 마시면 된다'라고 적어뒀다. 이거 틀림없이 맥주다.

그런데 이 술은 지금 우리가 아는 맥주와 재료만 같을 뿐이지, 담그는 법도 다르고 당연히 맛도 판이할 것이다. 그러니 언어의 혼동을 막기 위해서 일단 보리술이라고 따로 부르자. 이 보리술의 근원, 즉 원초적인 것은 아무래도 중국에서부터 시작해야 할 것 같다.

《성호사설(星湖僿說)》을 쓴 이익은 보리로 만든 도미(酴醾)라는 술을 소개했는데, 위진남북조 시대의 양나라 왕도 이 술을 언급했다고 기록했다. 이것도 맥주라고는 한다. 맥주는 우리가 잘 알고 있는 '보리 맥(麥)'에 '술 주(酒)' 자를 쓰는 맥주라는 이름 말고도, 맥예(麥醴), 맥온(麥醖) 등 다양한 이름으로 불렸다. 어떤 한자건 보리를 발효시킨 음료라는 뜻이지만, 바꿔 말하면 온전히 술로 생각하기보다는 그냥 보리로 된 마실 것으로 여겨진 탓이 아니었을까. 너무 흔했기에 그랬을지도 모르겠지만 말이다.

그런데 현대의 맥주라는 술을 잘 알고 있는 독자라면 떠올릴 것이다. 홉(hop)은 어디서 구하지? 맥주의 중요한 재료 중 하나인 홉은 우리가 잘 알고 있는 맥주의 쓴맛을 낸다. 다행히 홉이라는 식물은 전 세계에서 널리 자라나고, 한반도에서도 예외는 아니었다. 하지만 옛날의 보리술에 홉은 들어가지 않았다.

우선《산가요록》에 실린 보리술 만드는 방법을 보자.

멥쌀 1말을 씻어 담갔다가 곱게 가루 내어 찐다. 좋은 누룩 5되에 끓인 물을 조금 섞어 잘 주물러서 항아리에 담는다. 곱게 찧은 보리쌀 4말을 항아리에 밑술[本酒] 담던 그날 씻어 건진다. 4~5일 지나고 다시 물로 깨끗이 씻어 낸 뒤에 푹 쪄서 뜨거울 때 시루를 옮기고 냉수를 붓는데 한참 지나 식어서 축축해지면 멈춘다. 앞에 빚은 술을 섞어 항아리에 담고 10여 일 뒤에 먹는다.
이 술은 맛과 향이 오래되어도 변하지 않으므로 따뜻한 계절에 가장 좋다.

만드는 방법만 본다면, 술에 보릿가루를 좀 넣었을 뿐이지 우리가 알고 있는 맥주와는 많이 다른 맛이 날 것 같다. 그런 의미에서 현재 맥주가 어떻게 만들어지는지 아주 간단하게 정리해 보자.

1. 수확한 보리의 싹을 틔운 뒤(이것을 맥아라고 한다), 이것을 잘게 빻는다.
2. 이 가루를 따듯한 물에 섞는다.
3. 홉을 넣고 끓여 맛과 향을 만들어 낸다.
4. 효모를 넣고 발효시킨다.

아무튼 서양 맥주를 만드는 방법은 의외로 메소포타미아 시대의 맥주 제조법과 크게 차이가 없다. 그야말로 전통의 맥주 양조법이라고 해야 할까. 그에 비해서 동아시아 쪽 맥주는 그냥 보리가 들어간 술이라는 느낌도 든다. 그렇지만 여기에서 조금 반전이 있다면, 지금 우리가 마시는 맥주의 주원료는 당연히 보리이지만, 동시에 쌀도 부원료로 들어간다.

우리나라 주세법에서는 "맥아(보리싹)와 홉 그리고 백미, 옥수수 등의 부가 원료와 물을 원료로 발효시켜 여과, 제성한 것"을 맥주라고 하고, 일본이나 미국도 쌀을 맥주의 부재료로 쓴다. 반면에 독일에서는 오로지 맥아, 홉, 효모, 물 만을 맥주 재료로 여긴다고 하던가.

그렇다고 해서 동아시아의 맥주가 질이 낮은 술이라는 것은 아니다. 오히려 밑술을 담그고 다시 보리로 술을 담그며 두 번이나 단계를 갖춰서 만드는 술이기에 손이 많이 가고, 바꿔 말하면 정성스러운 술이다. 이 술의 가장 큰 장점은 열흘만 지나면 익고, 술맛이 잘 변하지 않는다는 것이다. 살균의 원리를 잘 모르던 예전, 전통의 술이란 툭 하면 쉬고 식초가 되는 안타까운 지경이 많았기에 빨리 익고 오래가는 보리술은 참으로 편리했다.

그런가 하면 정말로 전통적인, 기원전 4천 년 전에도 썼을 법한 맥주 제조법도 있었다. 바로 《농정회요》에 실려 있는 보리쌀술 만드는 법이다.

보리술[麰米酒法]은 보리쌀로 밥을 짓고 퍼내어 찬물에 담갔다가 3일 뒤에 걸러내어 햇볕에 말렸다가 다시 곱게 찧어 남은 껍질까지 함께 술을 빚는다. 쌀술처럼 자못 맛있다. 또 불에 고아 노주를 만들 수도 있다. 노주를 만들려면 쌀 1말마다 누룩가루 4되를 넣는다. 곡식가루 취하는 법은 백미(白米) 1되를 가루로 만들면 2되 5홉이 된다. 겉보리[皮麥]의 까끄라기를 없애고 껍질을 벗긴 뒤 볶아서 가루를 만들면 2되가 나올 수 있다. 좁쌀과 기장도 마찬가지이다.

어쩐지 밥을 물에 말아서 술을 만드는 것 같은데, 이 방법이야말로 메소포타미아에서부터 전해져 온 술 만드는 방법에서 살짝 바뀌었을 뿐, 여전한 방법이었다.

같은 책에 실려 있는 가을보리술도 아주 조금 다르긴 하지만 만드는 방법은 거의 비슷하다.

가을보리술[秋麰酒法]은 가을보리[秋麰]를 곱게 정미하여 물에 담가 하룻밤 묵힌 뒤에 다시 새 물로 바꾼다. 물 갈기를 3~4번 한다. 10일 넘으면 반쯤 썩어 못 쓰게 된다. 손으로 비벼서 저절로 문드러지게 된 뒤에야 담근 물을 버리고 푹 삶아 쪄서 방아에 찧는다. 보리쌀 1주발마다 묵은 좋은 누룩 1줌을 넣어 골고루 찧어 물기 없는 항아리에 넣고 좋은 종이로 단단하게 싸 막아 서늘한 곳에 둔다. 14일 뒤에 술 향기가 집안 가득 감돌면 꺼내어 먹는다.

왜 곡식을 물에 담갔다가 씻었다가 할까? 이는 보리에 물을 줘서 싹이 트게 하려는 것이다. 보리싹(맥아)에는 발효를 위한 효소가 듬뿍 들어 있다. 옛사람들은 세균을 알아볼 수도, 발효의 원리를 이해할 수도 없었지만, 이렇게 하니 맛있는 술이 만들어진다는 것은 체험했다. 그렇게 보리술을 만들어 낸 것이다.

앞서 고대 문명에서의 맥주는 원주민에게 삶의 행복이라 할 만큼 귀중한 음료였는데. 수백 년, 수천 년이 흘러 머나먼 한반도의 인간들이 아득히 먼 옛날 쐐기 문자를 쓰며 흙벽돌로 지구라트를 쌓아 올렸던 위대한 사람들과 똑같은 레시피로 술을 만들어 먹다니. 감회가 깊다고 해야 할까.

맥주 애호가 서거정

보리술을 특히 좋아했던 인물은 성종 때의 서거정이다. 또 이 인간이냐! 말한다면 할 말이 없다. 그러게, 이 사람은 먹고 마시는 것을 좋아해서 참으로 가지각색 것을 먹었고 다양한 술을 마셨다.

서거정은 그의 시 〈회포를 쓴다〉에서도 보리술을 이야기했는데, 아득히 멀어진 고향 시골에서 먹고 마시던 즐거움의 하나로 맥주를 기억하고 있었다.

서글피 전원 바라보며 정말 가기 어려워라
悵望田園苦不歸
분명히 어젯밤 꿈엔 사립까지 당도했네
分明昨夜到柴扉
예전 강촌의 흥취를 아련히 기억하건대
悠然記得江村興
보리술은 향기 짙고 쏘가리도 살졌지
麥酒新香鱖子肥

다른 시에서도 보리술을 이야기하는데, 이 역시 가난한 사람들의 '건강한' 음료였다. 그래서 음주가 몸에 좋냐고 하면, 절대로 아니겠지만.

기장밥은 몸을 건강하게 해 주고

黍飯扶身健

보리술은 눈이 번쩍 뜨이게 하네

麥醪喚眼明

또 보리술을 잘 마시는 사람이 있었으니 바로 다산 정약용이다. 아들들에게는 자기는 술을 좋아하지 않고 다만 입술을 축일 뿐이라고 했던 것도 거짓말이 아니었을까. 정약용은 보리술을 젊은 시절부터 자주 마셨다.

보리술 마시면서 회포를 풀며

寬懷飲麥酤

순록들처럼 벗 부르고

呼群師麋鹿

돈우벌레처럼 자식 사랑해야지

慈子效蠮蝸

마찬가지로 지금의 서울시 송파 근처에서 술을 마시면서 아예 제목조차 〈송파수작(松坡酬酢)〉이라고 지은 시도 있고, 여기에서도 마신 것은 보리술이었다.

저물녘엔 서로 불러 보리술 돌려 마시고

向晚招呼酬麥醞

물 동쪽과 서쪽에 두 줄로 나눠 앉았네

兩行分坐水東西

　그렇지만 보리술은 고급술이 아니라 농민이 주로 마시던 술이었다. 순수하게 쌀로 빚은 술이 가장 고급으로 여겨졌으니 말이다. 이렇게 양반들은 꺼리거나 아니면 별미로 먹던 보리술이었지만, 농민은 굉장히 많이 마셨던 것 같다. 흔히 우리가 알고 있던 막걸리도 사실은 보리를 많이 넣어서 마셨을 수도 있겠다. 아니면 그냥 보리술을 좋아하는 사람들도 있었겠고.

　그러니까 조선 시대를 다룬 사극에서 하루의 힘든 일과를 마치고 퇴근, 아니 퇴청한 관리가 우물 속에 집어넣어 시원하게 만들어 둔 캔 맥주를 꺼내 들어 뚜껑을 딴다면 고증 오류였겠지만, (호리)병맥주를 꺼내 마시는 건 의외로 가능한 사실이었던 것이다. 차갑게 마실지 덥혀서 마실지는 모르겠지만.

술을 마신 다음에는 해장입니다

해장이란

술을 마신 다음에 무엇이 있는가, 바로 해장이다. 본래는 해정(解酲) 이라고 했는데, 술에 취해 몽롱한 것을[酲] 풀어 준다[解]는 뜻이다. 인간 이 술을 발명한 이래, 어느 나라 어느 문명권이든 한도 넘게 술을 퍼마 시고 고주망태가 되는 사람들은 꼭 있었다. 그리고 술을 마시고 난 다 음 날 머리가 아픈 사람들도 있었고, 속이 부글부글 끓는 사람도 있었 을 것이다. 아니다, 틀림없이 있었다.

우리가 잘 알고 있는 해장국도 원래는 해정에서 온 말이다. 과연 해 장국으로 무엇을 먹는가? 요즘 사람이라면 저마다 좋아하는 해장거리 가 있을 것이다. 콩나물국이나 칼칼한 짬뽕 국물을 좋아하는 사람도 있고, 북어를 몽둥이로 두들겨 짜갠 뒤 북엇국을 끓여 먹기도 한다. 지 역색도 특이했으니 충청북도에서는 생선국수를, 경상북도에서는 물 메기탕을 해장으로 썼다. 그 외에도 다종다양한 해장 방법이 있을 텐 데, 과연 옛사람들은 무얼로 해장했을까?

결론부터 말하자면 해장국이라는 이름의 요리는 조선 시대에는 딱 히 없었던 것 같다. 1925년《해동죽지(海東竹枝)》*조선 후기 문신 최영년이 지은 놀 이, 명절, 풍속 등의 내용을 담은 책라는 책에서는 효종갱(曉鍾羹)이란 해장국이 유 명했다고 한다. 그런데 현대의 신문을 살펴보면 1900년대 초만 하더 라도 해장국보다는 술국이라는 말이 더 많이 사용된다. 그리고 술국

자체는 해장을 위한 것도 있지만, 아침 일찍 일을 시작하는 노동자가 체온을 덥히고 허기를 해결하는 음식이기도 했다.

그렇다고 옛사람이 술을 아무리 퍼마셔도 해장을 안 해도 되는 강철 위장과 티타늄 간을 가지고 있었던 건 아니다. 그들도 술 많이 마시면 나름대로 머리가 아프고, 속도 아팠으며, 당연히 마신 다음 날 특단의 조치가 필요했다.

우선 먹는 것도, 마시는 것도 좋아했던 고려의 목은 이색은 일본의 승려 윤증암을 만나 쓴 시에서 자신의 해장법을 이렇게 적었다.

노아를 끓여 숙취를 풀었네
烹露芽而解酲

여기서 말하는 노아는 차의 종류로, 뜨끈한 찻물로 속을 다스리며 해장을 했다는 것이다. 차를 아는 독자라면 어떤 차는 오히려 뱃속을 힘들게 한다고 생각하겠지만, 어떤가. 자신이 그리 마시겠다는데.

이후 조선 시대 사람인 서거정은 남이 보내 준 복숭아를 먹고 해장했다. 그러면서 하나로는 부족했던지 "하나 더 달라."라고 뻔뻔하게 요구했다.

그 외에 신선한 조개(蛤蜊)나 동과(東瓜), 그러니까 흥부와 놀부 이야기에 나오는 박, 칡꽃으로 만든 차, 가지로 끓인 국 등등이 숙취에 효과가 있었던 모양이다.

조선 후기의 문인 이민구는 워낙 술을 좋아해서 많이 마셨다. 그걸 본 조카가 직접 칡꽃을 따와 차로 마시라고 권했지만, 이민구는 그걸 마시다간 술을 못 마실 것 같아 안 먹겠다고 거절하며 시를 짓기도 했다.

어여쁘다 네가 번거롭게 칡꽃 채취하여
憐君煩採摘
내 술병 고치려 하네
療我病杯觴
한창 취한 뒤에 실효 있고
責效扶頭後
술 마시는 사람에게 효과 있으나
收功飮子行
마침내 술마저 못 마시게 될까 봐
終愁虧麴糵
겸하여 칡차 끓이는 것을 그만두려 하네
兼欲廢茶湯

지금도 그렇지만, 예전에도 술을 끊지 못하는 사람은 많았다. 술이 좋아서 그럴 수 있고, 힘들어서 그럴 수도 있고, 다른 이유도 있을 수 있겠다. 아무튼 하루나 이틀 술 마시고 힘들 수도 있고, 이건 숙취라고 한다. 하지만 아픈 것이 오래되면 병이 되듯이 술 마시는 것도 병이 되니, 이것을 술병(酒病)이라고 했다. 그래서 각종 의서에는 당당하게 술병이 한자리를 차지하고 있으며, 그 치료 방법도 적혀 있다. 여기에서 술 좋아하는 사람들 귀가 솔깃해지겠지만, 《동의보감》 및 《구급이해 방》의 치료법 제일 아래에는 경고 문구가 적혀 있다.

이것은 다 부득이해서 쓰는 것이지, 어찌 이것만을 믿고서 매일 술을 마 실 수 있겠는가?
此蓋不得已而用之 豈可特賴 日日飲酒

그렇지만 이 말을 잘 안 듣는 사람이 더 많았을 것이다.

해장주도 있다

이렇게 다양한 해장 방법이 있지만, 끝판왕은 역시 해장주가 아닐 까. 술 취하고 일어난 다음 날 다시 술을 마시는 것이다. 술 때문에 힘 든데 또 술을 마시다니! 어이없게 느껴질 수도 있지만, 여기에도 역사 가 있다. 술꾼의 전설, 중국 진(晉)나라 유령(劉伶)은 다섯 말의 술을 해장 으로 마셨다고 했다. 이 사람은 전설이라 치자.

지금 전라북도 전주 지역에는 막걸리에 인삼, 칡, 감초, 계피, 대추, 생강과 흑설탕을 넣고 끓인 모주라는 해장용 음료가 있다. 술을 끓이 면 알코올이 증발하고 따뜻한 데다 약재가 들어가 속을 편안하게 해

줄 것이니, 숙취 다음 날 먹기에 참 좋을 것 같다.

과연 옛사람은 이렇게 특별하게 만든 숙취 음료를 마셨을까, 아니면 그냥 생술을 들이켰을까? 자세한 언급이 없어서 알기 어렵지만, 어째 술꾼이라면 세세하게 모주를 끓여 마시는 대신 새 술병을 열었을 것 같다는 느낌이 드는데 기분 탓일까.

아무튼 많은 사람이 해장술을 마시고 기록을 적었으니, 취해서 못 썼을 사람들을 생각하면 훨씬 더 많은 사람이 해장술을 마셨을 것이다.

앞서 소개했지만, 시대의 혁명가 정도전도 이틀 연속 술을 마신 이야기를 시로 적었다. 그리고 오성 이항복도 시를 잘 쓰지 못하는 자신이 자꾸 시를 짓고 싶어 하는 것을 두고 "마치 술병이 나서 술을 절제하는 사람이 이내 해장술을 마시려 드는 것과 같다."라고 표현했다. 정말 끝내 주는 표현이다. 오성 이항복의 시에 대한 열정은 안타깝지만 말이다. 그만큼 술이 좋아 해장술을 마시는 인간들이 정말 많았다는 것은 분명하다.

목은 이색의 시 〈독좌(獨坐)〉를 보면, 아침에 눈 뜨자마자 해장술을 마신 게 분명한데, 그 갈구 혹은 탐욕스러움이 놀랍다. 어쩌면 술을 이렇게까지 좋아하나 생각이 든다.

간밤의 술 깨려면 술이 있어야 하고말고
解醒須用酒
그래서 화로 가까이에 은술병 놔두었지
爐火近銀甁

밤새 술을 마시고 잤으면서도 아침에 일어나 술 덥히는 시간도 아까워 자기 전에 은술병을 두고 잤으니, 자는 동안 화로의 복사열을 받은 술병이 달아올라 마시기 딱 좋은 정도로 데워진 게 아닐까. 눈 뜨자마자 희희낙락하며 술병을 집는 이색의 모습이 눈에 선하다.

성호 이익도 벌건 대낮은커녕 아침부터 술을 마셔 댔다. 아침술을 마시면 몸에 안 좋다는 말이 있지만, 그냥 목만 축이는 거야. 이렇게 변명 같은 설명을 남기면서.

산창에서 새벽 빗소리 들으며
山囱聽曉雨

쓸쓸히 안석 기대 오래 앉았다
悄悄凭梧久

화락함을 읊은 시구 노래하면서
微吟太和句

시원하게 술 한 잔 들이마신다
快進一梧酒

몸 위해선 아침 술 기피하거니
怡養忌卯飲

이 말은 예로부터 있어 왔었지
此語從古有

취하도록 안 먹고 목 축일 정도
濡喉禁霑醉

두 잔은 괜찮으니 막을 게 없다

兩可非掣肘

그래서 과연 이익은 두 잔만 마셨을까. 아닐 거 같다. 앞서 조카가
숙취를 위해 칡꽃을 따다 줬던 이민구는 과연 술을 꾸준히 오래 마셔
댔으니, 열흘 연속으로 마시고도 모자라 열하루째 아침부터 해장술을
들이켜고, 이걸 또 시로 적어 남겼다.

열흘이나 취해 누웠더니 병도 비어 쓰러지고

經旬醉臥倒瓶罍

아침에 석 잔 술로 또 해장하네

朝日三杯又解酲

한낮 갈증 달래려 새로 뜬 물 마시려는데

午渴欲蘇新井水

상 가까이 작은 술병에서 소리 울린다

近床還有小槽鳴

이 시의 제목이 대단한데, 〈새로 담근 술이 익었는데 마침 집안사람
이 쌀이 떨어졌다고 알려 줬다[新釀熟適家人告米罄]〉이다. 당장 양식이 떨
어져 굶게 되었는데 술은 담가 됐다는 것이니 어쩌나. 그래도 걱정은
내버려두고 술은 마셔 댄 것이니 놀랍다고 해야 할까.
이렇게 해장술, 혹은 아침부터 마시는 술은 묘주(卯酒)라 했으니 묘

시(5~7시)에 마시는 술이기에 이런 이름이 붙은 것인지도 모른다. 그러니까 정말 해 뜨자마자, 눈 뜨자마자 마시는 술이란 말이다. 저러다 몸 상하겠다는 걱정을 하자니 이미 오래전에 죽은 사람들이니 걱정할 필요 없을 듯하다.

해장에 먹는 음식

앞서 조선 시대에는 해장의 음식을 찾아보기 어렵다고 했다. 그렇다고 그 시대에 아주 해장의 역사가 없었다는 것은 아니다. 앞서 술병에 든 사람을 치료하는 약이 있듯이, 술 마시고 속이 뒤집어진 사람에게 먹이는 음식도 분명히 있었을 것이다. 다만 그 형태가 지금 우리가 알고 있는 해장국이 아닐 뿐, 과음하고 비틀거리는 가족을 위해 마련하는 특식은 분명 있었을 것이다. 아마 너무 사사롭고 평범해서 아무도 기록을 남기지 않거나, 잊어버린 그런 것이리라.

그런 의미에서 《조선무쌍신식요리제법》에 실려 있는 숙취 해소에 참 좋은 음식 두 가지를 소개해 보자. 하나는 국수물이고, 다른 하나는 갈분응이다.

국수물이란 무엇인가? 혹시 면 요리를 해 본 사람이라면 들어봤을 것이다. 국수를 삶은 물을 버리지 않고 요리에 쓰는, 바로 그것이다.

국수물

메밀가루를 물에 풀어 묽게 쑤는데 끓을 때 부스러기 국수를 넣고 조금 더 끓인다. 끓거든 퍼내어 소금을 넣어 먹으면 몸이 풀리고 해장하는 데 좋다.

이게 과연 요리인지 애매하게 느껴지지만, 따듯하고 맹물은 아니니 아픈 속에는 좋았을 것 같다. 상대적으로 칡가루를 써서 만드는 갈분 응이는 좀 더 숙취에 좋아 보인다.

갈분이 시골에서 올라오거든 즉시 물에 풀어 잡물을 없애기를 여러 번하여 다시 헝겊에 펴 말려 둔다. 그리고 먹을 때 냉수에 양을 맞추어서 몇 숟가락 풀어서 멈추지 말고 휘저어 차차 익으면 되고 묽을 것을 알 것이니 알맞게 쑤어서 꿀이나 설탕을 타고 생강즙을 조금 타 먹는다. 이것은 술 먹은 사람의 해장에는 그 가치가 급등이 된다.

이 요리는 칡을 쓴 달콤한 죽 종류이니 맛이 좋아 먹기에도 좋을 듯하다. 이런 옛날의 해장은 지금의 얼큰한 해장국과는 조금 다른 느낌이지만, 뭐 어떤가. 속만 풀리면 되지.

이 글을 위한 자료를 모으면서 실감했다.

사람들은 정말로 술을 좋아하는구나.

이 글을 쓰면서 정말로 알았다.

사람들은 정말 술이 좋구나.

몇 년 전에 조선 시대 요리를 주제로 책을 쓴 적이 있었다. 옛사람이 좋아했던 요리들을 정리하고, 그중에 이제 우리와는 많이 달라진 것들도 찾아냈고, 그것과 얽힌 사람들의 이야기를 정리하며 즐겁게 작업했다. 그리고 생각했다. 요리도 이토록 재미있는데 음료도 재미있겠구나. 그렇게 생각하며 이 책을 기획했다.

그런데 술과 요리는 몹시도 달랐다. 옛날 요리들이란, 요즘 시대에 잘 맞지 않는 재료와 이상한 조리 방법이 있어서 지금 것과 비교하며 흥미롭게 살펴볼 수 있었다.

하지만 술은 아니었다. 수백 년 전 술이건, 지금의 술이건 재료와 만드는 법은 그렇게까지 큰 차이가 없었다. 다만 옛날과 지금의 차이라면 집에서 담가 먹느냐, 아니면 마트에 가서 사 오느냐 정도였다.

그리고 술은 마시면 취하기 때문에 그 사회적인 여파가 훨씬 강력

했다. 노아의 대홍수 직후부터 사람들은 술에 취해 사고를 쳤고, 그런데도 끊임없이 술을 사랑했다.

이 넘치는 술에의 사랑을 과연 무엇에 비유할 수 있을까. 그렇게 술이 좋단 말인가, 하는 탄식마저 흘러나온다. 술로 인해 만들어진 멋진 예술 문화 작품들을 생각하면 이 또한 좋다고 생각하면서도, 술 때문에 벌어진 별별 사건 사고를 생각하면 신화 속에서 술을 만든 의적을 쫓아낸 우임금의 심정이 되곤 한다. "대체 왜 이렇게 마셔 대는 거야?" 하고.

한편으론 궁금하고도 부럽다. 대체 술이 무엇이길래 이처럼 수많은 사람을 사로잡는 걸까. 그렇기에 눈을 뗄 수가 없다. 비록 술 한 잔 제대로 마시지 못한다 해도 술을 통해 벌어진 역사를 정리하며, 또한 술에 취해 싸움이 벌어진 테이블을 말리는 기분이다.

그러니 적당히 마셔라. 그러다 나라 말아먹겠다.

참고 문헌

- 거가필용(居家必用)
- 계곡집(谿谷集) 장유
- 고려사(高麗史)
- 고봉문집(高峰文集)
- 고사십이집(攷事十二集) 서명응
- 고사촬요(攷事撮要) 어숙권
- 광문자전(廣文者傳) 박지원
- 구급이해방(救急易解方) 홍귀달 등
- 낙전당집(樂全堂集) 신익성
- 농정회요(農政會要) 최한기
- 다산시문집(茶山詩文集) 정약용
- 담헌서(湛軒書) 홍대용
- 도은집(陶隱集) 이숭인
- 동의보감(東醫寶鑑) 허준
- 동주집(東州集) 이민구
- 목민심서(牧民心書) 정약용
- 목은집(牧隱集) 이색
- 본초강목(本草綱目) 이시진
- 사가시집(四佳詩集) 서거정
- 사시찬요(四時纂要)
- 산가요록(山家要錄) 전순의
- 산림경제(山林經濟) 홍만선
- 성소부부고(惺所覆瓿藁) 허균
- 성호선생전집(星湖先生全集) 이익
- 소문쇄록(謏聞鎖錄) 조신
- 송강집(松江集) 정철

- 수운잡방(需雲雜方) 김유, 김령
- 식경(食經) 최소
- 열성어제(列聖御製)
- 요록(要錄)
- 위서(魏書) 위수
- 윤씨음식법
- 음식디미방(閨壺是議方) 장계향
- 의림촬요(醫林撮要) 양예수
- 익재집(益齋集) 이제현
- 임원십육지(林園經濟志) 서유구
- 임하필기(林下筆記) 이유원
- 점필재집(佔畢齋集) 김종직
- 제민요술(齊民要術) 가사협
- 조선무쌍신식요리제법(朝鮮無雙新式料理製法) 이용기
- 조선왕조실록(朝鮮王朝實錄)
- 주방문(酒方文)
- 중흥유기(重興遊記) 이옥
- 지봉유설(芝峯類說) 이수광
- 춘향전
- 치생요람(治生要覽) 강와
- 포은집(圃隱集) 정몽주
- 필원잡기(筆苑雜記) 서거정
- 해동죽지(海東竹枝) 최영년
- 허백당집(虛白堂集) 성현